Follow your Flow • Dr. Frederik Hümmeke

Dr. Frederik Hümmeke

BOOKS4SUCCESS

Follow your Flow

Mit neuster Forschung und erprobten Praxistipps wirklich wirksam und zufrieden werden

2. Auflage 2024

Gestaltung Cover: Johanna Wack
Gestaltung und Satz: Sabrina Slopek
Vorlektorat: Claus Rosenkranz
Korrektorat: Elke Sabat
Druck: CPI books GmbH, Leck, Germany

ISBN 978-3-86470-988-3

Bibliografische Information der Deutschen Nationalbibliothek:
Die Deutsche Nationalbibliothek verzeichnet diese Publikation in der Deutschen Nationalbibliografie; detaillierte bibliografische Daten sind im Internet über <http://dnb.d-nb.de> abrufbar.

Postfach 1449 • 95305 Kulmbach
Tel: +49 9221 9051-0 • Fax: +49 9221 9051-4444
E-Mail: info@plassen-buchverlage.de
www.books4success.de
www.facebook.com/plassenbuchverlage
www.instagram.com/plassen_buchverlage

Für alle, die bei ihrem persönlichen Wachstumsprozess über sich hinauswachsen.

Für mein Team und alle, die aus Überzeugung mithelfen, die Welt zu einem besseren Ort zu machen.

Inhalt

Vorwort von Jochen Schweizer

Haben Sie schon einmal die Stille der Nacht in einem Kajak sitzend erlebt? Auf spiegelglattem nachtschwarzem Wasser, von dem sich feine Nebelfahnen erheben. Nur das sanfte Plätschern des Wassers gegen den Rumpf des Bootes ist zu hören. Solche Momente waren für mich immer von zentraler Bedeutung. In der Ruhe und doch voller Intensität fühle ich mich frei und vollkommen präsent. Jeder Paddelschlag bringt mich nicht nur physisch meinem Ziel näher, sondern auch spirituell tiefer zu mir selbst.

Diese Momente der Klarheit und der inneren Führung waren es, die ich mit Frederik in der Abgeschiedenheit meiner norwegischen Hytte diskutierte. Wir hatten uns in Gespräche über die Kraft solcher Augenblicke vertieft. Vielem, was ich in meinem Leben verstanden habe, gab Frederik durch sein fundiertes Wissen als Neurowissenschaftler eine neue Grundlage.

Frederik ist ein Meister darin, neurowissenschaftliche Erkenntnisse mit praktischem Unternehmerwissen zu verknüpfen. Er führt mit dem Pragmatismus und der Klarheit eines erfahrenen Geschäftsmanns durch die komplexe Materie des menschlichen Gehirns. Seine Fähigkeit, komplexe Zusammenhänge verständlich und anwendbar zu machen, ist beeindruckend.

Wir sprachen darüber, wie Erfolg auf vielen Ebenen des Lebens beginnt. Es war faszinierend zu erkennen, wie vieles, was wir als Unternehmer intuitiv tun, nun wissenschaftlich untermauert und erklärbar ist.

Dieses Buch führt Sie auf den Weg, der Sie sowohl Ihrem wahren Selbst als auch Ihren Zielen näherbringt. Es bietet eine fundierte und gleichzeitig einfach anwendbare Anleitung zu wahrem Erfolg. In unserem Streben nach Produktivität und Effizienz vergessen wir oft die Bedeutung unserer Gesundheit und unseres Wohlbefindens. Schlaf, Bewegung und Ernährung sind die Basis für ein leistungsfähiges Leben. Aber es bedarf mehr: Planung, Motivation, Achtsamkeit und Fokus sind entscheidend, um unsere Ziele zu erreichen. Der Schlüssel liegt darin, all diese Aspekte in Einklang zu bringen.

Dieses Buch ist ein Leitfaden für alle, die ein gesundes und erfolgreiches Leben anstreben. Mithilfe der neuesten Erkenntnisse der Neurobiologie erfahren Sie, wie Sie Ihr Gehirn optimal nutzen, Ihre Produktivität steigern und Ihre Ziele erreichen können. Frederik geht dabei über die Theorie hinaus. Als erfahrener Unternehmer und Coach bietet er praktische Tipps, wie Sie Ihre Gewohnheiten optimieren und auch unter schwierigen Bedingungen erfolgreich sein können.

Die Methoden in diesem Buch werden nicht nur Ihren Horizont erweitern und Ihre Produktivität steigern, sondern Ihnen auch helfen, sich selbst zu finden und einen Weg zu wahrer Erfüllung zu beschreiten. Nutzen Sie die wertvollen Erkenntnisse aus diesem Buch und machen Sie sich auf Ihren Weg. Werden Sie aktiv, erreichen Sie Ihre Ziele und entdecken Sie Ihr wahres Potenzial!

Jochen Schweizer

Prolog: Warum dieses Buch nötig ist

Ich gebe zu: Manchmal rege ich mich fürchterlich auf. Das macht eigentlich gar keinen Sinn. Produktiv ist es schon gar nicht. Ich tue es aber trotzdem … immer dann, wenn mir jemand vorjammert: „Da habe ich aber keine Zeit für!“, „Ich habe aber so viel zu tun …“ Und dieser Mensch tut gleichzeitig nichts dafür, seine Produktivität zu steigern. Wirksam sein, effizient etwas tun, produktiv sein, das alles fällt aber nicht vom Baum. Es wird hart erarbeitet.

Immer wird gejammert, dass man so viel zu tun habe, dass man dies oder das nicht geschafft bekomme. Mehr Zeit brauche man, mehr Ressourcen. Aber eine Optimierung der eigenen Produktivität? Das Projekt packen wir nicht an. Man will produktiver sein. Aber etwas dafür tun? Fehlanzeige. Und dann auch noch mit dem Gejammer diejenigen in ihrer Produktivität stören, die seit Jahren daran arbeiten: Das nervt mich!

Sehen wir den Fakten ins Auge: Die meisten Menschen sind, gemessen an ihrem Potenzial, nicht wirklich produktiv, die meisten sind nur geschäftig. Viel tun heißt nämlich nicht gleichzeitig wirksam zu sein. In Unternehmen arbeiten Mitarbeiter den ganzen Tag unsinnige Sachen, die am besten überhaupt nicht gemacht werden sollten, mit hohem Aktivitätslevel und geringer Produktivität ab. Das ist für niemanden schön. Viel zu tun, ohne etwas wirklich Wichtiges zu bewegen – das frustriert und ist nicht erfüllend. Ein Grund, warum es mich besonders aufregt: Ich war genauso. Es erinnert mich an eine frühere Version von mir, die sehr geschäftig und wenig produktiv war. Die lieber die Wohnung aufgeräumt hat, als die eine, jetzt wichtige Sache zu bearbeiten. Dutzende Beispiele fallen mir ein, die mich an die verplemperte Zeit erinnern. Warum frustriert es so? Frustration ist definiert als enttäuschte Ambition. Wie viel schöner wäre es gewesen, das Wichtigste wirklich abzuarbeiten, um festzustellen, dass es so schlimm gar nicht war, um dann ganz entspannt und zufrieden das Gefühl von Fortschritt in einer Pause genießen zu können?

Doch nicht nur für den Unproduktiven ist es blöd. Es handelt sich hier um eine Lose-lose-lose-Situation.

- Wer unproduktiv ist, ist nicht so glücklich, wie er sein könnte.
- Wer unproduktiv ist, leistet einen weniger positiven Beitrag für die Kollegen und das Unternehmen.
- Wer unproduktiv ist, leistet einen geringeren Beitrag für die Gesellschaft und den Wohlstand.

Wir alle haben etwas davon, wenn wir produktiver werden. Ein wirklich wirksamer Produktiv-Tag mit wirklichem Fortschritt, das fühlt sich gut an. Extrem gut. Und das hat, wie wir noch sehen werden, auch neurobiologische Gründe. Wir erreichen gemeinsam wichtige Ziele … auf der Arbeit, im Verband, im Verein oder im Privatleben. Ich wünsche mir, dass wir alle produktiver werden. Also freue ich mich auch über jeden, der sich in dem Sinne entwickeln will. Und ich freue mich, dass du dieses Buch in der Hand hast und es angehst.

Dieses Buch wollte ich gar nicht schreiben, weil das gar nicht mein Kerngebiet ist. Ich arbeite mit Unternehmern und Führungskräften und bewältige gemeinsam mit ihnen komplexe Herausforderungen. Doch immer wieder fragten mich Mandanten und Mitarbeiter, wie ich es schaffe, so produktiv zu sein. Meistens beginnt die Frage mit „Du schaffst doch immer so viel und bist so megaproduktiv" und endet mit „Wie machst du denn das eigentlich?".

Ich hatte mich lange Zeit mit dem Thema beschäftigt und war bereits vor vielen Jahren auf die Suche gegangen. Als ich verstanden hatte, wie wichtig es ist, sich mit diesem Thema zu beschäftigen, verbrachte ich beinahe bis zur Obsession ganze Wochenenden mit YouTube und Blogs und konsumierte alle guten und schlechten Tipps und Methoden. Fast alles, und war es noch so offensichtlich unsinnig, habe ich zum einen durch Ausprobieren und zum anderen mittels wissenschaftlicher Papers verifiziert oder falsifiziert. Es entwickelte sich eine über Jahre andauernde Evolution: Ausgestorben sind die falschen Tipps, was funktionierte, hat überlebt und wurde optimiert. Diese Evolution hat mehr als eine Dekade angedauert, mit wichtigen Lerneffekten. Es gibt kein Standard-Produktivitätssystem. Produktivität ist wie eine Unterhose. Du benötigst eine Größe, die dir passt. Jeder hat, was Form und Aussehen betrifft, einen anderen Bedarf und einen anderen Geschmack. Der eine braucht lange Beine, der andere weiche Nähte. Und manche benötigen dringend einen Stoff mit Herzchenmuster. Und meistens sehen wir die Unterhosen der anderen Menschen nicht, was in dem Fall auch gut ist.

Produktivität und Wirksamkeit benötigst du genauso passgenau und individuell für dich. Und auch wenn wir sehen, wie es jemand anderes macht, kann ein Abgucken uns vollkommen fehlleiten, unsere Produktivität ruinieren und uns sogar krank machen.

Wie sollte ich die Frage nun beantworten? Wenn ich erzähle, wie ich es mache, gebe ich falsche Tipps. Und ich hatte keine Lust, mich noch einmal mit dem ganzen Themenfeld zu beschäftigen. Ich ging also auf die Suche nach einem guten Buch oder Onlinekurs, den ich empfehlen könnte. Es wird doch einen klugen Kollegen am Markt geben, der schon einen richtig guten Kurs gemacht hat. Einen, der über naive Tipps und Methoden hinausgeht. Wissenschaftlich fundiert. Der alle wichtigen Themen und Erkenntnisse in wirksame Methoden und in ein funktionierendes und einfach nutzbares System integriert. Ich suchte ziemlich lange ...

Einige Kollegen haben mich so lange genervt, dass ich doch begonnen habe, dieses Buch zu entwerfen. Ihr dürft euch also bei meinen Kollegen bedanken. Zum einen bei denen, die mich gepusht haben, zum anderen bei denen, die mich dabei unterstützt haben. Das Konzept hinter dem Buch und das Buch sind das Resultat von Teamarbeit, ich durfte der Dirigent sein.

Das, was dabei herausgekommen ist, hat mich sehr fasziniert und macht mich sehr glücklich. Du wirst sehen, dass noch sehr viel mehr hinter dem Thema steckt, als ich jemals hätte ahnen können. Vielleicht wird dich dieses Buch genauso überraschen wie mich.

Ich hoffe, dass dieses Buch dein Puzzlestück wird, um wirksamer, produktiver und glücklicher zu werden. Und ich hoffe, es wird noch sehr viel mehr bei dir bewegen. Egal, wie es gerade mit deiner Produktivität steht, wichtig ist der Fortschritt. Und dabei hilft ein systematischer Blick auf das Thema.

Wie fundiert ist dieses Buch?

Wissenschaft ist der immer aktuelle Stand des Irrtums. Auch innerhalb der Forschung gibt es verschiedene Meinungen. Zwei Forscher analysieren einen Datensatz, beide finden, dass ein Effekt zwar erkennbar ist, aber der eine sagt, dass er nicht stark genug sei, um berücksichtigt zu werden, der andere ist anderer Meinung. Beide Meinungen sind aber wissenschaftlich fundiert, beruhen nur eben auf unterschiedlichen Interpretationen. Falsch sind sie vielleicht beide. Denn die heutigen Erkenntnisse, das beste Wissen, was wir haben, ist vielleicht morgen bereits überholt.

Dazu kommt: Wissenschaft ist nicht gleich Wissenschaft. Nehmen wir einen Physiker. Bei einem Experiment mit einem Dutzend Versuchsanordnungen misst dieser tausendfach ein Phänomen, um dann dieses Phänomen auf Basis aller Daten zu beschreiben. Das Paper dazu wird von anderen geprüft, das nennt man Peer-Review, bevor es veröffentlicht wird. Eine Horde weiterer Physiker wiederholt das Experiment, generiert neue Daten und veröffentlicht diese nach erneutem Peer-Review. In Kollaboration entsteht gemeinsam eine wissenschaftliche Erkenntnis.

Dieses an sich sehr sichere System des Erkenntnisgewinns kann – das ist mein Punkt – auch sehr, sehr seltsame Blüten treiben. Wenn man genügend Peers hat, die auf der gleichen Welle schwimmen wie man selbst, wenn diese Peers es nicht so genau nehmen, wenn, wie in dem Märchen „Des Kaisers neue Kleider", niemand den Mumm hat zu sagen: „Das ist ja totaler Blödsinn!", kann Pseudowissenschaft dabei herauskommen. Ich werde an einigen Stellen Forschungslücken aufzeigen oder erklären, warum ich einer aktuellen Meinung der Forschung nicht zustimme.

Dieses Buch ist, wo es möglich war, wissenschaftlich fundiert, aber nicht immer hat die Wissenschaft Antworten. Es behandelt also auch Themen, die wissenschaftlich nicht voll abgedeckt sind. Weil zum Beispiel die Forschung (noch) nicht existiert. Weil das Phänomen zu komplex ist, als dass die Forschung es bisher verstehen könnte.

Neben der Forschungsseite kommen deshalb noch das Handlungswissen und die Erfahrungen hinzu. Zugegeben, diese sind trügerisch. Schlimmstenfalls handelt es sich um Anekdoten, die nur eingeschränkt funktionieren oder sogar in eine falsche Empfehlung münden. Bestenfalls hat sich über viele Jahre ein Handlungswissen herausgebildet, das auch wirklich funktioniert und irgendwann durch Forschung bestätigt werden wird.

In diesem Buch findet sich, nach dem Prinzip „Science First", immer erst die wissenschaftliche Sicht. Zusammen mit meinen Kollegen habe ich mehr als zwei Jahre mit der Recherche der Forschung verbracht. Diesen gewaltigen Wissensschatz habe ich ergänzt um meine eigenen Erfahrungen und das mir bekannte Anwenderwissen. Aus meinem Team haben viele das Manuskript kritisch durchgelesen und einen Faktencheck gemacht. Darunter sind eine Neurowissenschaftlerin, eine Ärztin, eine Handvoll Arbeitspsychologen und ein Psychiater und so fort.

Sofern es nötige Korrekturen und Updates aus der Forschung gibt, findest du diese unter www.huemmeke.com/flow. Dort findest du auch eine erweiterte Quellenliste und Bonusinhalte. Und du kannst mir auch, solltest du einen Fehler oder eine neue Forschung finden, einen Hinweis zusenden. Prüfe dort gern während des Lesens, ob es neue Inhalte gibt. Und achte auf die Hinweise im Buch, die auf einen Bonusinhalt oder ein Assessment verweisen.

Teil 1

Die Grund- lagen

Was ist Produktivität?

Viele möchten heute produktiver sein. Aber was bedeutet das? Geht es darum, länger zu arbeiten? Mehr in weniger Zeit zu erledigen? Effizienter zu sein? Die Wahrheit ist: Produktivität ist all das und noch mehr.

Produktivität hat viele Definitionen. In der Wirtschaft ist es das Verhältnis von Input zu Output. Hohe Produktivität ist dann gegeben, wenn man mit möglichst wenig Einsatz (oder Input) viel brauchbares Ergebnis (oder Output) produziert. Es geht um die Relation von eingesetzter und aufgewendeter Energie und Ressourcen zum Ergebnis. Das nennen wir auch Effizienz. Je weniger Ressourcen, desto besser, je mehr Ergebnis, desto besser. Je mehr das gilt, desto effizienter sind wir. Nun können wir aber sehr effizient ein Ergebnis erreichen, was gar nicht gebraucht wird. Haben wir einen Kundentermin, für den wir ganz effizient eine Präsentation vorbereiten, die dann aber gar nicht genutzt wird, weil der Kunde ganz andere Fragen hat, dann waren wir vielleicht effizient in der Erstellung, aber es war nicht effektiv. Denke bei „effektiv" an „Effekt haben". Produktiv sind wir nur dann, wenn wir ein Ergebnis effizient bearbeiten, das auch Wert hat, also gebraucht und genutzt wird.

Es geht also darum, mit möglichst wenig Aufwand viel von dem zu leisten, was uns wirklich weiterbringt. Gleichzeitig bedeutet das, dass du mit ein wenig mehr Einsatz deine Produktivität potenzieren kannst. Und das funktioniert, wenn du weißt, worauf es ankommt. Wenn du weißt, was dein Körper dazu braucht und wie dein Gehirn Produktivität umsetzt. Dieses Wissen ist das Versprechen dieses Buches.

Bevor wir uns genauer anschauen, was du dafür tun musst – denn ohne dich geht es nicht –, gilt es festzustellen: Produktivität ist so viel mehr! Produktivität wird zum Beispiel auch als Leistungsfähigkeit definiert. Gemeint ist damit etwas im Sinne der altertümlich wirkenden Worte „Schaffenskraft" und „Schöpferkraft". Es geht um mehr als nur um eine technische Messgröße für Input zu Output. Produktivität wird zu einer Eigenschaft des Produktiven. Natürlich geht es im Kern bei Produktivität darum, deine Ziele auf effizienteste Weise zu erreichen. Es geht darum, die wichtigen Dinge mit möglichst wenig Arbeitseinsatz zu erledigen und keine Zeit für unwichtige Dinge zu verschwenden. Das funktioniert, indem du absichtsvoll mit deiner Zeit und Energie umgehst und dich auf das konzentrierst, was am wichtigsten ist. Aber Produktivität ist noch mehr. Der Hebel liegt dabei auf der Ebene der Selbstführung: Hast du die Kraft und Energie, immer wieder zu schaffen oder zu schöpfen?

Von der Klausur bis zum anspruchsvollen Konzept, vom wichtigen Meeting bis zum Workshop, von der Kreativaufgabe im Job bis zum privaten Projekt: Je mehr Energie wir haben, je mehr Schaffenskraft, umso besser gelingt es uns, produktiv – und dann auch mit den richtigen Werkzeugen – an die Dinge heranzugehen. Je schneller wir alle Aufgaben gut und richtig erledigen, umso mehr wir leisten, also produktiv sind, umso mehr erleben wir Fortschritt, Erfolg und Zufriedenheit.

Spätestens bei dem Wort „Zufriedenheit" wird klar: Bei Produktivität geht es nicht nur um Arbeit. Es geht um alle Bereiche deines

Lebens. Es geht darum, dein Leben, deine Zeit und Energie so zu managen, dass du überhaupt wirklich produktiv sein kannst.

Wie kommst du häufiger in die Produktivität? Wer jeden Abend feiern geht und sich nach fünf Stunden Schlaf mit Brummschädel an den Schreibtisch setzt, braucht sich nicht zu wundern, wenn in Sachen Produktivität nicht viel läuft. Eine Handvoll Aspekte sind für echte Schaffenskraft wichtig, dazu die richtigen Tools.

Produktivität ist, so viel steht fest, kein One-Size-Fits-All-Konzept. Was für eine Person funktioniert, funktioniert möglicherweise nicht für eine andere. Es ist unabdingbar, individuelle Produktivitätsstrategien und -techniken zu finden, die an dich und deine einzigartige Situation angepasst sind.

Vielleicht hast du schon verschiedene isolierte Techniken zur Produktivitätssteigerung ausprobiert, hast mit bestimmten Methoden sogar schon Erfolg gehabt. Vielleicht wunderst du dich aber, dass es Menschen gibt, die mit noch weniger Einsatz und Kraftaufwand noch mehr erreichen.

Wenn du mit deiner aktuellen Produktivität zufrieden bist, leg dieses Buch bitte wieder beiseite. Denn ich will mehr mit dir erreichen: maximale und gleichzeitig mühelose Produktivität!

Das Schlüsselwort ist „mühelos“, denn Produktivität darf auch leichtfallen! Produktivität muss – und darf! – kein Kampf gegen dich und deinen Körper werden. Der pauschale Ratschlag, dass man auf jeden Fall ganz früh aufstehen sollte, um dann produktiv zu werden, ist Unfug. Es ist ein naiver Tipp, der für manche Menschen gar nicht funktionieren kann. Der Grund ist der individuelle Biorhythmus jedes Menschen. Wir sind nicht alle gleich und wir funktionieren nicht alle gleich. Viele allgemein gehaltene Tipps sind sogar gegen unsere Biologie gerichtet. Die Folge sind übermüdete Menschen, die nicht nur weniger produktiv sind, sondern auch Gefahr laufen, auf lange Sicht ihrem Körper zu schaden. Vom Frust, wieder nichts geschafft zu haben, obwohl doch alle mit dieser Methode Erfolg haben, ganz zu schweigen.

Produktivität und harte Arbeit dürfen dir leichtfallen. Es darf Spaß machen! Diesen individuellen Zustand deiner maximalen Produktivität erreichst du nur, wenn du deinen Körper, deinen Geist und dein Verhalten verstehst und aus diesen drei Elementen deinen ganz individuellen Dreiklang bildest.

Um dein maximales Produktivitätspotenzial entfalten zu können, musst du dein Gehirn besser verstehen. Wenn du verstehst, wie dein Denken funktioniert und wie dein Gehirn dich bei deinem Versuch, produktiver zu sein, gern auch mal zum Gegenteil manipuliert, kannst du dich und deinen Körper auf maximale Produktivität programmieren. Erst wenn du auf dieser Ebene Ordnung geschaffen hast, können gern klassische Tipps hinzukommen.

In diesem Buch werden wir die verschiedenen Aspekte der Produktivität untersuchen. Wir werden uns die Wissenschaft hinter der Produktivität und die Strategien ansehen, die du nutzen kannst, um mehr in weniger Zeit zu erledigen. Wir werden auch die häufigsten Fallstricke untersuchen, die selbst die produktivsten Menschen aus der Bahn werfen können – und wie man sie vermeiden kann. Woran die meisten Menschen beim Versuch einer Verhaltensänderung nämlich scheitern, ist, dass sie gegen ihren Körper arbeiten anstatt mit ihm. Diesen Fehler werden wir nicht machen!

Bevor ich mit dir in die Details eintauche, ist mir sehr wichtig, dass du verstehst, dass Produktivität nicht nur bedeutet, mehr zu tun. Es geht darum, die richtigen Dinge auf die richtige Weise zur richtigen Zeit zu tun. Es geht darum, ein erfülltes und sinnvolles Leben zu führen, sowohl persönlich als auch beruflich. Und es geht auch darum, mit voller Kraft, gesund und mit echter Freude an die nötigen Dinge heranzugehen. Produktivität ist der Schlüssel, um dein volles Potenzial zu entfesseln, die Ergebnisse zu erreichen, die du dir wünschst, und das Leben zu führen, das du führen möchtest.

Und genau darum geht es in diesem Buch.

Biophysiologische Grundlagen der Produktivität

Warum solltest du dich mit so komplizierten Dingen wie der Funktionsweise deines Gehirns beschäftigen, wenn du einfach nur mehr Slides in weniger Zeit für deine Präsentation produzieren willst? Und dass man genug schlafen sollte, ist doch ein alter Hut. Die Antwort ist: Du kannst dein Gehirn und deinen Körper ignorieren, wenn du produktiver sein willst. Aber dann wirst du wahrscheinlich gar nicht in echter Produktivität ankommen oder, wenn es kurzzeitig doch klappt, eher früher als später scheitern. Ich werde dir erklären, warum du einen Zustand maximaler Produktivität nur erreichen wirst, wenn du die Funktionsweisen deines Gehirns und deines Körpers und die Wechselwirkung zwischen Gehirn, Bewusstsein/Verhalten und deinem Körper verstehst und mitdenkst. Dass das wichtig ist, ist unmittelbar einsichtig. Musst du auf einer Baustelle ein Loch buddeln, wäre es optimal, wenn du den Bagger gut bedienen könntest und seine Funktionsweise möglichst gut verstehen würdest. Das Gehirn ist als sehr komplexer Bagger unser Werkzeug für die menschliche Produktivität.

Und dieses Gehirn ist mit dem gesamten Nervensystem fest integriert im Körper und wird von vielen Faktoren beeinflusst. Unser Ziel ist es, im Zusammenspiel aller wichtigen Faktoren optimale Rahmenbedingungen zu schaffen, die dir eine dauerhafte Verhaltensänderung ermöglichen, die in maximaler Produktivität resultiert. Dazu müssen wir diese Faktoren kennen und verstehen.

Produktivität, wie wir sie in der modernen Welt brauchen, ist für unseren Körper und unser Gehirn kein Standardprogramm. Die erste Aufgabe ist das Überleben und das möglichst energieeffiziente Navigieren durch die Welt, wobei die wichtigsten Aspekte die Nahrungsaufnahme und der Schlaf sind. Das ist auf einer gewissen Ebene produktiv und auch effizient – aber meist nicht hilfreich für das wichtige Projekt, die Präsentation oder was auch immer du gerade aufschiebst. Selbst handwerkliche Tätigkeiten, die oft im Ruf stehen, eher einfacher Natur zu sein, sind alles andere als das. Von Drohnensteuerung über CNC-Fräsen bis zu komplexen Werkzeugen: Die Arbeitswelt ist sehr anspruchsvoll geworden. Aus Sicht der Evolution erst seit extrem kurzer Zeit gibt es ein Arbeitsleben, das diese andere Art von Produktivität und Leistungsfähigkeit benötigt. Wie aber gehen Körper und Gehirn damit um? Die meisten von uns – ich kann es jedenfalls für mich sagen – sind nicht automatisch oder intuitiv produktiv. Wenn es ein Wort für das genaue Gegenteil von Produktivität gäbe, könnte ich damit meine Schulzeit und die ersten Jahre meines ersten Studiums beschreiben. Gleichzeitig gab es aber Themen, wo ich auch schon damals wirklich leistungsfähig und produktiv war, aber eher aus Versehen, nicht geplant.

Gibt es einen Produktivitätsmodus im Gehirn? Und wenn ja, wie funktioniert er? Die Antwort ist keine einfache, das Gehirn ist komplex. Die Beziehung zwischen mess- und nachweisbaren physiologischen Prozessen im menschlichen Gehirn und dem Entstehen von subjektiven Erfahrungen wie Geist oder Bewusstsein ist noch nicht vollständig verstanden. Diese Beziehung zu kennen ist aber essenziell für einen guten Umgang mit sich selbst. Das ist wiederum die

Grundlage für wirkliche Produktivität. Wie relevant das ist, möchte ich mit dem folgenden kleinen Einblick zeigen.

Wir wissen, dass das Gehirn aus diversen Nervenzellen besteht, die durch elektrische und chemische Signale miteinander kommunizieren. Diese Signale erzeugen Aktivitätsmuster, die mit diversen Messtechniken wie EEG, fMRT und Co gemessen werden können. Studien haben gezeigt, dass bestimmte Muster neuronaler Aktivität mit bewussten Erfahrungen verbunden sind.[1] Zum Beispiel wurde die Aktivität im präfrontalen Kortex mit Selbstbewusstsein, Entscheidungsfindung und Aufmerksamkeit in Verbindung gebracht.[2]

Ein vor einigen Dekaden an der University of California von Walter Freeman und Christine Skarda durchgeführtes Experiment machte die komplexe Funktionsweise des Gehirns deutlich.[3] In einem Tierversuch verbanden sie 64 dünne Elektroden mit den Riechzentren von Kaninchen, sodass sie die Gehirnwellen messen konnten, und präsentierten dann verschiedene Gerüche. „Die Forscher fanden, dass sich bei der Entdeckung eines Geruchs der chaotische Untergrund im Riechzentrum des Gehirns augenblicklich selbst organisierte – das Feuern aller beteiligten individuellen Neuronen verkoppelte sich zu einem kollektiven System. [...] Bot man dem Kaninchen einen Geruch an, der ihm nie zuvor begegnet war, so ließ das Riechzentrum Ausbrüche chaotischer Aktivität erkennen. Erschien der Geruch jedoch mehrmals, so wurden diese Ausbrüche allmählich durch erkennbar geordnete Wellenmuster verdrängt."[4]

Der Standard ist also eine chaotische neuronale Aktivierung. Je vertrauter wir mit etwas sind, umso mehr wechselt die Aktivierung und zeigt eine messbare Ordnung. So wird alles, was wir wahrnehmen, in einem dafür vorgesehenen neuronalen Netzwerk durch ein Aktivierungsmuster codiert. Es gibt Netzwerke, die nur aktiv werden, wenn eine senkrechte Linie durch das Auge wahrgenommen wird. Ein weiteres codiert eine horizontale Linie, das nächste eine Kurve. Ergänzende Netzwerke geben an, wo die Linien im Raum gesehen werden.[5] Ein ganzes Ensemble von Netzwerken wird also aktiv.

Auf einer höheren Ebene gibt es neuronale Netzwerke, die schauen, was aktiviert wird, und das Bild zusammenbauen. Ah! Es ist also ein Tisch mit einer Blume darauf, was da wahrgenommen wird!

Hinzu kommt, dass nun ein Geruch in einem weiteren Netzwerk codiert wird und ein Netzwerk auf wieder höherer Ebene merkt: Es müssen die Blumen sein, die so riechen! Das weiß es von einem anderen Netzwerk, das die Erinnerung liefert, dass Blumen riechen.

Diese Netzwerke, die Input von den Sinnen bekommen, bilden gewissermaßen eine Repräsentationsebene – sie stehen für, also repräsentieren, das Wahrgenommene. Über ihnen stehen die neuronalen Netzwerke, die als Input die Aktivierung von anderen Netzwerken nutzen. Das sind die sogenannten Meta-Repräsentationsebenen.

Wie viele dieser Ebenen es gibt, ist unklar, mindestens zwei Dutzend werden von Naturwissenschaftlern diskutiert. Die von vielen Naturwissenschaftlern und Philosophen vertretene Theorie lautet stark vereinfacht: Bewusstsein findet auf einer der oberen Meta-Repräsentationsebenen statt, einer Ebene, auf der wir die Aktivierung der neuronalen Netze darunter bewusst verarbeiten können und uns als „ich“ erleben. Neben den ganzen unbewussten Dingen, die einfach so ablaufen, können wir aber zum Teil durch diese Ebene die neuronale Aktivierung der Ebenen darunter steuern, zum Beispiel indem wir uns bewegen oder bewusst etwas denken.

Es ist eine Theorie und die Wissenschaftler streiten noch. Einige sagen, dass Bewusstsein aus der koordinierten Aktivität von Neuronen im Gehirn entsteht,[6] während andere vertreten, dass es aus den Interaktionen zwischen verschiedenen Hirnregionen entsteht.[7] Wieder andere bringen noch ganz andere Ideen ins Spiel. Für uns ist es jedoch gar nicht so wichtig zu wissen, „wie genau“, sondern dass dieser Zusammenhang überhaupt besteht.

Ich finde es unglaublich faszinierend, dass physiologische Vorgänge – der Austausch von biochemischen Signalen und elektrischen Impulsen – in einer Zellmasse in unserem Kopf unser Bewusstsein hervorbringen. Allerdings bedeutet diese Erkenntnis, dass es wahrscheinlich keinen vom Körper unabhängigen Geist oder ein vom Körper unabhängiges Bewusstsein gibt. Das müssen viele Menschen erst einmal verdauen.

Dass das Aufheben eines Gegenstands ein körperlicher Vorgang ist, leuchtet ein. Zu akzeptieren, dass auch unsere Gedanken und unsere Gefühle letztlich das Resultat körperlicher Vorgänge sind, fällt vielen Menschen schon schwerer. Hin und her rasende elektrische Impulse ermöglichen uns die gedankliche Reise ans Ende des Universums und darüber hinaus – sie ermöglichen es uns jedoch auch, unseren Geist acht Stunden lang täglich mit Social-Media-Konsum zu frittieren. Unsere edelsten Gefühle und die daraus resultierenden Verhaltensweisen – Liebe, die zur Selbstaufopferung führt, Altruismus und Güte – sind letztlich das Ergebnis der Ausschüttung von Molekülen und Botenstoffen wie Glutamat und GABA, Monoaminen wie Dopamin und Serotonin, Acetylcholin und vielen anderen.[8]

Die Entstehung von „Bewusstsein" ist jedenfalls ein ziemlich komplexes Phänomen, das die Integration von Informationen im Gehirn umfasst. Fest steht, dass eine starke Beziehung zwischen Geist und Körper besteht und sie ständig miteinander interagieren.

Der Geist kann den Körper beeinflussen und umgekehrt, wir kennen es alle aus dem Alltag. Bei einer Grippe ist kein kluger Gedanke zu fassen. Haben wir einen Tag mit viel Energie, läuft es einfach. Die Forschung weiß mittlerweile, wie umfassend die Vernetzung ist.

„Neurowissenschaft" ist nicht direkt übersetzbar mit „Gehirnforschung". „Nervensystemforschung" trifft es besser. Neuronen, also Nervenzellen, sind großzügig über den ganzen Körper verteilt und spielen eine zentrale Rolle, die wir erst in den letzten Jahrzehnten besser verstehen. Sie erklären viele spannende Zusammenhänge. Zum Beispiel können Stress und Angstzustände körperliche Symptome wie Kopfschmerzen, Muskelverspannungen und Müdigkeit verursachen. Andererseits kann ein bestimmtes Verhalten die geistige Gesundheit verbessern, indem durch dieses Verhalten – beispielsweise regelmäßige körperliche Bewegung – Stress und Angstzustände reduziert werden.[9] Studien haben gezeigt, dass bestimmte Yoga-Übungen die kognitive Funktion verbessern und die Gehirnaktivität in Bereichen erhöhen können, die mit Aufmerksamkeit und Gedächtnis zusammenhängen.[10] Körperliche Aktivität trägt also insgesamt zur Verbesserung der kognitiven Funktion bei, ebenso zur Reduzierung von Stress und Angstzuständen und zur Verbesserung der Stimmung. Wir wissen aus unserem Alltag, wie relevant der gesamte Körper für unser Denken, Fühlen und Handeln ist. Und tatsächlich ist gerade für gute Stimmung zu sorgen etwas, was in unserer persönlichen Verantwortung liegt. Denn ob wir glücklich sind, ist unserem Gehirn egal. Ich würde sogar sagen, dass das Gehirn es physiologisch nicht hergibt, nur glücklich zu sein, aber dazu später mehr.

Unser Gehirn ist darauf ausgelegt, das Überleben und Entwickeln des Organismus über das Glücklichsein zu stellen. Denn während das langfristige Glücklichsein zwar für das individuelle Wohlbefinden schön ist und auch in einigen Situationen konkrete neurobiologische Funktionen hat, muss es nicht immer gegeben sein, um das Überleben und Fortkommen der Art zu sichern. Das Gehirn hat sich darauf spezialisiert, Verhaltensweisen zu priorisieren, die die Überlebenschancen erhöhen, wie beispielsweise die Suche nach Nahrung, Wasser und Unterkunft sowie die Vermeidung von Gefahren und Bedrohungen.[11] Tatsächlich kann das Streben nach *konstantem* Glück und *permanenter* Freude, das so gern zelebriert wird, manchmal sogar schädlich für das Überleben sein, da es zu riskantem Verhalten führen kann, das den Einzelnen in Gefahr bringt. Zum Beispiel kann unser Streben nach Spaß und Freude via Drogenkonsum zu Sucht- und Gesundheitsproblemen führen, die das Überleben gefährden können.[12] Es bringt uns auch dazu, lieber auf dem Sofa liegen zu bleiben und die anstehenden Aufgaben auf morgen zu verschieben. Das ist bequemer, kurzfristig wohltuender und auch risikoärmer. Aber wie wir beim Yoga-Beispiel gesehen haben, können wir uns bewusst für ein Verhalten entscheiden, das uns guttut, das uns klüger und gesünder macht. Das ist doch mal eine gute Nachricht. Das Problem mit unserem unglaublich komplexen Gehirn ist nur, dass es gleichzeitig unser stärkstes Werkzeug und unsere stärkste Bremse ist.

Die Evolution hat dieses Wunderwerk daraufhin optimiert, dass wir als Organismus überleben. Und diesen Job erledigt es in der Regel überragend gut. Stress, Anspannung und Angst in lebensbedrohlichen, aber auch in geradezu lächerlichen Situationen unseres Lebens, ebenso wie unsere Bequemlichkeit und der Unwille, etwas an unserem Leben zu verändern, sind die archaischen Zeugen dieser Schutzfunktion. Davon, produktiv zu sein und unter den Bedingungen unserer komplexen Lebensumstände permanente Zufriedenheit und konstantes Glück zu verspüren, war in der Evolution leider nie die Rede.

Dein Gehirn, dieses gute Kilo aus Fett, Wasser, Proteinen, Kohlenhydraten und Salzen,[13] das in deinem Schädel sitzt, steuert zu wesentlichen Teilen dein Verhalten noch immer so, als würdest du Mammuts jagen – und vieles von deinem Verhalten steuert es ziemlich autonom.

Trotzdem denken wir, wir Menschen wären ja so vernünftig. Und da denken wir total falsch. Schauen wir einmal, wie rational wir wirklich sind. Schon auf der alltäglichen Ebene findest du selbst schnell heraus, dass Vernunft in sehr vielen Fällen offenbar wirklich das Letzte ist, was unser Verhalten steuert.

Denn es wäre klug, spätestens heute mit dem wichtigen Auftrag zu beginnen, gerade weil wir wissen, dass es ohnehin schon knapp wird. Stattdessen heben wir uns die Arbeit lieber für die letzten drei Nächte vor der Deadline auf und fühlen uns nach den dadurch nötig gewordenen „All-Nightern" so richtig produktiv, auch wenn wir nur mit Hängen und Würgen gerade so das nötige Ergebnis erzielen. Den Gedanken daran, dass das Ergebnis noch viel besser geworden und der Weg dahin ganz entspannt gewesen wäre, hätten wir uns nur früher damit beschäftigt, verdrängen wir.

Auch jenseits von Produktivität ist von Vernunft oft wenig zu sehen. Denn es wäre wirklich gesünder, mal wieder laufen zu gehen, statt mit Chipstüte vor dem Fernseher zu sitzen. Es wäre vernünftiger, das Geld statt in eine Sauftour an den Ballermann in die Altersvorsorge zu investieren. Wir beschweren uns, dass das Schnitzel um die Ecke so teuer geworden ist, und zahlen, ohne mit der Wimper zu zucken, am Flughafen das Dreifache, ohne uns zu beschweren. Und es wäre vernünftig, für die paar Kilometer zum Büro das Fahrrad zu nehmen. Das wäre gesünder und billiger und meistens sogar schneller. Aber nicht doch, Schatz. Lass uns den Q8 e-tron leasen, den brauch' ich wirklich, weil mir die 300 kW Sicherheit beim Überholvorgang geben, wenn ich unser Kind zur Kita bringe. Und als Bonus gibt es noch den Stress, die enorme monatliche Leasingrate zahlen zu müssen.

Aber wenn du ehrlich zu dir bist, erkennst du intuitiv, wie wenig vernünftig und rational auch sehr viele deiner Entscheidungen sind – und nicht nur deine. Viele andere, mit denen ich darüber spreche, kommen nach anfänglicher Gegenwehr für sich auch zur gleichen Erkenntnis … und können darüber schmunzeln, wie sehr ihr Gehirn ihnen auch die dümmsten Entscheidungen hinterher als klug verkauft.

Wie vernünftig unsere Entscheidungen sind, haben natürlich auch Wissenschaftler untersucht – und haben dabei spannende Ergebnisse und eine Menge Bücher produziert. Während meines Ökonomie-Studiums habe ich einige dieser Bücher kennengelernt, die auf Hunderten von Seiten darlegen, wie und warum wir rational entscheiden, und dann in einem verschämten Schlusskapitelchen erklären, warum es doch bloß Theorien sind und die Praxis ganz anders aussieht. Wir sparen uns den Exkurs hier, die wichtigste Erkenntnis hatten wir nämlich schon.

Für uns ist die Frage nach der Rationalität unserer Entscheidungen vor allem deshalb wichtig, weil jedem Verhalten eine Entscheidung vorausgeht. Beispielsweise die Entscheidung, mit der Arbeit anzufangen oder stattdessen lieber die Wohnung zu putzen. Das ist eine Entscheidung, die wir bewusst und informiert treffen und bei der wir sorgfältig das Für und Wider abwägen. Das bilden wir uns zumindest manchmal ein. In Wahrheit bleibt uns in vielen Fällen auch bei unseren „bewussten" Entscheidungen der ausschlaggebende Grund verborgen.

Fakt ist, dass unser Gehirn oft nicht auf Basis von Vernunft entscheidet. Gute Entscheidungen und zielführendes Verhalten sind aber extrem wichtig für die Ergebnisse, die wir erarbeiten wollen, also für unsere Produktivität. Wenn Vernunft nicht das entscheidende Kriterium ist, auf dessen Basis unser Gehirn entscheidet: Was ist es dann? Welcher Logik folgt unser Verhalten? Erst wenn wir das wirklich verstehen, können wir die Weichen stellen für echte Produktivität.

Um diese Antwort zu finden, müssen wir sehr genau dort suchen, wo Verhalten gesteuert wird und Entscheidungen passieren: tief in unserem Gehirn.

Musterbildung: Kernmodus des Gehirns

Was macht eigentlich unser Gehirn den ganzen Tag? Worauf basiert seine Arbeit und woher weiß es eigentlich, was es zu wissen glaubt? Ich will dich nicht lange auf die Folter spannen: Der Default-Modus unseres Gehirns ist die Musterbildung. Musterbildung ist eine Kernfunktion unseres Gehirns.

Muster*bildung* im Gehirn ist Lernen, Muster*erkennung* ist der Abruf von Gelerntem. Musterbildung ist die Fähigkeit, in einer Menge von Daten vermeintliche Regelmäßigkeiten, Wiederholungen, Ähnlichkeiten oder Gesetzmäßigkeiten zu entdecken. Das spart Zeit – wir können innerhalb von 100 Millisekunden ein Objekt, einen bekannten Menschen oder andere Muster erkennen und zuordnen. Wir bauen uns also eine individuelle Bibliothek von Mustern, auf die wir zurückgreifen. Dabei passieren leider ab und zu Fehler, die wir als sogenannte kognitive Verzerrungen erleben. Eine kognitive Verzerrung (englisch „bias“) ist eine Tendenz oder Neigung, die oft unbewusst unser Urteil und unsere Entscheidungsfindung beeinflusst. Sie kann in verschiedenen Formen auftreten, wie zum Beispiel eine Vorliebe für eine bestimmte Person, Gruppe oder Idee oder eine Tendenz, Informationen auf eine bestimmte Art und Weise zu interpretieren. Wenn dich die Stimme oder die Gestik der neuen Kollegin an deine ungeliebte Grundschul-Mathelehrerin erinnert, wird sie bei dir keinen leichten Stand haben, weil du die negativen Emotionen, die die Lehrerin in dir geweckt hat, leicht auf sie übertragen wirst. Musterbildung und Mustererkennung sind trotzdem sehr nützlich. Es gibt verschiedene Angaben dazu, wie viele Entscheidungen ein Mensch pro Tag trifft. Die Zahlen sind abhängig davon, wie man „Entscheidung" definiert. Die Angaben reichen von 122 bewussten Entscheidungen bis zu 35.000 Entscheidungen. Forscher der Cornell University schätzen, dass Menschen allein im Zusammenhang mit Essen täglich 226,7 Entscheidungen treffen.[14] Eines ist jedenfalls klar: Wir verhalten uns die ganze Zeit und treffen dabei Unmengen an Entscheidungen.

Stell dir vor, du müsstest jeden Tag jede Entscheidung neu und bewusst treffen – angefangen mit der Frage, mit welchem Bein du dich zuerst aus dem Bett schwingst. Das Thema Produktivität könntest du in dem Fall gleich vergessen. Du wärest zu sehr damit beschäftigt zu entscheiden, mit welchem Fuß du zuerst in die Schuhe steigst. Um genau das nicht tun zu müssen, nutzen wir Muster. Und um zu verstehen, wie diese Musterbildung funktioniert, widmen wir uns nun der Neuroanatomie.

Unser Gehirn – übrigens gehören technisch gesehen die teils sichtbare Retina des Auges und alles, was an den Augen „nach innen" dranhängt, auch dazu – besteht im Wesentlichen aus vielen winzigen Gehirn- beziehungsweise Nervenzellen (Neuronen), dazu kommt dann noch Stütz- und Versorgungsgewebe. Ein durchschnittliches menschliches Gehirn kommt auf ungefähr 100 Milliarden Nervenzellen, so schätzt man. Die Nervenzelle ist die für uns wesentliche kleinste Einheit des Gehirns. Der Körper der Gehirnzelle ist etwa 5 bis 100 Mikrometer groß (ein Mikrometer sind 1/1.000 Millimeter). Ein Neuron besteht vor allem aus dem Zellkörper (Soma), in dem der Zellkern liegt, und verschiedenen „Auswüchsen". Denn um mit anderen Neuronen Verbindungen aufbauen zu können, gehen von jedem

Neuron fein verästelte Dendriten und Axone ab. Funfact: Eine einzige Gehirnzelle kann bis zu 10.000 Dendriten besitzen.

Axone sind längliche Gebilde, die vom Soma abgehen und für die Informationsübertragung verantwortlich sind. Erreicht eine Information einen gewissen Schwellenwert, wird sie über das Axon zu den Synapsen übertragen. Synapsen sind so etwas wie die Anschlussstelle zwischen den Neuronen. Noch ein Funfact: Die Anzahl der Verbindungen zwischen den Neuronen im Gehirn ist größer als die Zahl der bekannten Sterne im Universum. Bei manchen einzelnen Gehirnzellen kommen rund 100.000 Verbindungen an! Dendriten empfangen eingehende Signale von anderen Neuronen oder Sinnesrezeptoren, während Axone elektrische Signale vom Zellkörper weg an andere Neuronen oder Zielzellen weiterleiten.

Abb. 1 **Signalübertragung an der Synapse**

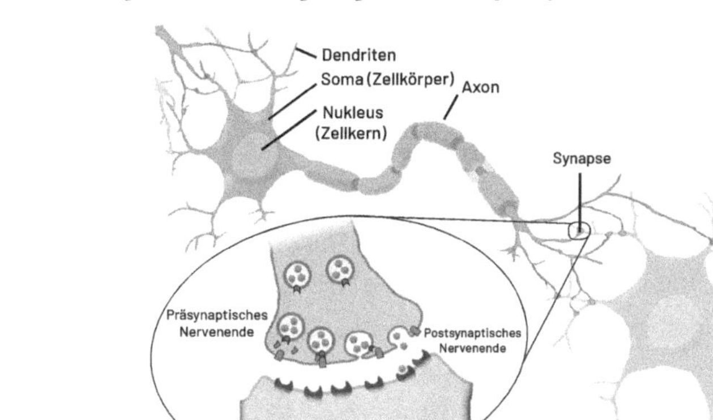

Quelle: Eigene Darstellung basierend auf Byrne, J. H., Introduction to Neurons and Neuronal Networks, https://nba.uth.tmc.edu/neuroscience/s1/introduction.html

Als wäre das alles nicht kompliziert genug, gibt es auch noch zwei „Kommunikationsstandards“: Über die auf dem Neuron gebildeten Axone findet eine *elektrische* Signalübertragung statt. In den Synapsen am Ende werden diese elektrischen Signale in *chemische*

Signale umgewandelt. Diese zweiteilige Kommunikation ist zentral für die Funktion der Musterbildung. Sie verläuft übrigens immer nur in eine Richtung: Eine Zelle redet, die andere hört zu. Die zuhörende Zelle kann aber wiederum eine Verbindung zur redenden Zelle haben, wo es andersherum ist.

Die Funktionsweise der Kommunikation und deren Auswirkungen auf das Lernen eines Nervensystems wurden erst vor wenigen Jahrzehnten entschlüsselt. Ihr Entdecker Eric Kandel, ein österreichisch-US-amerikanischer Psychiater, Physiologe, Neurowissenschaftler, Verhaltensbiologe und Biochemiker, wurde dafür im Jahr 2000 mit dem Nobelpreis für Medizin ausgezeichnet.

Bei seinen Untersuchungen an kalifornischen Meeresschnecken fand er heraus, dass die elektrische Signalübertragung in unterschiedlichen Geschwindigkeiten passiert. Wenn eine Schnecke etwas zum ersten Mal macht, dann fließt das Signal sehr langsam, mit etwa 4 km/h, durch das Neuron. Je öfter die Schnecke die Aktion jedoch wiederholt, desto stärker bildet sich physiologisch das Axon aus und desto höher wird auch die Signalgeschwindigkeit. Mit jeder Wiederholung bildet sich um das Axon eine Schicht aus speziellen Zellen aus, die sogenannte Myelin- oder Markscheide. Das einst „nackte" Axon verwandelt sich in eine Art Cocktail-Würstchenkette. Auf dieser Kette fließt der Strom jetzt jedenfalls nicht mehr träge dahin, sondern wandelt sich in eine Folge von blitzschlagartigen elektrischen Phasenimpulsen. Durch diese Impulse von Knotenpunkt zu Knotenpunkt wird die Signalübertragung auf über 400 km/h beschleunigt. Stell dir vor, du bahnst dir einen Weg durch hohes Gras. Beim ersten Mal bist du noch langsam und vorsichtig, du kennst das Gelände noch nicht und musst dir deinen Weg erst bahnen. Am nächsten Tag geht es schon schneller, du kannst deiner eigenen Spur folgen. Je öfter du der Spur folgst, umso mehr verwandelt sie sich in einen gangbaren Trampelpfad. Irgendwann ist es ein Weg, den du blind gehen kannst. Der Pfad ist jetzt so ausgetreten, dass du sogar ein Fahrrad nehmen kannst. Wenn wir lernen, bauen wir tatsächlich unser Gehirn physiologisch um. Wenn du aufmerksam liest, bilden sich auch bei dir gerade neue Myelinscheiden. Der Effekt passiert genau jetzt.

Abb. 2 **Signalgeschwindigkeit**

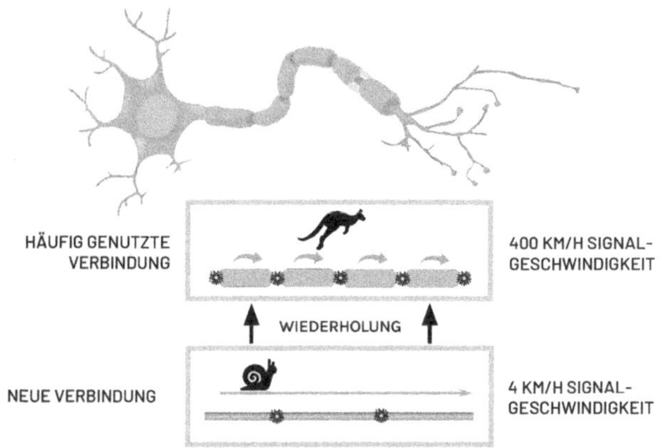

Quelle: Eigene Darstellung in Anlehnung an http://ms-gateway.ie/my-life-with-ms/introduction/what-is-ms-179.html

Wenn Kinder mit vier oder fünf Jahren das erste Mal Fahrrad fahren, sind sie extrem wackelig und neuronal nur mit 4 km/h unterwegs. Zehn Jahre später und mit Tausenden Kilometern in den Beinen fahren diese Kinder freihändig und mit Handy in der Hand vor dir über die Kreuzung. Was ist passiert? Durch immerwährende Wiederholung haben wir ein ganzes Set an neuronalen Mustern gebaut, das stark moderiert wird durch neuronale Strukturen rund um die Basalganglien, Amygdala und den Hippocampus tief im Gehirn in einem System, mit dem wir uns noch beschäftigen werden. Diese Logik findet sich nicht nur beim Radfahren, also bei Bewegungsmustern, sondern immer, wenn wir etwas lernen: bei den ersten Schritten als Baby genauso wie beim Sprechenlernen bis hin zum philosophischen Erkenntnisgewinn. Wichtig: Muster bilden wir auch dann aus, wenn wir gar nicht bewusst lernen. Das Einmaleins lernen wir bewusst. Radfahren lernen wir am Anfang teilweise bewusst, das Gleichgewicht zu halten passiert aber auch schon zu Beginn unbewusst. Wir bilden aber auch ganz unbewusst Muster aus, wenn es darum geht, wie wir auf und in bestimmten sozialen Situationen reagieren. Ob deine Eltern freundlich zugewandt oder eher gleichgültig waren, führt auf diese Weise ebenfalls zu Mustern in dir. Ob und wie du von Freunden und Lehrern gelobt und gefördert wurdest oder nicht, resultiert in Mustern, beispielsweise darin, wie zuversichtlich du eine Herausforderung angehst. Diese Muster, die wir vom Kleinkindalter an gelernt haben, prägen uns, prägen unser Verhalten zu einem sehr großen Teil. Sie sind ein bestimmendes Element, warum wir tun, was wir tun. Fazit: Muster sind zum großen Teil mitbestimmend für unser Verhalten.

Wir lernen Muster aber nicht ausschließlich über Wiederholung. Die Neurowissenschaft hat einen zweiten Faktor identifizieren können: Je emotionaler wir eine Wiederholung wahrnehmen – wenn wir also beispielsweise eine hohe positive Gestimmtheit haben, wenn wir gerade Glück und Zufriedenheit empfinden –, desto schneller lernen wir hinzu. Wenn die Erfahrungen emotional intensiver werden, erhöht sich die Aktivität von Noradrenalin und Cortisol im Gehirn, was bei der nachhaltigen Repräsentation von Erfahrungen im Arbeitsgedächtnis hilft und synaptische Plastizität fördert. Die Amygdala ist zentral beim emotionalen Lernen. Die Aktivierung der Amygdala nimmt mit der Intensität einer Erfahrung zu, was die Gedächtnisbildung sowohl im Hippocampus als auch im Nucleus Caudatus (eine Region für Gedächtnis, Kognition, Emotion) verbessert. Hippocampus und Amygdala sind quasi Nachbarn im Gehirn, interagieren stark miteinander und kollaborieren insbesondere bei der Bildung des emotionalen Gedächtnisses.[15] Das geht so weit, dass wir bei sehr intensiven Erfahrungen, positiv wie negativ, gar keine Wiederholung brauchen. Der schönste Tag unseres Lebens und das schlimmste Ergebnis ist nur einmal passiert, wird aber oft lange und intensiv erinnert, und das ohne Wiederholung.

Wenn wir effektiv produktiv sein wollen, müssen wir entsprechende Verhaltensmuster verinnerlichen und emotional positiv bewerten. Dadurch können wir vermeiden, dass wir immer wieder bewusst und nur mit Willenskraft und Disziplin in den Produktivmodus wechseln. Die Frage ist: Wie können wir Verhaltensmuster und Gewohnheiten entwickeln, die uns produktiv machen? Zunächst müssen wir uns dazu von einem Gedanken verabschieden. Gern wird nämlich die bereits vorhandene Musterbildung des Gehirns als Entschuldigung genutzt: „Ja, ich bin halt so, wie ich bin." Die Wahrheit ist aber, dass du nicht das Opfer deines Gehirns bist, sondern dass dein Gehirn sehr formbar und plastisch ist.

Du kannst sehr viel Veränderung anstoßen, aber es muss richtig gemacht werden. Die meisten Veränderungsvorhaben scheitern, weil sie schlecht ausgeführt werden. Ein neurowissenschaftlich fundiertes Modell hilft dir, eine effektive Veränderung zu erreichen und die Wahrscheinlichkeit zu erhöhen, dass du Veränderungen für mehr Produktivität erfolgreich umsetzt und langfristig beibehältst.

Am Anfang dieses Veränderungsprozesses steht ein vorhandenes unerwünschtes Verhaltensmuster, zum Beispiel das Aufschieben von wichtigen Aufgaben. Du weißt, dass du dringend etwas tun solltest, sagst aber immer wieder „Ab morgen" oder „Ich mache es später". Der erste zur Änderung notwendige Schritt aus neurophysiologischer Sicht ist die Erkenntnis, dass du überhaupt anders vorgehen könntest. Denn wenn du nicht weißt, dass du ein neues Verhaltensmuster entwickeln könntest, gibt es auch keinen neuronalen Anreiz, dich damit zu beschäftigen. Der erste Schritt ist also, auf einer logischen Ebene zu verstehen, warum es besser wäre, eine Veränderung durchzuführen. Beobachte dich ein paar Tage selbst: Was sind die dir noch nicht bewussten Verhaltensweisen, die dich weniger produktiv sein lassen? Frage einen guten Kollegen, was er bei dir sieht. Frage dich bei den Tipps in diesem Buch, ob du das wirklich so machst, und schaue selbstkritisch hin. Denn: Das Wissen ist die erste wichtige Grundlage für die Veränderung.

Im zweiten Schritt ist es wichtig zu verstehen, wie es besser gehen könnte. Was ist das eigentliche Problem und was müsste man tun, um es zu lösen? Es ist wichtig, den Zielzustand zu verstehen und genau zu definieren. Das Problem ist nicht nur das Aufschieben von Aufgaben, sondern du musst eine Antwort auf die Frage finden: Wie kann ich, wann immer ich eine Aufgabe erledigen muss, schnell damit beginnen und es dann auch wirklich durchziehen? Zur Zieldefinition gehört nicht nur das Verschwinden des Problems, sondern auch die Definition eines produktiven Verhaltens. Die reine Beschreibung der Lösung: „Ich will nicht mehr alles aufschieben“, sagt dir nämlich noch nichts darüber, was du stattdessen machen möchtest. Die Lösung, einfach keine Aufgaben mehr anzunehmen, würde auch funktionieren, wird dich aber nicht unbedingt in Produktivität führen. Auf die Möglichkeit, auch mal Nein zu sagen und nur die richtigen Aufgaben zu erledigen, kommen wir später noch.

Viele Menschen wissen auf einer rationalen Ebene, dass sie Sport treiben und sich gesünder ernähren sollten. Sie wissen theoretisch auch, wie das geht. Aber was machen sie? Richtig, nichts. Um diesen Zustand zu überwinden, brauchen wir eine neurophysiologische Aktivierung, die wir das „Feeling of Knowing“ nennen, das Gefühl, zu wissen. Es macht für unser Gehirn einen Unterschied, ob du sagst: „Ja, ich weiß, dass ich jetzt anfangen und die Arbeit erledigen sollte“, oder ob du sagst: „Ja, ich fange jetzt an und es fühlt sich richtig an!“

Du wirst lernen, wie du für dich und deine Herausforderungen ein „Feeling of Knowing“ erzeugen und für dich nutzen kannst. Es ist die Grundlage dafür, dass Veränderung wirklich funktioniert. Erst wenn du eine rationale Erkenntnis in ein „Feeling of Knowing“ übersetzt und auf dieser Basis immer wieder und wieder handelst, wirst du durch die sich zwangsläufig einstellende synaptische Plastizität den gewünschten Zustand langfristig sichern. Du wirst die emotionale Erfahrung machen, dass dir plötzlich Durchbrüche gelingen und dieser „Produktionsprozess“ im Gehirn immer schneller läuft. Wenn du Veränderungen auf diese Weise angehst, sind sie gehirnfreundlich. Dann hast *du* dein Gehirn ausgetrickst. Nicht umgekehrt. Oder mit anderen Worten: Du hast die Funktionsweise deines Gehirns verstanden und sie aktiv genutzt, um deine Ziele zu erreichen. Lass uns also schauen, wie wir eine gehirnfreundliche Veränderung zugunsten deiner Produktivität umsetzen können.

Abb. 3 **Der Weg zu einem neuen Verhaltensmuster**

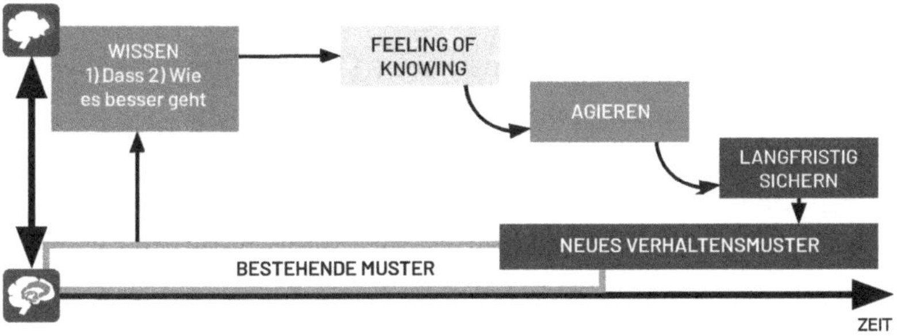

Quelle: Hümmeke (2017/2020)

Logik, kluges Denken und das frontale System

In Abbildung 3 sind zwei unterschiedliche Gehirnregionen markiert. In der unten markierten Region liegen alle Gewohnheiten und alle Verhaltensmuster, hier sind die gerade genannten Regionen der Musterbildung zu Hause. In der oben markierten Region findet das bewusste, logische Denken statt. Bisher bauen wir unsere Muster mit der unteren Region. Aber warum sollten wir uns nur auf eine Gehirnregion beschränken? Um maximale Produktivität zu erreichen, kann es nicht schaden, auch das bewusste Denken zu nutzen.

Dazu zunächst wieder eine Neuroanatomie-Stunde: Ich möchte dir – oben – das frontale System vorstellen, auch bekannt als der präfrontale Kortex. Das ist der Bereich, den du abdeckst, wenn du deine Hand auf deine Stirn legst. Hier finden viele spannende Dinge statt wie Erkennen, Verstehen und Bewerten. Wenn ich eine Flasche Mineralwasser sehe, erkenne ich, dass es Wasser mit Kohlensäure ist und bewerte: Das mag ich. Das ist das frontale System in Aktion – Erkennung, Verständnis, Bewertung. Außerdem befindet sich hier das Arbeitsgedächtnis, auch bekannt als Kurzzeitgedächtnis. Wenn ich dich bitte, dir die Zahlenfolge 13, 15, 19 zu merken (und du tust es), ist bei dir hauptsächlich das frontale System aktiv.

Es gibt auch eine Region im frontalen System, die Verhaltensimpulse hemmt. Sie befindet sich an der vorderen Seite und wird ventrolateraler präfrontaler Kortex genannt. Dieser Bereich ist quasi die Handbremse deines Gehirns. Wenn du zum Beispiel gesünder essen möchtest, aber bereits halb in der Chipstüte hängst und dich im letzten Moment doch noch beherrschst, ist das dein ventrolateraler präfrontaler Kortex, der die Handbremse gezogen und den Verhaltensimpuls unterbrochen hat. Das ist eine großartige Sache. Denn sie ermöglicht, dass du dich bewusst dafür entscheiden kannst, etwas anders zu tun. Und diese Erkenntnis unterstreicht, welche Relevanz das frontale System für die Produktivität hat.

Aber es gibt eben auch noch den Bereich, in dem unsere Gewohnheiten und noch viel mehr sitzen – das limbische System. Forscher streiten sich immer noch darüber, welche Gehirnregionen genau dazugehören und wie sie differenziert werden können, aber das limbische System ist eine zentrale Struktur in deinem Gehirn und hat verschiedene Funktionen in Bezug auf unser tägliches Verhalten.

Hier hat zum Beispiel das Erfahrungsgedächtnis seinen Sitz. Wenn du an deinen letzten Urlaub denkst, es kommen Bilder hoch, du spürst die warme Sonne auf der Haut … Dieses Gefühl, diese Stimmung, die zugehörigen Emotionen sind zum Beispiel im limbischen System gespeichert. Auch das Langzeitgedächtnis ist hier zu Hause, außerdem deine körpereigene Alarmanlage, die in bestimmten Situationen Angst und Stress auslöst. Vorfreude und das Belohnungssystem werden ebenfalls durch das limbische System moderiert.

Wir haben also zwei unterschiedlich ausgerichtete Bereiche. Das limbische System ist hauptverantwortlich für alle gelernten Muster und Gewohnheiten. Es ist der Ort, an dem all unsere Emotionen und Erinnerungen gespeichert werden. Das frontale System wird im Gegensatz dazu gern als das „Executive Center“ des Gehirns bezeichnet. Hier findet das bewusste Denken statt, das Abwägen von Entscheidungen und das Lösen von Problemen. Allerdings gibt es beim frontalen System auch Einschränkungen.

Abb. 4 **Eine Frage der Perspektive**

Quelle: Orientiert an Goldstein, B. E. (2015). *Wahrnehmungspsychologie: Der Grundkurs*. 9. Auflage. Berlin: Springer, S. 105

Wenn du dir die bekannte Abbildung mit den zwei Gesichtern (oder der Vase) (Abb. 4) anschaust, stellt sich die Frage, was du siehst. Siehst du eine Vase oder siehst du zwei Gesichter? Vielleicht schaltest du auch hochfrequent hin und her und erkennst mal das eine und mal das andere Motiv. An diesem Hin- und Herschalten merkst du, dass das frontale System sehr seriell ist. Es bearbeitet eins nach dem anderen. Im Hinblick auf Produktivität bedeutet diese Tatsache, dass du nicht gleichzeitig 375 mit 12 multiplizieren und ein Gedicht schreiben kannst. Diese Art von Multitasking funktioniert neurowissenschaftlich gesehen aber nicht nur nicht, sondern hat sogar sehr viele Nachteile und Nebenwirkungen. Eines ist klar: Wenn du klug sein willst, dann mache eine Aufgabe nach der anderen, das nennt man

Monotasking. Multitasking ist eine dumme Idee, dabei kommt dein frontales System nämlich nicht mit, es wird ineffizient und macht einen Haufen Fehler. Wir müssen auf dem Weg zu maximaler Produktivität mit der Limitation des frontalen Systems umgehen und trotzdem dafür sorgen, dass wir klug unterwegs sind. Und dafür ist noch ein weiterer Faktor wichtig, nämlich unsere Intelligenz.

Intelligenz als Faktor

Intelligenz ist ein heikles Thema. Wissenschaftlich ist es zwar sehr gut untersucht. Dennoch gibt es viele Stimmungen und Befindlichkeiten, die zu heftigen, teils auch ideologischen Meinungsverschiedenheiten führen. Und ja, das Thema hat auf den ersten Blick viel mit Bewertung zu tun. Mit höher oder niedriger, mit besser oder schlechter. Aus wissenschaftlicher Sicht ist es jedoch eines der validesten Konzepte, die die Psychologie hervorgebracht hat. Dennoch bin auch ich mit dem Konzept nicht glücklich. Zum Beispiel wissen wir trotz aller Forschung nicht, wie wir die Intelligenz eines Menschen steigern können. Wir können sie reduzieren – das kann jeder in der nächsten Bar ausprobieren –, aber das Steigern der Intelligenz ist leider (noch) nicht möglich. Intelligenz macht für das gesamte Verhalten zwar nur einen kleinen, aber doch wichtigen Teil aus – einen Teil allerdings, den wir nicht positiv beeinflussen können.

Bevor wir tiefer einsteigen, sind zwei Dinge festzuhalten. Erstens: Eine Aussage über die Intelligenz ist, genauso wie die Aussage über die Körpergröße beispielsweise, keine Bewertung des Menschen an sich. Beschrieben wird nur eine Eigenschaft des Menschen. Große Menschen sind nicht besser, genauso sind intelligente Menschen nicht besser. Zweitens: Eine geringe Intelligenz ist nicht per Definition ein Grund, nicht produktiv oder erfolgreich zu sein. Viele Menschen mit durchschnittlicher oder sogar niedrigerer Intelligenz schaffen es, überproportional erfolgreich zu sein. Es gibt ganz viele

Hochbegabte, die deutlich weniger produktiv sind als Menschen mit durchschnittlicher Intelligenz. Allerdings: Je höher die Intelligenz, desto einfacher ist es in vielen Fällen, erfolgreich zu sein, wenn man es richtig anstellt. In jedem Fall lohnt es sich zu überlegen, wie man das Arbeitsumfeld und die Produktivität so organisieren kann, dass sie zur eigenen Ausstattung passen.

Steigen wir tiefer ein: Was ist Intelligenz eigentlich? Wie kann man sie messen? Was kann man messen? Bei diesen Fragen haben die meisten vermutlich Bilder typischer Intelligenztests vor Augen. Wenn du noch nie einen gemacht hast, kannst du in Abbildung 5 ein paar typische Aufgaben sehen. Siehst du bei der linken und rechten Aufgabe sofort, welche der unteren Formen jeweils oben in das leere Feld passt?

Abb. 5 **IQ-Tests**

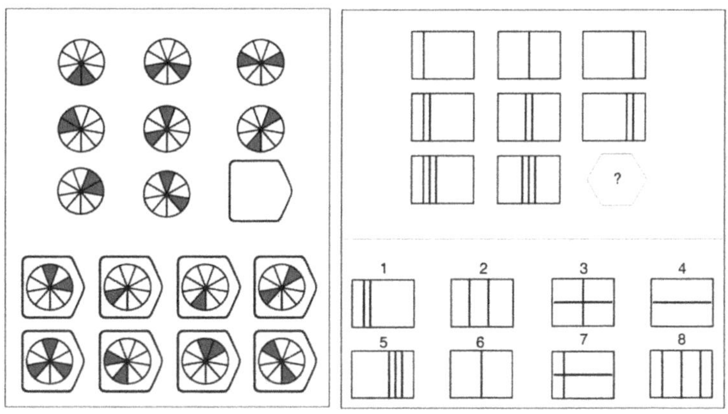

Quelle: Oei, J. (2019). Scarcity of time and saving behaviour: The effects of time scarcity on cognitive functioning and time saving: An online experiment (Master's thesis, Erasmus University Rotterdam). Retrieved from https://thesis.eur.nl/pub/49478/Final-version.pdf

Intelligenztests bestehen hauptsächlich aus einigen logischen, kognitiven Puzzles. Forschungsergebnisse zeigen, dass jemand, der in der Lage ist, solche Puzzles schnell zu lösen, tendenziell auch in der Lage ist, viele andere kognitive Aufgaben schnell zu lösen. Kognitive

Aufgaben umfassen beispielsweise Themen wie deine Business-Strategie, dein neues Pricing-Konzept und komplexe Problemlösungen im Job. Hohe Intelligenz bedeutet, dass man eine hohe Problemlösungsgeschwindigkeit hat. Je *höher* die Intelligenz, desto *schneller* kann man *neue* Probleme lösen. Intelligenz sagt jedoch nichts über die Leistungsgeschwindigkeit aus, wenn man das Problem erst einmal gelöst hat. Jemand mit geringerer Intelligenz braucht möglicherweise länger, um ein Problem zu lösen. In der folgenden Lösungsumsetzung kann er jedoch genauso schnell oder sogar schneller sein als jemand mit hoher Intelligenz. Die Forschung hat mittlerweile herausgefunden, dass die Intelligenz beziehungsweise die im Test ermittelten IQ-Werte typischerweise gleichmäßig verteilt sind, basierend auf der Gauß'schen Normalverteilung. Der Hunderterwert in der Mitte ist der definierte Durchschnitt. Je weiter wir uns von diesem Durchschnitt entfernen, desto weniger Menschen gibt es, die diese Werte erreichen. In der Abbildung 6 siehst du, dass rund 68 Prozent der Menschen im Intervall zwischen 85 und 115 liegen und somit eine im weitesten Sinne durchschnittliche Intelligenz haben.

Abb. 6 **IQ-Werte: Verteilung**

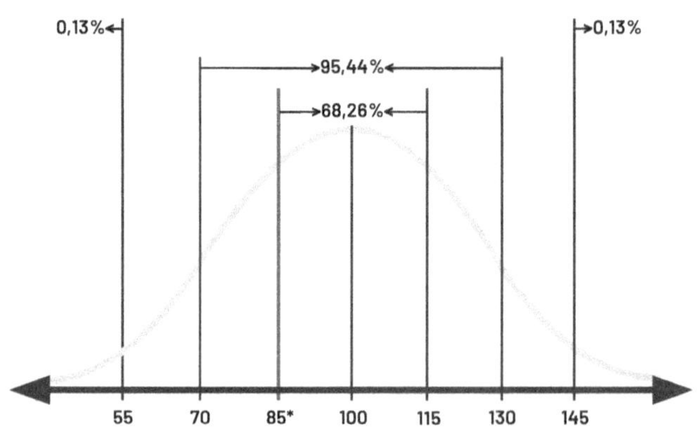

Quelle: Eigene Darstellung basierend auf Gottfredson, L. S. (2009). Chapter 1: Logical Fallacies Used to Dismiss the Evidence on Intelligence Testing. In Phelps, Richard F. (ed.). Correcting Fallacies about Educational and Psychological Testing. American Psychological Association.

Die meisten Menschen, gut 95 Prozent, liegen im Bereich zwischen 70 und 130. Ein 10-, 15- oder 20-Punkte-Unterschied beim Intelligenzquotienten ist im normalen Leben oft nicht so groß, dass man ihn als ungeübter Beobachter in einer alltäglichen Interaktion bemerken würde. Die richtigen Schlauköpfe findet man ungefähr ab 120. Ab einem IQ von 120 beginnt die Begabung und ab einem IQ von 130 spricht man von Hochbegabung. Nicht einmal 22 von 1.000 Menschen sind hochbegabt. Noch weniger Menschen gelten als außergewöhnlich hochbegabt – sie verfügen über einen IQ von 145 und mehr – oder als unterdurchschnittlich intelligent – ein IQ von 55 und weniger. Und an diesem Ende der Skala ist es tatsächlich so, dass es mit abfallendem IQ immer schwieriger wird, sich in einer komplexen Welt zurechtzufinden. Der Unterschied zwischen jemandem mit einem IQ von 80 zu einem IQ von 120 ist schon deutlich spürbar und macht die Interaktion teilweise schwierig, obwohl es wichtig wäre, dass gerade diese Menschen mehr miteinander sprechen.[16]

Solche Intelligenztests kann man machen, wenn man wissen möchte, wo man selbst steht. Im Grunde reicht aber auch eine knappe Frage. Denn der kürzeste IQ-Test besteht darin, sich selbst zu fragen, wo man sich auf einer Skala von 0 bis 10 einschätzen würde. Die Antwort darauf ist typischerweise zutreffend, wenn man von ein wenig Selbstüberschätzung absieht und sich ehrlich einordnet. Wie warst du in der Schule? Eher einer, der alles direkt verstanden hat, wenn du Lust auf das Thema hattest? Hast du eine höhere Ausbildung, die du ohne viel Mühe absolviert hast? Oder benötigst du manchmal viel Zeit, um neue Themen zu verstehen? Vielleicht stellt man beim Versuch, die Frage ehrlich zu beantworten, fest, dass das gar nicht so leicht ist. Denn vielleicht merkt man, dass man zwar ziemlich schnell rechnen kann, dafür aber mit dem räumlichen Denken Schwierigkeiten hat. Und tatsächlich setzt sich auch die im Test messbare Intelligenz aus verschiedenen, in der Forschung „Subphänomene" genannten

Faktoren zusammen und nicht jeder Intelligente ist in allen Bereichen gleich stark.

- Logisches Denken, auch Reasoning genannt: Wie gut kann ich mentale Konzepte nutzen, um Probleme zu lösen und Schlussfolgerungen zu ziehen?
- Räumliches Denken: Wie gut ist mein räumliches Vorstellungsvermögen ausgeprägt?
- Gedächtnis: Die Fähigkeit, Inhalte länger zu erinnern und mit ihnen zu arbeiten.
- Verarbeitungsgeschwindigkeit: Geschwindigkeit, mit der ich Probleme lösen kann.
- Vokabular: Ausdrucksfähigkeit und verbale Fähigkeiten.

Jetzt kennen wir die Faktoren, die in einem IQ-Test gemessen werden. Hast du einen hohen IQ, kann es sein, dass du in diesen Faktoren unterschiedlich stark bist. Jemand kann sehr stark sein im räumlichen Denken, aber schwach bei den verbalen Fähigkeiten. Doch der Intelligenzquotient ist eben nicht alles. Der Intelligenztest misst nur das, wofür er entworfen wurde: den Intelligenz*quotienten*. Es gibt darüber hinaus aber auch etwas, das als allgemeine Intelligenz bezeichnet wird und zusätzliche Faktoren beinhaltet. Eine weitverbreitete Definition ist: Intelligenz ist „eine umfassende geistige Fähigkeit, die unter anderem schlüssiges Denken, Planen, Problemlösen, abstraktes Denken, das Verstehen komplexer Ideen, schnelles Lernen und Lernen aus Erfahrung umfasst. [...] Es geht dabei nicht nur um reines Auswendiglernen, eng gefasste schulische Fähigkeiten oder reine Prüfungsintelligenz. Vielmehr spiegelt es eine breitere und tiefere Kompetenz wider, unsere Umwelt zu erfassen – Dinge schnell zu begreifen, ihnen einen Sinn zu geben oder herauszufinden, was zu tun ist."[17]

Abb. 7 **Intelligenzfaktoren**

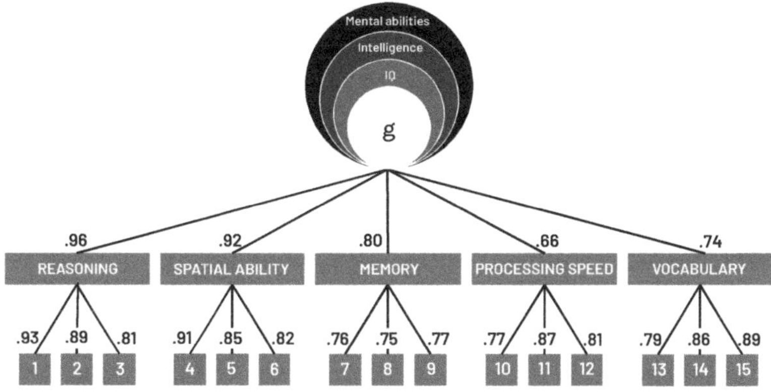

Quelle: Eigene Darstellung basierend auf Haier (2016) in Bezug auf Deary et al. (2010) sowie The Intelligent Brain (2013) The Teaching Company.

Intelligenz ist ein hochkomplexes Phänomen, das – neben vielen anderen Faktoren – Einfluss darauf hat, wie schnell, klug und rational du dich in bestimmten Situationen verhältst.[18] Es ist schade, dass wir sie nicht positiv beeinflussen können. Umso mehr müssen wir darauf achten, die Intelligenz, die uns gegeben ist, zu bewahren und aktiv zu nutzen. Denn was das angeht, haben wir einen mächtigen Feind: Stress.

Stress: Wenn nichts mehr geht

Selbst der Intelligenteste hat unter akutem Stress schon mal Dummheiten gemacht. Das liegt daran, dass das frontale System nicht mehr so gut mitarbeiten kann und das Erkennen, Verstehen, Bewerten, Kurzzeitgedächtnis und die Impulshemmung nicht mehr gut funktionieren. Und ganz fatal wird es, wenn Stress chronisch wird.

Chronischer Stress ist Stress, der über einen längeren Zeitraum anhält. Dieser Stress kann durch verschiedene Faktoren wie Arbeitsdruck, finanzielle Probleme, Beziehungsprobleme oder gesundheitliche Sorgen verursacht werden und sich negativ auf die körperliche und geistige Gesundheit auswirken. Chronischer Stress kann zu einer Reihe von negativen Symptomen führen: Angstzustände, Depressionen, Schlaflosigkeit, Müdigkeit, Erkrankungen wie Herzkrankheiten, Diabetes und Fettleibigkeit. Wenn du ständig unter Stress leidest, kann das sogar dazu führen, dass dein präfrontaler Kortex schrumpft.[19] Das hat Auswirkungen auf deine Fähigkeit, rationale Entscheidungen zu treffen, auf dein Erinnerungsvermögen, dein räumliches Denken und deine Ausdrucksfähigkeit. Wir wissen heute, dass Intelligenz mit der Vernetzungsdichte des gesamten Gehirns zu tun hat. Es ist also nicht allein dein frontales System, das die Intelligenz ausmacht. Aber dafür Sorge zu tragen, dass nicht chronischer Stress deine frontale Fähigkeit hemmt, ist eine der Grundlagen für echte Produktivität.

Wann leiden wir unter Stress? Im Laufe deines Lebens hast du viele Muster entwickelt, die heute Teil deines Verhaltens sind. Doch plötzlich bist du in einer Situation, in der das Muster nicht mehr funktioniert. Du hast etwas getan, was du immer tust, aber plötzlich läuft das Meeting aus dem Ruder oder jemand schreit dich an und du verstehst nicht, was passiert ist. In diesem Moment reagiert das Gehirn mit einer Kaskade von Reaktionen, die wir als Stress bezeichnen. Akuter Stress ist der gefühlte oder erlebte Kontrollverlust, bei dem das Gehirn nicht mehr weiß, welches Muster es anwenden soll. Da es aber auf Überleben programmiert ist, sagt es, wenn kein gelerntes Muster mehr funktioniert und es keine Zeit hat, darüber nachzudenken, was man tun könnte: „Komm, dann mache ich lieber irgendetwas, was mich zumindest überleben lässt.“ Und dann kommt es zu Stressreaktionen.

Diese Stressreaktionen stammen evolutionär aus der Savanne. Eine Stress auslösende Situation erlebten unsere Vorfahren beispielsweise, wenn ein sehr hungrig aussehender Tiger auf sie zugerannt kam. Mit den entsprechenden Reaktionen versuchte unser Gehirn diese Situation zu bewältigen. Und diese archaischen Schutzmechanismen bestimmen leider noch heute deine Verhaltensweisen. Stressreaktionen können wir auch 4F-Reaktionen nennen, denn

Fight, Flight, Freeze und Flock sind die genetisch vorgeprägten Reaktionen, die du in dieser Situation zeigst. Die meisten Leser kennen sicher die Fight- und die Flight-Reaktion. Neben Fight und Flight gibt es aber eben auch noch zwei andere, die mittlerweile nachgewiesenermaßen als genetisch vorgeprägte Muster bei Stress abgerufen werden, nämlich Freeze und Flock.

Je nach Intensität des Stresslevels können die Reaktionen auf Stress von mild bis extrem ausfallen. Es ist auch möglich, dass sich die Reaktionen überschneiden. Selbst bei moderatem Stress zeigen sich jedoch bereits diese genetisch verankerten Muster. Ein verbaler Angriff, eine ungerechtfertigte Schuldzuweisung oder Ähnliches lösen die alten Muster aus.

Die Reaktionen auf Stress gemäß der 4F sind genetisch bedingt. Allerdings haben wir im Laufe unserer Entwicklung und unseres Erwachsenwerdens gelernt, in welchen Situationen wir welche Reaktion zeigen sollten: Welche Strategie hat in der Vergangenheit am besten für uns funktioniert? Es ist dabei wichtig zu beachten, dass eine Strategie, die in der Vergangenheit erfolgreich war, nicht unbedingt langfristig die beste Option für uns ist. Tatsächlich können wir Strategien erlernen, die auf lange Sicht schädlich für uns sind (zum Beispiel Flucht in Drogen, totale Konfliktvermeidung et cetera). Strategien, die kurzfristig am besten funktionieren, werden auch in Zukunft in ähnlichen Situationen angewendet werden. Wir „wählen" also im Wesentlichen die Strategie, bei der wir durch Erfahrungen und kulturelles Lernen erlebt haben, dass sie unseren Stress am schnellsten und effektivsten lindert.

Fight: Kampf oder Angriff. Natürlich schlagen wir heute im Meeting dem nervenden Kollegen eher selten mit der Keule auf den Kopf. Wir begeben uns im Fight-Modus vielleicht auf die Suche nach Autorität: „Da muss doch mal jemand etwas tun!" Oder wir fordern sie für uns ein: „Jetzt hör mal auf mich!" Hier steckt Aggression drin mit der Hoffnung, zu beeindrucken (oder früher: den Tiger zu verscheuchen).

Flight: Flucht. In diesem Modus laufen wir vor dem Tiger weg und klettern auf einen Baum … um dann zu merken, dass ein Tiger klettern kann. Heutzutage laufen wir nicht mehr weg, wenn wir im Meeting sitzen, sondern wir bleiben oberflächlich: „Kommt, das entscheiden wir jetzt irgendwie. Damit das Thema vom Tisch ist."

Freeze: Erstarren. Darunter fallen Situationen, in denen wir angegriffen werden, aber nicht wissen, was wir erwidern sollen. Wir warten erst einmal ab. Das ist in der Savanne eine kluge Strategie, denn die meisten Raubtiere haben einen visuellen Kortex, also ein Seh-Neurosystem, das dafür sorgt, dass sie Bewegung besser wahrnehmen als Stillstand. In dem Moment, wo ich nichts mehr tue, kann es in der Tat sein, dass ein laufender Prädator mich einfach übersieht. In der heutigen Zeit gibt es das Aufschieben von Tätigkeiten. Wenn dir eine Aufgabe Stress macht und du merkst, du weißt nicht so recht, wie du anfangen sollst … Freeze ist die Lösung. Erst einmal aufschieben. Freeze ist ein Grund für Prokrastination, Aufschieberitis.

Flock: Schutz suchen in der Gruppe. Vor dem Tiger weglaufen zu den anderen ins Dorf. Wer gerade nicht weiß, wie er ein Thema anpacken soll, ruft erst einmal den Kollegen an. Wenn du nicht mehr weiterweißt, dann bilde einen Arbeitskreis. Ihr setzt euch zusammen und macht ein unproduktives Meeting. Es gibt zwar kein Ergebnis, aber du hast wenigstens das Gefühl, dass du etwas getan hast.

Das Gefühl, etwas getan zu haben, ist der Grund, warum dein Gehirn eine 4F-Reaktion aktiviert, denn es dämpft in der Tat die Stressreaktion ein wenig. Trotzdem haben die 4F-Reaktionen keinen positiven Einfluss auf deine Produktivität. Im Gegenteil. Und damit haben wir mit akutem Stress ein weiteres Problem identifiziert.

Jetzt wird auch klar, wie wichtig ein guter Umgang mit dem Thema Stress ist. Damit werden wir uns im Folgenden unter dem Stichwort Stress-Balancing beschäftigen.

Abb. 8 Stress: 4F-Reaktionen

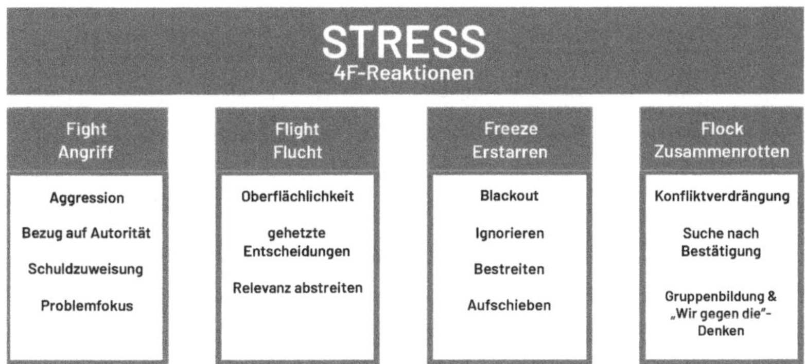

Quelle: Hümmeke (2021): Handling Shit

Die Auswahl unseres „F" bei Stress erfolgt kulturell und erfahrungsbasiert. Ein weiterer Faktor, der die Auswahl eines „F" wahrscheinlicher macht und auch sonst ziemlich viel von unserem Verhalten prägt, ist unsere Persönlichkeit.

Persönlichkeit

Einen wesentlich größeren Einfluss auf dein Verhalten als deine Intelligenz hat deine Persönlichkeit – eine gute Nachricht. Weil die Persönlichkeit diesen großen Einfluss ausübt, werden wir im Kapitel „Dein Produktivprofil" noch sehr viel genauer auf zwei ganz spezifische Persönlichkeitseigenschaften eingehen und analysieren, wie sie sich auf die Frage nach der maximalen Produktivität auswirken. Wenn du dich jetzt fragst, ob du diese Persönlichkeitseigenschaften überhaupt besitzt: Keine Sorge, jeder Mensch hat sie. Sie sind nur jeweils individuell unterschiedlich stark ausgeprägt. Wir werden uns auch jeweils zwei Dimensionen dieser Eigenschaften ansehen, die einen massiven Einfluss darauf haben, welche Art von Produktivität du überhaupt entwickeln kannst. An dieser Stelle möchte ich dir zunächst den Unterschied zwischen Mustern und Persönlichkeit erklären: Persönlichkeit ist im Gegensatz zu Mustern nicht nur etwas Gelerntes, sondern deine neurophysiologische Basiskonfiguration.

Typischerweise sind bei Menschen mit unterschiedlich hoher Ausprägung derselben Persönlichkeitseigenschaft sogar verschiedene Gehirnregionen aktiv, wenn sie dem gleichen Reiz ausgesetzt sind. Persönlichkeit kann man also tatsächlich messen und im Gehirn beobachten. Weil sie neurophysiologisch im Gehirn eingebaut ist, wirkt sie in allen Situationen. Im Gegensatz dazu wurden Muster in der Regel für eine bestimmte Situation gelernt und sind somit kontext- und situationsabhängig. Persönlichkeit ist etwas, das in allen Lebenslagen Einfluss auf dein Handeln hat. Wenn du zum Beispiel eine Persönlichkeit mit hoher Begeisterungsfähigkeit hast, dann bist du in *allen* Kontexten begeisterungsfähiger als jemand, bei dem diese Eigenschaft schwach ausgeprägt ist: in der Schule, im Büro, im Meeting, beim Sport, überall. Du kannst eine hohe Begeisterungsfähigkeit haben, aber das Muster gelernt haben, dass du sie in geschäftlichen Meetings unterdrückst, weil sie nicht produktiv ist. Gleichzeitig beeinflusst deine Persönlichkeit die Art und Weise, wie und welche Muster du aufbaust.

Wir werden später noch genauer auf das Thema eingehen. Zunächst haben wir verstanden, wie komplex unser Verhalten ist. Und damit wissen wir, welchen Anspruch wir an ein System haben, das mir mehr Produktivität verspricht. Man kann jemandem, der gerade akuten Stress hat, sagen, er solle sich einfach beruhigen. Das bringt aber in der Regel nicht die gewünschten Effekte. Wenn man jemandem, der aufgrund seiner Persönlichkeit sehr stark zu Prokrastination neigt, rät, er möge „einfach mal anfangen“, fühlt sich dies für den Betroffenen an wie eine zynische Missachtung.

Teil 2

Produktivität mit Leichtigkeit

Arbeiten mit dem Körper: Dein Weg zur Produktivität

Mit dem Wissen darüber, wie stark deine Produktivität von individuellen Faktoren beeinflusst wird, ist es an der Zeit, mit allen naiven Tipps zur Steigerung der Produktivität Schluss zu machen. Vergiss alle Sätze mit „müssen", „nur" und „einfach".

Statt auf vermeintlich „allgemeingültige" Tipps zu hören und uns mit Methoden zu quälen, die aufgrund unseres individuellen Settings gar nicht funktionieren können, sollten wir uns fragen, wie wir systematisch einen körperlichen und damit neuronalen Zustand herbeiführen können, der für uns notwendig ist, um wirklich maximal produktiv sein zu können. In diesem Abschnitt werden wir uns deshalb die wichtigsten Hebel ansehen, die deine Produktivität steigern.

Dazu gehören Schlaf, Ernährung und Bewegung. Aus meiner Sicht sind dies – in dieser Reihenfolge – die wichtigsten Hebel, um eine hohe Wirksamkeit zu erzielen. Wir werden dies zu einem persönlichen Produktivitätsprofil zusammenzurren, das dich wirklich in deiner Produktivität weiterbringt und die Grundlage für deine Wirksamkeit wird. Denn echte Wirksamkeit entsteht, wenn wir mit unserem Körper und unserem Gehirn arbeiten anstatt gegen sie.

(D)ein Produktivitätscocktail als Grundlage

Wenn wir mit dem Körper arbeiten wollen, müssen wir verstehen, was die Grundlage im Körper für Produktivität ist. Hast du schon einmal versucht, im Futterkoma konzentriert zu arbeiten? Ich schon! Nach zahlreichen Selbstexperimenten weiß ich: Das klappt nicht so gut. Warum ist das so? Das liegt vornehmlich an der Neurochemie, deren Relevanz wir verstehen müssen, bevor wir begreifen können, wie auch die Faktoren Schlaf, Ernährung und Bewegung genau über diese Neurochemie wirken. Stück für Stück werden wir dann die Hebel besser verstehen, die uns produktiver oder weniger produktiv machen.

Wollen wir wissen, wie du maximal produktiv sein kannst, müssen wir uns also mit der Chemie in deinem Gehirn beschäftigen. Denn irgendetwas arbeitet da ja sehr effektiv, wenn wir uns anschauen, wie stark Stressreaktionen den Körper aktivieren können. Innerhalb von Sekunden bist du bereit zu rennen, deine Muskeln sind angespannt und du bist in der Lage, auf einen Baum zu klettern, obwohl du vorher keine Ahnung hattest, dass du das (noch) kannst. Manche Menschen werden durch Stress in die Lage versetzt, ein 1,5 Tonnen schweres Auto anzuheben, wenn sie eine eingeklemmte Person retten wollen. Es gibt zahlreiche Berichte über Menschen, die unter extremer Belastung eine außergewöhnliche Stärke zeigen, die gemeinhin als „hysterische Kraft" oder „superhuman strength" bezeichnet wird. Es gibt dokumentierte Anekdoten und wissenschaftliche Arbeiten versuchen sich an Erklärungen für dieses Phänomen.[20] Diese Fälle stehen vermutlich im Zusammenhang mit der Aktivierung der Stressreaktion des Körpers und der Ausschüttung von Adrenalin. Auch wenn sich diese Fälle nicht im Labor reproduzieren lassen und schwierig zu erforschen sind, wird deutlich, dass Stressreaktionen ungeahnte Potenziale in deinem Körper freisetzen können. Sie tun dies durch die Ausschüttung von Neurotransmittern und Hormonen, insbesondere von Katecholaminen, die deine Muskeln aktivieren und relevante Systeme wie Aufmerksamkeit und Fokussierung auf die Gefahr hochfahren. Strategisch zwar relevante, aber akut vernachlässigbare Systeme wie Verdauung und Immunsystem werden heruntergefahren. Erleichtern kannst du dich immer noch, wenn du der Gefahr entronnen bist.

Neurochemie macht also einen großen Unterschied aus, wie wir ticken, beziehungsweise hat einen großen Einfluss auf unser Verhalten. Es stellt sich also die Frage, wie wir unsere Gehirnchemie optimal kalibrieren können, um maximal wirksam zu sein. Es gibt eine ganze Kaskade von Hormonen und Neurotransmittern, die hierbei eine Rolle spielen. Einige davon wirken in komplexen Wechselwirkungen und der gleiche Neurotransmitter kann bei zwei unterschiedlichen Netzwerken im Gehirn etwas ganz anderes bewirken. Es ist also komplex. Entsprechend geht es also nicht darum, sich etwas zu spritzen oder irgendwelche Zusatzstoffe zu nehmen – so einfach ist das nicht –, sondern darum, wie wir uns selbst beeinflussen können. Gibt es Wege, mit dir und deinem Gehirn umzugehen, die Veränderungen deiner Neurochemie zugunsten von Produktivität bewirken? Tatsächlich gibt es diese Wege. Wir können, ganz unabhängig von der Ernährung, die wir uns später auch noch anschauen werden, unsere Neurochemie durch unsere eigenen Handlungen beeinflussen. Und manchmal natürlich auch durch unsere Ernährung.

Einige haben von Dopamin und Serotonin gehört (und vermutlich viele Mythen und Missverständnisse über beide). Ein verbreiteter Mythos besagt, dass Serotonin allein für die Regulierung von Stimmung und Glück verantwortlich ist. Dies ist jedoch nicht hundertprozentig korrekt. Obwohl Serotonin eine Rolle bei der Regulierung der Stimmung spielt, ist es nur einer von vielen Faktoren, die an dem komplexen Zusammenspiel von Gehirnchemie und Emotionen beteiligt sind.[21] Neben diesen beiden gibt es eine ganze Reihe von weiteren Neurotransmittern und Hormonen, die eine Rolle spielen. Zu verstehen, wie sie funktionieren, hilft zu verstehen, wie du in den Momenten, in denen du produktiv sein möchtest, auch wirklich produktiv sein kannst.

Die Fähigkeit zur Fokussierung ist ein wichtiger Teil von Produktivität. Sich auf etwas fokussieren zu können bedeutet, seine Aufmerksamkeit und Konzentration auf eine bestimmte Aufgabe, ein Ziel oder ein Objekt zu richten. Dazu gehört, dass du deine volle Aufmerksamkeit darauf richtest und alle Ablenkungen oder irrelevanten Gedanken ausblendest. Fokus entsteht vor allem dadurch, dass eine bestimmte Kombination von neuronalen Substanzen in deinem Gehirn vorhanden ist. Zum Beispiel moderieren Adrenalin (Epinephrin) und Noradrenalin (Norepinephrin) Wachheit, Fokus und Konzentration. Auch Dopamin ist unglaublich wichtig für deine Produktivität, es moderiert die Motivation und erleichtert den Fokus. Serotonin hat unter anderem einen Anteil an dem Gefühl der Zuversicht, dem „Ich schaffe das schon". Gaba beeinflusst eine ruhige Klarheit der Entschlossenheit. Und so weiter.

Abb. 9 **Neurotransmitter**

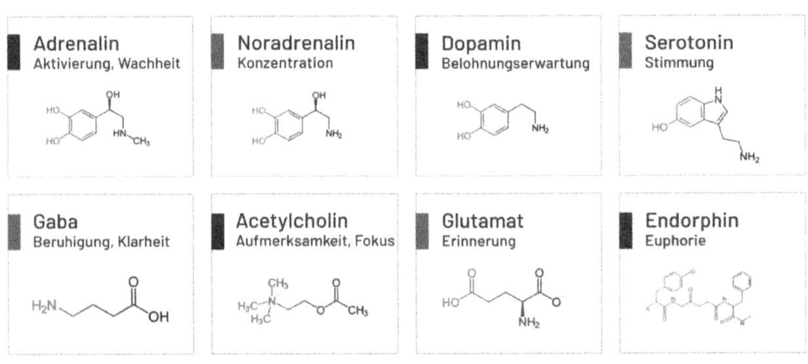

Quelle: VANTISGO (2024)

Fakt ist: Ohne neuronale Energie hast du keine Energie, keinen Fokus, keine Konzentration und keine Motivation, um produktiv zu sein. Du kennst sicherlich diese Tage, an denen du morgens aufwachst und denkst: „Irgendwie fühle ich mich heute nicht so gut." Du bist nicht wirklich krank, es ist einfach nur ein bisschen Nebel im Gehirn. Wie produktiv bist du an solchen Tagen? Und du kennst auch die Tage, an denen du denkst: „Wow, ich kann heute alles schaffen!" Der Unterschied liegt in deiner neuronalen Chemie. Wir müssen uns also fragen: Wie können wir Einfluss auf unsere neuronale Chemie nehmen? Der wichtigste Hebel für Produktivität ist dein Energiemanagement, was zentral dadurch bestimmt wird, wie du mit deinem Körper umgehst.

Energiemanagement Hebel 1: Schlaf dich produktiv

Schlaf ist das wichtigste Fundament für deine Produktivität. Sie beginnt tatsächlich, wenn du auf den ersten Blick alles andere als produktiv bist – nämlich wenn du schläfst. Und da sind sie wieder, die unnützen Ratschläge: „Du musst früh aufstehen!" Meiner Meinung nach begeht jeder, der anderen Menschen pauschal dazu rät, einfach früh aufzustehen, um produktiver zu sein, Körperverletzung. Weil nämlich nicht jeder Mensch gleich schnell und früh einschläft oder durchschläft oder eben gut schläft, bewirkt dieser Rat bei vielen Menschen das direkte Gegenteil, führt nämlich zu Schlafmangel. Und Schlafmangel ist keine Bagatelle. Der Körper braucht bereits vier Tage, um eine Nacht Schlafmangel (weniger als sechs Stunden) vollständig aufzuholen.[22] Bereits eine einzige Nacht mit Schlafmangel sorgt dafür, dass in deinem Gehirn eine Menge anders aussieht.

Abb. 10 **Gehirnaktivität einer Maus mit Schlafmangel**

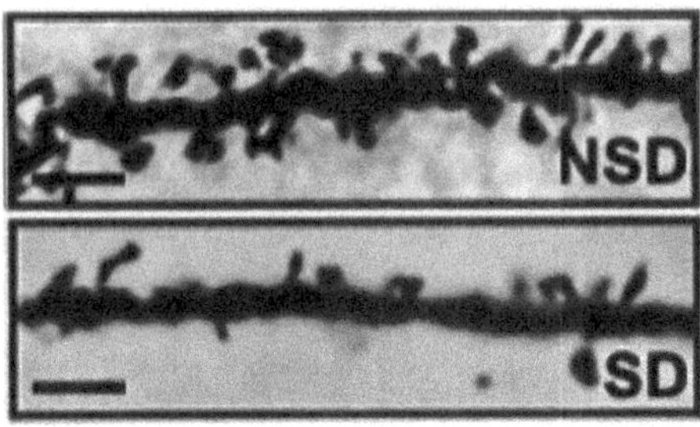

Quelle: Havekes, R. et al. (2016) - Sleep deprivation causes memory deficits by negatively impacting neuronal connectivity in hippocampal area CA1; https://doi.org/10.7554/eLife.13424

Vergleiche die beiden Hälften in Abbildung 10 aus der Studie von Dr. Robbert Havekes et al.[23] Oben siehst du eine typische synaptische Struktur in der Gedächtnisregion einer Maus ohne Schlafentzug. In der unteren Hälfte siehst du die synaptische Aktivität einer Maus mit Schlafmangel. Bereits eine Nacht Schlafmangel führt also nachweislich zu einer massiven strukturellen Veränderung der synaptischen Konnektivität. Und das macht weder Spaß noch ist es gesund. Diese synaptische Reduktion ist genau das, was du auch als Mensch nach einer Nacht, in der du schlecht geschlafen hast, an dir bemerkst: Viele Dinge, die du normalerweise gut beherrschst, klappen nicht. Einfache Worte fallen dir nicht ein. Dein Gedächtnis funktioniert nicht so gut. Und dieser Zustand kann durch Gedächtnistraining nicht ausgeglichen werden. Er ist eine Folge dessen, was neurophysiologisch in deinem Gehirn passiert. Wenn du bei dir also ein Nachlassen der Gedächtnisleistung oder anderer kognitiver Fähigkeit bemerkst, wäre mein erster Vorschlag: Versuche, besser zu schlafen.

Schlaf braucht Zeit. Viele Menschen versuchen den Arbeitstag zu verlängern, indem sie die nötige Zeit vom Schlaf „abknapsen". Logisch, oder? In 14 Stunden schaffst du viel mehr als in zehn. Denn du hast ja mehr Zeit für deine Aufgaben. Aber das Gegenteil ist richtig. Der Neurowissenschaftler Dr. Matt E. Carter vom Williams

College sagt dazu in seinem Vortrag „The Science of Sleep (and the Art of Productivity)“: „Du kannst mit einer guten Nacht Schlaf mehr erledigen, nicht weniger.“[24] Bitte vergiss die Idee, dass du einfach weniger schlafen kannst, um mehr Zeit zum Arbeiten zu haben.

Die Idee, dass mehr Arbeitsstunden zu mehr Produktivität führen, ist ein Irrglaube, den wir unbedingt entsorgen müssen. Das funktioniert höchstens bei einfachsten körperlichen Arbeiten, bei denen Denken nicht nötig ist. Wer viel arbeitet und wenig schläft, wird weniger produktiv sein und genau das Gegenteil von dem erreichen, was er eigentlich anstrebt. Die paar Stunden mehr Arbeit gehen durch die in der Zeit gesunkene Produktivität wieder verloren. Weniger Produktivität nervt und hemmt uns. Aber es geht noch schlimmer.

Eine Studie[25] der University of the West Indies zeigt: Schlafmangel macht krank. Er macht uns anfälliger für Diabetes, Fettleibigkeit, er schwächt unser Immunsystem und begünstigt psychische Erkrankungen. Schlaf ist also enorm wichtig für unsere physiologische und psychische Gesundheit. Dieser Zusammenhang ist vielen Menschen erfahrungsgemäß egal. Viele Leser werden sich jetzt denken: Na ja, so schlimm wird es nicht sein. Ich muss jetzt einfach mal drei Monate durchpowern, bis die Prüfung, das Projekt oder was auch immer rum ist. Aber du brauchst Schlaf nicht „nur“, um gesund zu bleiben, sondern auch, damit du überhaupt mental durchpowern kannst. Schlaf hat nämlich noch die wichtige Funktion, dein Gehirn zu „reinigen“. Angetrieben durch den Transport von Liquor cerebrospinalis oder „cerebrospinal fluid“ (CSF) dient Schlaf dazu, das Gehirn von neurotoxischen Abfallprodukten zu befreien, die sich im Wachzustand ansammeln. CSF ist eine in den Ventrikeln des Gehirns produzierte klare, farblose Flüssigkeit, die das Gehirn und das Rückenmark umgibt, um diese zu schützen und mit Nährstoffen zu versorgen. Das funktioniert wie ein Lymphsystem für das Gehirn.

Wenn einem das Funktionieren des eigenen Gehirns wichtig ist, sollte man wirklich auf seinen Schlaf achten. Und das gilt ganz besonders, wenn man bewusst lernt: für eine Klausur, eine Prüfung, ein

Assessment oder Ähnliches. Denn im Schlaf findet neben der Reinigung auch die beim Lernen angestrebte „Memory Consolidation" statt, was bedeutet, dass Erinnerungen im Schlaf festgeschrieben werden. Wenn du abends etwas für eine Klausur oder einen Vortrag lernst, findet das Lernen nämlich nicht in diesem Moment statt. Wann findet es statt? Wenn man schläft! Während du am Schreibtisch lernst, analysierst du die Informationen lediglich. Erst in der weiteren Verarbeitung werden die Erinnerungen aufgebaut. Im Schlaf. Das ist doch ein Traum, oder? Und apropos Traum: Wenn wir träumen, findet unter anderem eine psychologische Verarbeitung dessen statt, was wir tagsüber erlebt haben.

Wenn du also möchtest, dass dein Gehirn das, was du dir tagsüber reingepaukt hast, verarbeiten und psychisch gesund bleiben soll, solltest du schlafen! Schlaf ist entscheidend für die kognitive Leistungsfähigkeit, die Produktivität, die Gesundheit und das Wohlbefinden.

In der Antwort auf die Frage, ob du genug schläfst, liegt also bereits eine Antwort auf die Frage, wie du mehr Produktivität erreichst. Auf einer Konferenz in New York habe ich einen wissenschaftlich fundierten Fragenkatalog kennengelernt: die sogenannte Epworth Sleepiness Scale. Die Kernaussage des Professors, der den Katalog auf der Konferenz vorstellte, lautete: Die meisten Menschen sind so übermüdet, dass ihre kognitiven Fähigkeiten beeinträchtigt werden. Und das kann sogar gefährlich sein. Die Reduktion der kognitiven Fähigkeiten der meisten Amerikaner entspricht etwa 1,4 Promille Alkohol im Blut. Wir verbieten Menschen, mit 1,4 Promille Auto zu fahren, aber nach einer schlaflosen Nacht können sie problemlos ins Auto steigen. Wie übermüdet bist du also? Der Fragenkatalog hat eine Skala von 0 bis 3. 0 bedeutet, dass man niemals in einer bestimmten Situation einschlafen würde, 3 eine hohe Wahrscheinlichkeit des Einschlafens.

- Würdest du beim Lesen im Sitzen einschlafen?
- Beim Fernsehen?
- Als passiver Zuhörer in der Öffentlichkeit?

- Als Beifahrer während einer einstündigen Autofahrt?
- Wenn du dich am Nachmittag hinlegst, um dich auszuruhen?
- Während du im Sitzen mit jemandem sprichst?
- Wenn du nach dem Mittagessen still sitzt?
- Oder als Fahrer eines Autos bei ein paar Minuten Stillstand?

Wenn du diese Fragen beantwortest, erfährst du, ob du mehr Schlaf nötig hast. Und dann ist es auch egal, ob du sechs oder acht Stunden geschlafen hast. Sofern du gesund bist, gilt: Wenn du müde bist, musst du mehr schlafen. Wenn du regelmäßig müde bist, dann schlafe mehr. So einfach ist das.

Endlich mal aktiv: Was macht das Gehirn im Schlaf?

Sorge dafür, dass du ausreichend Schlaf bekommst, denn dann ist dein Gehirn endlich mal richtig aktiv. Und das muss es ja auch sein bei den ganzen anfallenden Aufgaben, die du bisher kennengelernt hast. Dein Gehirn ist nachts teilweise sogar aktiver als tagsüber. Du weißt inzwischen, dass dein Schlaf eine Mischung aus Aufräumen, dem Konsolidieren von Erinnerungen und von psychologischen Interpretationen ist. Kurz: Dein Schlaf ist Selbstheilung. Und das nicht nur auf einer psychologischen Ebene, sondern das darfst du auch wörtlich nehmen. Deine Muskeln wachsen „im Schlaf“, das heißt, die für den Muskelaufbau relevanten Hormone werden nur in der Tiefschlafphase freigesetzt. Und auch die Geweberegeneration, echte physische Selbstheilung, ist auf eine bestimmte Schlafphase beschränkt. Es gibt zwei Haupttypen von Schlaf: den NREM-Schlaf (non-rapid eye movement) und den REM-Schlaf (rapid eye movement). Der NREM-Schlaf wird in drei Phasen unterteilt, die jeweils eigene Merkmale aufweisen.

- In der NREM-Phase 1 (auch Leichtschlaf genannt), dem Übergang vom Wachsein zum Einschlafen, erzeugt das Gehirn Alpha- und Theta-Wellen und die Muskeln beginnen sich zu entspannen. Phasendauer: nur wenige Minuten.
- In der NREM-Phase 2 (auch mittlerer Schlaf genannt) produziert das Gehirn schnelle Hirnwellen, die als Schlafspindeln bekannt sind, sowie K-Komplexe, große Wellen, die verhindern, dass das Gehirn durch äußere Reize geweckt wird. Diese Phase dauert in der Regel etwa 20 Minuten.
- In der NREM-Phase 3 (auch Tiefschlaf oder Slow Wave Sleep genannt) produziert das Gehirn langsame Delta-Wellen und der Körper wird tief entspannt. Dies ist die erholsamste Phase des Schlafs, in der der Körper Gewebe repariert und regeneriert, das Immunsystem stärkt und Erinnerungen festigt.

Der REM-Schlaf, der typischerweise auf den NREM-Schlaf folgt, ist durch schnelle Augenbewegungen, Muskellähmungen und lebhafte Träume gekennzeichnet. Wenn Menschen während des REM-Schlafs geweckt werden, berichten sie fast immer davon, dass sie träumen – sogar diejenigen, die behaupten, dass sie nie träumen. Tatsächlich haben die meisten von uns jede Nacht etwa vier bis sechs kurze REM-Schlafphasen. Babys haben etwas mehr REM-Schlaf und sogar Tiere zeigen REM-Schlaf. Während des REM-Schlafs ist das Gehirn hochaktiv und die Körpertemperatur, die Herzfrequenz und die Atmung werden unregelmäßig. Der REM-Schlaf ist wichtig für die Emotionsregulation, die Gedächtniskonsolidierung und die Kreativität. Jeder NREM/REM-Zyklus dauert zwischen 70 und 110 Minuten, im Durchschnitt etwa 90 Minuten. Ein durchschnittlicher Erwachsener benötigt vier bis sechs Schlafzyklen pro Nacht, um sich ausgeruht und erfrischt zu fühlen.

Die Frage ist nur, ob du Durchschnitt bist. Die jüngsten Forschungsergebnisse deuten darauf hin, dass genetische Faktoren bei der Bestimmung der erforderlichen Schlafdauer beim Menschen eine Rolle spielen könnten. Manche Menschen benötigen aufgrund genetischer Variationen, die ihre Rhythmen oder die Schlafqualität beeinflussen, mehr oder weniger Schlaf als andere. Den besten Test, um herauszubekommen, zu welchem Typ du gehörst, habe ich dir bereits vorgestellt: Stell dir einfach die Frage, ob du so müde bist, dass du bei einer der genannten Gelegenheiten einschlafen könntest. Wenn dem so ist, brauchst du mehr Schlaf. Wenn du einschläfst, wird das EEG zunächst flacher, zeigt dann aber allmählich eine Zunahme der Amplitude und eine Abnahme der Frequenz, während wir uns durch die verschiedenen Schlafphasen bewegen. Die Gründe für diese Änderungen der elektrischen Aktivität sind noch nicht vollständig geklärt. Es wird jedoch angenommen, dass Neuronen im Gehirn, wenn sie nicht mehr auf ihre normalen Eingaben reagieren, allmählich miteinander synchronisiert werden. Sie verlieren Muskeltonus, da die Neuronen, die die Skelettmuskeln steuern, aktiv gehemmt werden. Keine Angst, diejenigen Neuronen, die Atmung und Herzfrequenz kontrollieren, arbeiten normal weiter!

Vielleicht wirst du am Ende dieses Kapitels bereits sagen: „Hey, diese Tipps haben mir geholfen. Ich habe meine Schlafqualität verbessert." Ich wünsche es dir. Einige Menschen benötigen jedoch professionelle Hilfe, insbesondere wenn medizinisch relevante Themen wie Schlafapnoe auftreten, bei denen der Atemrhythmus im Schlaf nicht so funktioniert, wie er sollte, und das Gehirn unter Sauerstoffmangel leidet. Im Zweifelsfall ist es deshalb sinnvoll, über massive Schlafprobleme mit einem Arzt zu sprechen. Für alle, die gesund und fit sind, folgen jetzt aber einige Basiserkenntnisse zur Frage, wie du besser schlafen kannst.

Schlaf dich produktiv: Die richtige Menge

Besserer Schlaf ist heute für sehr viele von uns gleichbedeutend mit mehr Schlaf. Für viele ist Schlafmangel ein Dauerzustand. Also ist die erste Frage, die wir klären müssen, diejenige, wie viel Schlaf denn nun wirklich optimal ist.[26]

Bei Kleinkindern ist die Datenlage sehr schwach. Bei Babys von 0 bis 3 Monaten kann man davon ausgehen, dass sie täglich zwischen 12 und 16 Stunden Schlaf brauchen.

Wenn sie ein bisschen älter werden, 4 bis 11 Monate, reduziert sich das Schlafbedürfnis ein bisschen: auf 11 bis 14 Stunden. Im nächsten Altersabschnitt, von 3 bis 5 Jahren, geht es runter auf 10 bis 13 Stunden. Von 6 bis 13 Jahren bewegen wir uns zwischen 9 und 11 Stunden. Es ist eine der schlimmsten Körperverletzungen, Kindern Schlaf zu entziehen. Lass sie bitte so lange schlafen, wie sie es brauchen. Bei älteren Teenagern ist es egal, denn die bekommst du sowieso nicht ins Bett. Funfact: Dein Teenie kann nichts dafür, dass er die Nacht zum Tag macht. Melatonin ist ein Hormon, das dafür sorgt, dass wir müde werden. Es wird bei Pubertierenden aber bis zu zwei Stunden später ausgeschüttet und verschiebt den Schlaf-wach-Rhythmus nach hinten. Dein Teenager ist also tatsächlich später müde, oft erst ab 24 Uhr. Weil das Melatonin auch verzögert abgebaut wird, wird der junge Mensch auch erst später am Morgen munter.[27] Umso ungünstiger, dass der Schulbeginn darauf keine Rücksicht nimmt. Diese Verschiebung kann bereits im Alter zwischen 9 und 11 Jahren beginnen.

Wenn das Gehirn irgendwann ausgereift ist, was typischerweise mit etwa 21 Jahren der Fall ist, benötigt sein Besitzer eine Schlafdauer von etwa 7 bis 9 Stunden. Nicht 6, nicht 5, nicht „Ach, das passt schon“. Sondern 7 bis 9. Und das ist schon eine ganze Menge – auch für diejenigen, die genetisch bedingt wenig Schlaf benötigen.

„Regelmäßig weniger als 7 Stunden Schlaf pro Nacht wird mit negativen gesundheitlichen Folgen in Verbindung gebracht, darunter Gewichtszunahme und Fettleibigkeit, Diabetes, Bluthochdruck, Herz- und Schlaganfall, Depressionen und ein erhöhtes Sterberisiko. Eine Schlafdauer von weniger als 7 Stunden pro Nacht wird auch mit einer Beeinträchtigung der Immunfunktion, verstärkten Schmerzen,

Leistungseinbußen, vermehrten Fehlern und einem höheren Risiko von Unfällen in Verbindung gebracht", heißt es im *Journal of Clinical Sleep Medicine.*[28] Hast du Lust darauf? Nein? Dann schlaf einfach 7 Stunden.

„Aber Onkel Willi hat auch immer so wenig geschlafen und er war noch mit 94 Jahren topfit." Auch wenn das eine Vergewaltigung des statistischen Grundverständnisses ist – es gibt immer Ausreißer –, steckt hinter der Anekdote ein anderes Thema. Denn unabhängig von den Empfehlungen der Wissenschaftler stellen wir fest, dass die Menschen mit zunehmendem Alter in der Regel weniger schlafen. Nicht, weil das Schlafbedürfnis abnimmt, sondern meistens, weil der Schlaf über die Zeit schlechter wird. Einige Forscher vermuten, dass abnehmende Schlafqualität und -dauer zwei Gründe sind, warum kognitive Fähigkeiten im Alter immer mehr abnehmen. Onkel Willi konnte vielleicht nicht länger schlafen. Und vielleicht hat er es, als er noch jünger war. Und wie mental fit wäre er mit genug Schlaf gewesen? Diese Abnahme wollen wir so weit wie möglich hinausschieben. Und dabei hilft das Wissen um die eigenen Schlafzyklen. Dass diese Zyklen typischerweise um die 90 Minuten andauern, wissen wir bereits.

Abb. 11 **Die richtige Menge Schlaf**

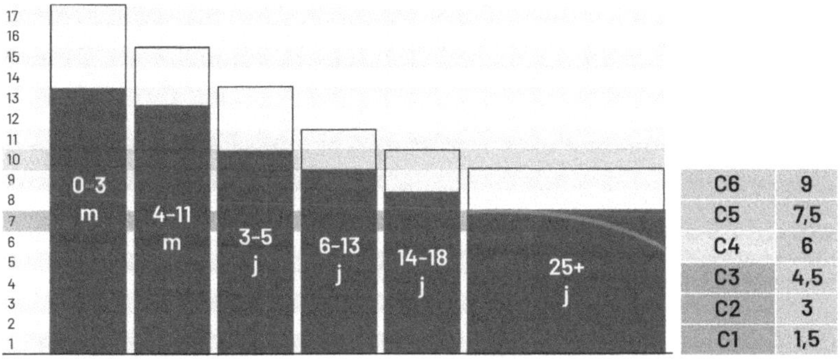

C6	9
C5	7,5
C4	6
C3	4,5
C2	3
C1	1,5

Quelle: Eigene Darstellung basierend auf https://www.cdc.gov/sleep/about/index.html

Wenn wir einen Schlaf von 7 bis 9 Stunden annehmen, gibt es einige Zyklen, die wir durchlaufen können. Der erste Zyklus (C1) findet in den ersten 1,5 Stunden statt. Der zweite Zyklus reicht von 1,5 bis 3 Stunden, dann bis 4,5, bis 6, bis 7,5 und bis 9. Zyklus 4 (C4) ist nach 6 Stunden abgeschlossen, also nach 4 kompletten Zyklen zu 90 Minuten. Diese 6 Stunden sind weniger als die im Mittel empfohlene Schlafmenge. Für einige reicht das aber bereits, für einige nicht. Wenn du jemand bist, der ein Schlafbedürfnis von 7 Stunden hat, kann es trotzdem sein, dass du nach 7 Stunden Schlaf aufwachst und dich total groggy fühlst. Weshalb? Dieser Effekt kann daher rühren, dass dein Gehirn noch mitten in einem neurochemischen Zyklus ist und ihn noch abschließen möchte. Im Idealfall optimierst du also deinen Schlaf auf 7,5 Stunden, also bis einschließlich C5, damit dein Gehirn die Chance hat, einen Zyklus sauber zu Ende zu bringen. Idealerweise möchtest du immer am Ende eines Zyklus aufwachen.

Die meisten Erwachsenen werden erleben, dass sie auch mal gut einen Zyklus länger schlafen können. Wenn man diesen Zusatzzyklus trackt, stellt man fest, dass nur noch leichter Schlaf passiert und die großen Themen in Kopf und Körper bereits abgearbeitet sind. Das heißt, mit 6 Stunden kommst du ab und zu mal gut durch, selbst wenn du, wie die meisten von uns, eigentlich ein rechnerisch höheres Schlafbedürfnis hättest. Ab und zu! Plane am besten 7,5 Stunden, also bis einschließlich C5 ein, und achte darauf, dass die 7,5 Stunden auch wirklich 7,5 Stunden sind, dann bist du auf einem guten Niveau, um wirklich produktiv sein zu können.

Wir bringen ein komplexes Thema also auf den Punkt:

Schlafe 7,5 Stunden, wenn das nicht reicht, dann gehe auf 9. Wenn das nicht reicht, dann gehe zum Arzt.

Manche beginnen mit 7,5 Stunden und landen für ein paar Tage bei 9. Sind sie erholt, gehen sie wieder zurück auf 7,5. Manche beginnen mit 7,5 und sind immer zerquetscht. Dann probieren sie mal 7 aus und mal 8 und stellen fest, dass ihre individuellen Schlafzyklen eben nicht genau 90 Minuten lang sind, sondern etwas kürzer oder länger.

Ich habe es eine ganze Zeit ausprobiert und bei mir klare Muster erlebt, die nicht zu übersehen waren: Ich gehöre zu denen, die eher mehr Schlaf brauchen, damit ich wirklich wach und fit bin. Die 7,5 Stunden benötige ich mindestens. Je nachdem, was in meinem Leben los ist, benötige ich auch mal einen Bonuszyklus. Während Phasen mit hoher Anforderung brauche ich sogar systematisch einen Bonuszyklus. Mein Körper hat mir das klar zurückgemeldet ... ich hatte nur lange Zeit nicht zugehört.

Probiere es aus, nutze die Leitplanken und schau, was dein Körper dir zurückmeldet. Er wird es dir danken. Ich weiß mittlerweile: Wenn ich ordentlich geschlafen habe, ist meine Produktivität teilweise um das Zwei-, Drei- oder Vierfache gesteigert im Vergleich zu einem Tag, vor dem ich nicht genug Schlaf bekommen habe. Und ich bin überzeugt, dass es dir genauso gehen wird.

Schlaf dich produktiv: Zum richtigen Zeitpunkt

Stell dir vor, du würdest sechs Wochen in einem Bunker verbringen. Du hast nichts, an dem du die Zeit ablesen kannst, kein Tageslicht, kein Fernsehen, kein Radio. Wann gehst du ins Bett? Wann wachst du auf, wenn es keinen Wecker gibt?

Dieses Experiment des Biologen Jürgen Aschoff und seines Forscherteams in den 1960er-Jahren in einer Art Bunker in Andechs war der Beginn der Chronobiologie und der Forschung rund um das Thema Chronotypen. Und Aschoff hat Spannendes herausgefunden. Erstens blieben die typischen Tagesphasen die gleichen. Die Probanden hatten ein gutes Gefühl dafür, wann es Tag und Nacht war. Wobei der „Tag“ der Menschen nicht immer gleich lang war: Unterschiedliche Menschen gingen zu unterschiedlichen Zeiten ins Bett. Einige neigten dazu, eher, einige dazu, später ins

Bett zu gehen. Und damit waren die unterschiedlichen Chronotypen beobachtet.

Vielleicht hast du schon von unterschiedlichen Schlaftypen oder Chronotypen gehört. Wir kennen sie als Eulen oder Lerchen, als Nachtmenschen (E-Typ) oder Frühaufsteher (M-Typ). Als Chronotypen bezeichnet man die verschiedenen Kategorien (Typen) von Menschen, die aufgrund ihrer inneren biologischen Uhr unterschiedlich funktionieren. Viele innere Prozesse, die nach der inneren Uhr ablaufen, sind anders zeitlich aufeinander abgestimmt. Dazu gehören unter anderem der Hormonspiegel, die Körpertemperatur, die Schlaf- und Wachphasen sowie das dadurch beeinflusste Leistungsvermögen zu verschiedenen Tageszeiten in unterschiedlicher Ausprägung. In unserem Körper gibt es gewissermaßen ganz viele kleine Uhren in den Zellen, die viele Prozesse zeitlich aufeinander abstimmen. Und das hat auch etwas mit dem Schlaf zu tun. Das habe ich bei meiner Optimierung des Schlafes erlebt. Ich hatte meine 7,5 Stunden herausgefunden. Doch etwas passte weiterhin nicht. Nicht immer war ich, bei hinreichender Schlafmenge, dann auch fit. Als ich von der Forschung von Aschoff sowie von einem seiner langjährigen Mitarbeiter, dem bekannten Schlafforscher Jürgen Zulley, hörte, habe ich es verstanden: Nicht jede Zeit ist optimal für das Einschlafen. Ich probierte es direkt aus – und war fasziniert. Gehe ich zu früh oder zu spät ins Bett, also außerhalb meines Chronotyps, spüre ich das: Ich bin am Folgetag weniger fit, auch wenn ich 7,5 Stunden geschlafen habe. Zur richtigen Zeit hingegen bin ich nach 7,5 Stunden richtig fit und wache meistens von allein auf. Neben der Schlafmenge ist es also sinnvoll, auch den Schlafzeitpunkt zu optimieren.

Um zu bestimmen, zu welchem Chronotyp du gehörst, ist es sinnvoll, sich für ein paar Tage aus dem Alltag auszuklinken. Ein paar Tage, in denen du auf deinen Biorhythmus hören kannst, reichen schon. Viele, denen ich diesen Tipp gebe, haben schon nach drei bis vier Tagen, an denen sie ins Bett gehen, wann sie wollen, und schlafen, so lange sie wollen, ein erstes Gefühl. Machst du das auch, findest du wahrscheinlich ebenfalls eine Antwort auf die Frage, welcher natürliche Schlafrhythmus sich bei dir einstellt. Lass das deinen Körper entscheiden. Idealerweise ist diese Auszeit auch so gestaltet, dass du wenig künstlichen Lichteinflüssen und wenig Technologie ausgesetzt bist: auf einer einsamen Berghütte ohne TV, Tablet und Handy, im Urlaub ... Gehst du immer früher ins Bett oder wird es eher immer später mit jedem Tag?

Keine Lust auf Berghütte oder Bunker? Dann hast du noch zwei Optionen. Eine ist die Nutzung eines „Wearable", also eines kleinen Geräts, das viele körperliche Parameter misst. Die zweite Option empfehle ich ohnehin jedem. Meine Kollegin Janine Kox ist kognitive Neurowissenschaftlerin, hat in jungen Jahren bereits Forschungspreise bekommen und unter anderem auch ein Paper geschrieben, das die neurobiologischen Prozesse, die durch Schlafmangel entstehen, genau betrachtet. Sie hat einen großen Anteil daran, dass dieser Abschnitt über Schlaf in dieser Tiefe und Fundierung entstanden ist. Sie hatte die Idee, auf Basis der Forschung von James A. Horne und Olaf Östberg,[29] die über 4.000 Mal zitiert wurde, einen einfachen Selbsttest zu entwickeln, den wir dann gemeinsam gemacht haben. Ein paar Minuten Fragen beantworten und du hast deinen Chronotyp-Report in der Inbox. Gehe einfach auf https://analyse.vantisgo.com/dein-biorhythmus und in zehn Minuten hast du dein Ergebnis.

Damit du mit dem Ergebnis auch etwas anfangen kannst, steigen wir jetzt noch eine Ebene tiefer in das Thema ein. Denn in der Forschung wird nicht nur grob zwischen Früh- und Spätaufstehern, sondern etwas genauer zwischen M-, N- und E-Chronotypen unterschieden. Und beim Chronotyp geht es nicht nur darum, wann du idealerweise ins Bett gehen solltest. Es gibt viele spannende, auch teilweise bisher nicht verstandene Beziehungen. So gibt es wohl eine Verbindung zwischen dem Chronotyp und Persönlichkeitsmerkmalen, die vermutlich daher entsteht, dass beides genetisch beeinflusst ist. M-Typen werden beispielsweise als gewissenhafter, verträglicher und leistungsorientierter beschrieben. E-Typen haben ein höheres Risiko für psychische Störungen, Stimmungs-, Persönlichkeits- und

Essstörungen.[30] Wer jetzt auf seinen Report schaut und Angst bekommt: keine Sorge. Ein höheres Risiko bedeutet, es gibt eine statistische Tendenz, es ist keine Vorhersage.

M-Typ	E-Typ
• Wacht früher auf	• Wacht später auf
• Produktiver früher am Tag	• Produktiver am Nachmittag und Abend
• Höhere Wachsamkeit beim Aufwachen	• Höhere Wachsamkeit später am Tag
• Besserer Recall am Morgen	• Besserer Recall am Nachmittag und Abend
• Stabiler im Biorhythmus	• Flexibler im Biorhythmus

Zu welchem Typ du gehörst, hängt von genetischen und Umweltfaktoren sowie deinem Alter ab. Die Altersabhängigkeit[31] ist ein untersuchtes epidemiologisches Phänomen. So sind kleine Kinder zum Leidwesen vieler Eltern im Allgemeinen frühere Chronotypen. Wiederum zum Leidwesen vieler Eltern von Teenagern schiebt sich der Rhythmus im Verlauf der Adoleszenz immer weiter nach hinten und bewegt sich nach einem Höhepunkt im Alter von etwa 20 Jahren langsam wieder zurück. Das allgemeine Phänomen, dass Frauen in vielen Entwicklungsparametern früher reifen als Männer, zeigt sich auch in der Entwicklung des Chronotyps. Frauen erreichen ihr Maximum an Verschiebung nach hinten im Alter von etwa 19,5 Jahren, während Männer ihre Schlafenszeit bis zum Alter von etwa 21 Jahren weiter hinausschieben. Männer sind im Durchschnitt für den größten Teil des Erwachsenenlebens spätere Chronotypen als Frauen. Erst im Alter von etwa 50 Jahren verschwindet dieser Unterschied wieder. Menschen über 60 Jahren sind im Durchschnitt sogar frühere Chronotypen als Kinder. 60 Prozent der Erwachsenen sind N-Typen, 40

Prozent fallen in eine der Kategorien M oder E. Der Chronotyp einer Person liegt also auf einem Kontinuum zwischen Morgen- und Abend-Chronotyp. Individuen ohne ausgeprägte zirkadiane Präferenz werden als N-Typen kategorisiert, da sie intermediäre Eigenschaften zeigen. Es handelt sich also eher um eine Skala als nur zwei Typen. M- und E-Typ bilden die beiden extremen Ausprägungen, dazwischen ist alles möglich, je nach Biologie. Um es etwas präziser zu fassen, haben wir insgesamt fünf Typen abgeleitet:

- Morgentyp
- Später Morgentyp
- Zwischentyp
- Früher Abendtyp
- Abendtyp

In der Grafik habe ich in dunklem Grau die Schlafzeiten für die jeweiligen Chronotypen bei 7,5 Stunden eingezeichnet, die helleren grauen Bereiche zeigen, innerhalb welchen Bereichs ein Schlafbedarf von 9 Stunden besteht. Beides geht immer vom Mittelpunkt aus, je für Morgen- und Abendtyp als Punkt unten eingezeichnet.

Abb. 12 **Chronotypen-Kontinuum inkl. Frederiks Chronotyp**

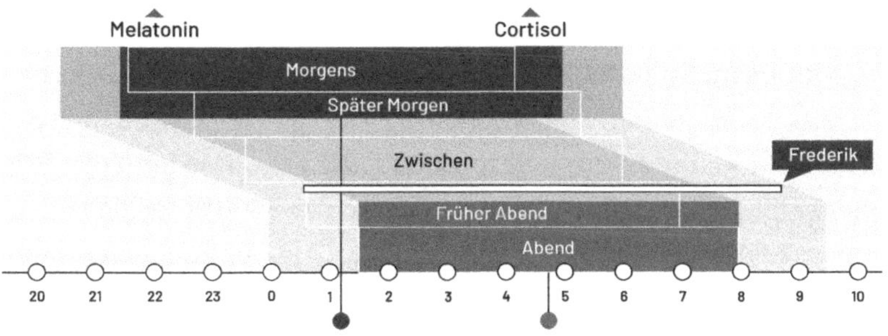

Quelle: VANTISGO (2024)

Als Beispiel habe ich meinen Chronotyp eingezeichnet. Du siehst ihn als weiße Linie im unteren Bereich des N-Typs, ich bin also gerade so der frühe Abendtyp. Innerhalb dieses Zeitraums schlafe ich meine 7,5 Stunden.

Jaaa, aber ...

Die Kids müssen in die Kita, ich muss früh zur Arbeit und so weiter. Richtig. Was wir gerade besprochen haben, ist ein Ideal. Eine ganze Reihe von Leuten wird nun sagen: Prima, das setze ich so um. Alle, die sich die Zeit frei einteilen können, können das tun. Und dann gibt es den Rest. Bei denen geht es nicht, die Realität sticht das Ideal aus. Was also tun?

Zuerst können wir uns vom Perfektionsanspruch verabschieden. Wir müssen das Ideal nicht erreichen, aber jede Annäherung hilft. Mal geht es mehr, mal weniger. Wenn es mal weniger geht, hat die Natur etwas für uns vorbereitet. Kommen wir dazu noch einmal auf unseren Bunker zurück. Viele der Probanden hatten eine innere Uhr, die erst nach mehr als 24 Stunden den nächsten Tag begonnen hat. Diese Probanden sind jeden Tag etwas später ins Bett gegangen. Kennst du in deinem Umfeld jemanden, der jeden Tag eine halbe Stunde später ins Bett geht und dann nach 48 Tagen wieder einen Tag mit seiner ursprünglichen Bettzeit hat? Nein? Ich auch nicht. Aber wieso eigentlich nicht? Wenn der innere Rhythmus mehr als 24 Stunden läuft, müsste das doch passieren. Dass es nicht passiert, hat aber einen guten Grund. Ich habe von den vielen kleinen Uhren gesprochen, die sich in jeder Zelle befinden. Einige kennen noch die Funkuhren, die von einer zentralen Uhr regelmäßig ein Signal empfangen. Und genau das passiert auch in unserem Körper. Es gibt eine winzig kleine neurologische Struktur, den Suprachiasmatic Nucleus (SCN), der ein Teil des bekannteren Hypothalamus ist. Diese Region funktioniert gewissermaßen als zentrale Uhr, die über sehr komplexe Prozesse, unter anderem durch das Hormon Melatonin, alle anderen Uhren des Körpers stellt.[32]

Unter anderem durch den Lichteinfall werden deine inneren Uhren immer wieder neu gestellt. In deinem Auge gibt es Zellen, die auf Licht reagieren. Lichtfarbe und -einfallswinkel sind ebenfalls wichtig. Unser Vorfahren-Gehirn hat, als die Sonne die einzige intensive Lichtquelle war, gelernt, dass der Sonnenstand und die Lichtfarbe etwas mit der Tageszeit zu tun haben. Es war also klug, daran die Tageszeit abzulesen. So ist dies der zentrale Faktor für das tägliche Stellen der inneren Uhren geworden – neben anderen Faktoren wie Nahrungsaufnahme, Bewegung, Stress und ein paar anderen. Die wichtigsten werden wir noch besprechen. Machen wir es jetzt aber erst einmal konkret.

Wenn du Probleme beim Schlafen hast oder dein Chronotyp sowie der Schlafbedarf bei dir oft mit der Lebensrealität kollidiert, kannst du konkret etwas tun. Je größer die Diskrepanz ist, umso wichtiger sind die folgenden sieben Tipps:

1. Morgens Licht optimieren

Wenn du aufwachst, ist das Allererste, was du machen solltest, gutes Tageslicht in deine Augen reinzulassen. Im Idealfall gehst du sogar für etwa zehn Minuten nach draußen und sorgst dafür, dass das Sonnenlicht von deiner Netzhaut aufgenommen wird. Dadurch wird der Cortisolstoß unterstützt und dein Biorhythmus wird gut koordiniert. Wenn es dunkel ist, weil du zu früh aufstehst, schalte bitte künstliches Licht ein. Gehe für etwa 10 bis 20 Minuten nach draußen, sobald die Sonne rauskommt. Jetzt verstehst du auch, warum es im Winter schwerer fällt, auf Touren zu kommen, und du im Sommer schneller wach bist.

2. Abends Licht optimieren

Achte darauf, dass du abends nicht zu viel blaues oder helles Licht abbekommst.[33] Das produziert Neurotransmitter und sorgt dafür, dass dein Gehirn sagt: „Ich bin wach, Aktivität." Wenn du TikTok guckst oder bei Twitter die letzten Likes Dopaminstöße produzieren, sagt dein Gehirn: „Donnerwetter, ich bin wach. Soooo viele spannende Sachen!" Jedenfalls denkt es nicht daran, ins Bett zu gehen, obwohl Adenosin und Melatonin dabei wären, Müdigkeit zu produzieren.

3. Bewegung optimieren

Einmal am Morgen. Hier geht es nicht um Sport, sondern darum, den Körper in Bewegung zu bringen und deinen Biorhythmus zu kalibrieren. Ein kleiner Spaziergang im Tageslicht reicht hier aus. Wir kommen noch ausführlicher zum Thema Bewegung, die für sich genommen ein weiterer mächtiger Hebel ist. Und abends? Wir schauen später noch genauer darauf, für jetzt empfehle ich, in den fünf Stunden vor dem Schlafengehen keinen intensiven Sport mehr zu treiben.

4. Essen optimieren

Eine Faustregel besagt, dass du idealerweise drei bis fünf Stunden vor dem Schlafengehen nichts mehr essen solltest. Wenn du also ein Frühaufsteher bist und gern um 22 Uhr ins Bett gehst, kannst du relativ früh zu Abend essen. Späte Typen haben hier einen sozialen Vorteil und dürfen etwas später essen. Die Nahrungsaufnahme kann hormonelle Veränderungen im Körper auslösen und deinen Biorhythmus stören. Wenn möglich, vermeide es also, drei bis fünf Stunden vor dem Schlafengehen schwere Mahlzeiten zu essen, leichte Snacks sind möglich.

5. Routine optimieren

Das Phänomen des „Social Jetlag" tritt ein, wenn du am Wochenende viel länger aufbleibst, dann extra lange ausschläfst und dadurch deinen Biorhythmus durcheinanderbringst. Es ist am besten, eine ähnliche Aufstehzeit beizubehalten, um deinen Körper nicht zu verwirren.

6. Setting optimieren

Optimiere deine Umgebung, sorge dafür, dass es dunkel und das Zimmer etwas kühler ist. Das erleichtert deinem Körper die Regulierung der Körpertemperatur und führt zu einem besseren Schlaf. Kannst du die Bettdecke optimieren? Es gibt Indizien dafür, dass nackt schlafen die Körpertemperaturregulierung erleichtert, sofern du nicht frierst. Und auch das warme Duschen oder der Saunagang können müde machen und das Einschlafen unterstützen.

7. BioTimeBoxing: Schlafe zur richtigen Zeit

Ich sage es noch mal, weil es so wichtig ist. Der Chronotyp beeinflusst ganz viele Prozesse, die wiederum das Einschlafen erleichtern und auch die Qualität des Schlafs verbessern. Den ganzen Tag im optimalen Biorhythmus zu organisieren wird dir sehr helfen. Wie das geht, besprechen wir noch genauer.

Abb. 13 **7 Tipps für guten Schlaf**

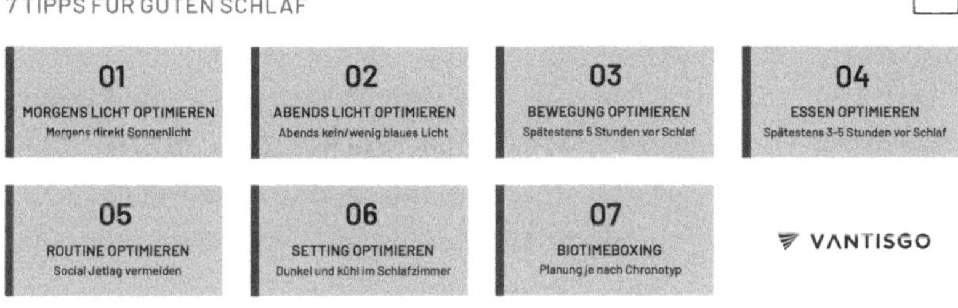

Quelle: VANTISGO (2024)

Zum Abschluss dieses Kapitels noch ein paar Gedanken dazu, wie sich Schlaf und Produktivität gegenseitig beeinflussen. Denn es ist nicht nur so, dass guter Schlaf deine Produktivität erhöht. Produktivität sorgt auch für einen besseren Schlaf, indem sie das

Einschlafen erleichtert. Viele Menschen kennen die Situation: Sie liegen im Bett und wollen einschlafen ... wenn da nicht die Gedanken bei der To-do-Liste wären! „Das habe ich schon wieder nicht geschafft, jenes wollte ich erledigen. Dies muss ich aber unbedingt morgen anpacken, weil ..."

Ein Großteil dieser Grübelei – und die damit einhergehenden Schuldgefühle – wird obsolet, wenn du produktiv genug warst, deine To-dos abzuarbeiten. Die zufriedene Erschöpfung eines produktiven Tages ist ein sanftes Ruhekissen und hilft dir auch beim Einschlafen. Was aber, wenn du trotzdem nicht zur Ruhe kommst?

Was du gegen Einschlafstörungen tun kannst

Ich nutze meistens eine Meditation, insbesondere wenn ich vor meiner chronotypischen Zeit in Bett gehe, beispielsweise wenn ich sehr früh raus muss, um einen Flug zu bekommen. Ich nutze eine App namens Calm.com und höre eine 30-Minuten-Schlafmeditation. In 99 Prozent der Fälle erlebe ich sie nicht einmal zur Hälfte und schlafe vorher ein. Das kannst du mit dieser oder einer anderen App gern ausprobieren.

Ganz einfach, aber genauso wirksam ist eine auf Achtsamkeit basierende Methode, die in letzter Zeit als „militärische Einschlafmethode" durch Lloyd Bud Winter ziemlich populär geworden ist.[34] Sie wurde für Piloten der US-Navy entwickelt, damit sie an jedem Ort und unter schwierigen Bedingungen schnell in den Schlaf finden. Sie beruht auf dem Konzept der progressiven Muskelentspannung und funktioniert mit ein wenig Übung für über 90 Prozent aller Menschen sehr gut.

1. Entspanne deine Gesichtsmuskulatur

Stell dir vor, ein Scanner geht über deinen ganzen Körper. Fang oben an und entspanne jeden Muskel in deinem Gesicht, einschließlich deiner Zunge und deiner Wangen. Achte darauf, dass dein Kiefer unverkrampft ist. Schließe langsam deine Augen und atme tief und langsam.

2. **Lass die Spannung in deinen Schultern, Armen und Händen los**

Fühle, wie deine Schultern in dein Bett sinken. Gehe durch deinen Bizeps, deine Unterarme und Finger und entspanne jeden Muskel auf dem Weg. Atme weiterhin tief.

3. **Entspanne deine Brust und deinen Bauch**

Oft tragen wir Spannungen in unserer Brust, unserem Rücken und Bauch, ohne es zu merken. Achte darauf, dass du beim Ausatmen deine Bauchmuskeln vollständig entspannst.

4. **Entspanne deine Beine genauso wie deine Arme**

Arbeite dich entlang deines rechten Oberschenkels hinunter und lass die Spannung aus deiner Wade, deinem Knöchel und Fuß ab. Wiederhole dies mit deinem linken Bein.

5. **Entspanne nun auch deinen Geist**

Stell dir vor, dass du von völliger Dunkelheit umgeben bist. Wenn du Schwierigkeiten damit hast, zähle einfach deine Atemzüge, fühle, wie sich deine Brust bei jedem Ausatmen entspannt.

Energiemanagement Hebel 2: Ernähre dich produktiv!

Es ist 14:30 Uhr und ich habe heute noch nichts gegessen. Ich sitze bei Mineralwasser und Espresso in der Bar eines tollen Hotels in Valencia und schreibe diese Zeilen. Ist es gut oder schlecht für meine Produktivität, dass ich noch nichts gegessen habe? Die Literatur sagt uns nichts darüber, nichts Genaues jedenfalls.

Das Thema Ernährung ist sehr komplex und es ist schwierig, qualitativ hochwertige Forschungsergebnisse zu finden. Das liegt vorwiegend daran, dass gute, methodisch saubere Forschung schwierig zu bewerkstelligen ist. Nicht jede Studie ist vergleichbar mit jeder anderen. Es gibt massive Qualitätsunterschiede. „Du musst Tomaten essen, die sind gut gegen Krebs!", rät uns ein aktueller Zeitungsartikel. Meine Bitte: Ignoriere das. Wenn eine Studie ein Ergebnis erbracht hat, heißt das meist noch nichts, auch wenn sie medial weit verbreitet wird.

Gute Forschung lebt zuallererst von guter Methodik und dann von großen Stichproben und vielen Wiederholungen der Studie (Replizierung), sodass sich über viele Forschungsvorhaben hinweg Erkenntnisse schließlich als stabil erweisen. Methoden, die Forschung besser machen, gibt es im Bereich Ernährung nicht oder kaum. Ein Salat-Placebo fällt dem Probanden sofort auf. Eine Doppelblindstudie ist also nicht möglich. Zusätzlich erschwert wird die Forschung, weil andere Faktoren nur schwierig auszuschließen sind. Ist der Mensch gesünder wegen der Diät im Rahmen der Studie oder weil er zufällig besser geschlafen hat? Hat schon allein die Teilnahme an der Studie zu einem anderen Essverhalten geführt? Diese „Confounding Factors", die einen Einfluss auf die Ergebnisse haben, sind nur mit großem Aufwand oder teilweise gar nicht herauszurechnen.

Erschwerend kommt hinzu, dass wir zentrale Bereiche der Ernährung bisher nicht ansatzweise gut genug verstehen. Das gilt insbesondere für das sogenannte Mikrobiom, also das, was an Mini-Organismen in unserem Darm wirkt. Wir wissen allerdings mittlerweile, wie wichtig das Mikrobiom ist. Nehmen wir das Mikrobiom von jemandem, der dick ist, und pflanzen es einem dünnen Menschen ein, wird dieser dicker. Wir wissen aber nicht, warum. Wir wissen auch nicht, warum das nur in eine Richtung funktioniert. Das Mikrobiom eines Dünnen macht dich nämlich nicht dünn.

Eine Ausnahme bilden Forschungen auf mikrobiologischer und metabolischer Ebene. Und das ist gut so. Denn wenn wir herausfinden, wie etwas im Stoffwechsel verarbeitet wird, können wir daraus bereits viel lernen. Es ist also nicht alles schlecht.

Nach zwei Jahren Recherche schätze ich jedoch, dass mehr als die Hälfte der Forschung im Segment Ernährung untauglich ist, sofern man daraus konkrete Tipps ableiten will. Zum einen, weil die Studien oft methodisch schwierig sind, zum anderen, weil viele Bereiche, wie das Mikrobiom und die Nebenfaktoren, noch kaum verstanden sind und statt des komplexen Ganzen immer nur winzige Teilbereiche betrachtet werden. Was also tun? Wir müssen mit dem arbeiten, was wir haben, und das Beste daraus machen.

In diesem Abschnitt möchte ich meine Erkenntnisse und einige „allgemeingültige" Tipps mit dir teilen, die du auf jeden Fall individualisieren kannst, wenn du tiefer in das jeweilige Thema einsteigen möchtest. Sie basieren einmal auf den guten Studien, die mein Team und ich analysiert haben, und dann auf Gesprächen mit Experten in diesem Bereich. Was ich hier wiedergebe, gilt für gesunde Menschen. Wenn du gesundheitliche Probleme hast, solltest du einen Arzt aufsuchen, der dir bei der Optimierung deiner Ernährung helfen kann. Wenn du unsicher bist, solltest du einen Experten um Rat fragen.

Für alle Gesunden gibt es jedoch einige Basistipps, wie man den Tag mit einer optimierten Ernährung gestalten und so die Gehirnfunktionen sowie die Produktivität steigern kann. Du solltest jeden Tipp als Anregung verstehen. Über jeden der hier aufgeführten Ansätze haben Experten Bücher geschrieben. Du kannst also in jedes Thema jederzeit tiefer einsteigen, je nachdem, wie weit du dein Brain-Hacking durch Ernährung vorantreiben möchtest. Franziska Piel, Expertin an der Schnittstelle von Sport und Bewegung, habe ich gebeten, Anleitungen, Tipps und Hinweise zusammenzustellen. Du findest sie unter www.huemmeke.com/flow.

Es gibt zwei Hauptgründe, warum wir überhaupt essen: um Energie zu bekommen und aus Gründen wie „Das schmeckt so gut und ich bekomme diesen Kaiserschmarrn nur hier – deshalb nehme ich gleich die doppelte Portion“ oder „Oh, da ist eine Packung Würstchen …“. Ich spreche aus Erfahrung. In einem meiner Tegernsee-Urlaube habe ich mich ausschließlich von karamellisiertem Kaiserschmarrn und Brotzeit ernährt. Diese Gründe können wir unter „hedonisch“, aber auch „sozial“ zusammenfassen. Im Kreis von guten Freunden, im Urlaub und als Mitternachtssnack nach ein paar Bierchen schmeckt es schließlich noch mal so gut.

Wir essen also nicht nur, um den Körper mit Energie zu versorgen, also aus „metabolischen“ Gründen. Die Frage aus metabolischer Sicht ist, wie viel Energie der Körper hat und wie viel wir zufügen müssen. Die Antwort auf den ersten Teil der Frage lautet: genug! Unser Körper hat mehr als genug Energie gespeichert. Umso weniger Energie müssen wir zuführen. Wenn wir in den Spiegel schauen, werden die meisten von uns erkennen, dass wir unserem Körper zu viel Energie zugeführt haben. Diesen Überschuss speichert er in den Speckpölsterchen auf Hüften und Rippen. Zwei oder drei Kilo Übergewicht ermöglichen es einem gesunden Menschen, drei Wochen ohne Nahrung auszukommen. Besonders produktiv wären wir in dieser Zeit jedoch nicht – und darum geht es uns aber gerade.

Tatsache ist, dass Essen aus Gründen der rein metabolischen Verfügbarkeit und Nährstoffverfügbarkeit nur einen kleinen Teil unserer Ernährung ausmacht. Zum größeren Teil essen wir, weil wir einfach Lust darauf haben. Zur Tüte Chips trinken wir drei Bier und essen danach noch eine Tüte Chips, weil die erste Tüte so lecker war. Doch danach sind wir alles andere als glücklich und aktiv. Stattdessen hängen wir mit einem Futterkoma in der Ecke. Durch übermäßige Nahrungszufuhr haben wir dafür gesorgt, dass unser Körper erst einmal eine Pause braucht.

Neben seiner Funktion für die Nährstoffversorgung übernimmt der gesamte Magen-Darm-Trakt unglaublich zentrale Aufgaben für die psychische Gesundheit und Energie – Erkenntnisse, die noch gar nicht so alt sind. Zum Beispiel werden etwa 95 Prozent des Serotonins nicht im Gehirn, sondern im Magen-Darm-Trakt produziert. Serotonin ist das Wohlfühlhormon, das für wohlige Behaglichkeit sorgt. Das wohlig-warme Gefühl am Abend, dass du heute richtig produktiv gewesen bist und alles im Griff hast? Serotonin!

Kennst du das? Plötzlich hast du ein Zwicken oder einen Krampf im Bauch und alle Kraft und Energie scheint wie weggeblasen. Kaum ist es vorbei, kannst du wieder klar denken und bist energiegeladen. Ernährung hat also einen unglaublich wichtigen Effekt. Es wird angenommen, dass die Neuronen im Darm genauso viel Dopamin erzeugen wie die im Kopf. Alles, was dort unten passiert, macht einen großen Unterschied dabei, wie es uns physisch, aber eben auch psychisch geht. Manche Forscher glauben, dass das Mikrobiom massiven Einfluss auf die psychische Gesundheit hat. Einige vermuten, dass es einen großen Anteil an Erkrankungen wie Depressionen hat.[35] Dabei ist das gesamte Phänomen unglaublich komplex. Wir sprechen von einem umfangreichen neuronalen System, das einige sogar als Darmgehirn bezeichnen. Auch wenn ich diese Analogie nicht passend finde, verdeutlicht sie, wie viele Neuronen im Magen-Darm-Trakt im sogenannten Enterischen Nervensystem (ENS) vorhanden sind und welche wichtige Rolle dieses spielt. Es ist ein Netzwerk von Neuronen und Neurotransmittern, das in und um unseren Darm eingebaut ist (so wie auch ganz viele Nervenzellen überall im Körper sitzen). Es steht über den Vagusnerv in ständiger Kommunikation mit dem Gehirn. Der Vagusnerv ist der längste Hirnnerv und transportiert Informationen vom Gehirn zu vielen Organen in unserer Brust und unserem Bauch und zurück zum Gehirn. Er beeinflusst unser Wohlbefinden und unsere Stimmung und ist auch für die Wahrnehmung von Körperempfindungen wie Hunger und Sättigung zuständig. Das ENS beeinflusst Entscheidungen, Stimmungen und unser allgemeines Wohlbefinden.

Dieser Zusammenhang erschließt sich sofort, wenn man weiß, dass unser Serotoninspiegel durch das, was wir essen, und durch die Signale, die über den Vagusnerv an das Gehirn gesendet werden, beeinflusst wird. Ungleichgewichte im Serotoninhaushalt werden schon lange mit Depressionen in Verbindung gebracht und scheinen ein (wenn auch schlecht verstandener) Faktor zu sein. Die Erforschung der Verbindung zwischen Gehirn und Darm eröffnet außerdem neue Behandlungsmöglichkeiten für verschiedene Krankheiten wie Depressionen und Adipositas.

Die Welt des Mikrobioms beginnen wir gerade erst zu verstehen. Das Mikrobiom bezieht sich auf die Sammlung von Mikroorganismen, einschließlich Bakterien, Pilzen, Viren, die natürlicherweise auf dem und innerhalb des menschlichen Körpers leben.[36] Diese Mikroorganismen sind für die menschliche Gesundheit unverzichtbar. Sie spielen eine wichtige Rolle in verschiedenen physiologischen Prozessen, einschließlich Verdauung, Stoffwechsel und Immunsystem.[37] Viele der wissenschaftlichen Erkenntnisse in diesem Bereich sind meiner Meinung nach deshalb noch unterkomplex, weil die vielen Phänomene bisher nicht wirklich verstanden werden. Erst in den nächsten zwei bis drei Jahrzehnten werden wir wirklich verstehen, was dort vor sich geht. Wir werden in der Lage sein, Mikrobiome noch präziser zu analysieren und besser zu interpretieren, um individuelle Ernährungspläne für jeden Menschen zu erstellen – einschließlich der Frage, wann er idealerweise essen sollte. Ich glaube, dass ein starker Schwerpunkt der Medizin darin liegen wird, das Mikrobiom zu beeinflussen.

Aber jetzt machen wir es uns einfacher und widmen uns unserem Kernthema: wie du pragmatisch deine Produktivität steigern kannst. Die grundlegende Erkenntnis ist, dass du bist, *was* du isst, *wie* du isst und *wann* du isst. All diese Faktoren möchtest du im Sinne einer gesteigerten Produktivität optimieren. Die folgenden Tipps helfen dir dabei.

Als meine Frau das erste Mal schwanger war, merkte ich, dass nicht nur sie einen Bauch bekommen hatte. Ich musste an Dr. Iven

Tao denken, der aus der Welt der Traditionellen Chinesischen Medizin kommt und diese in Peking studiert hat. Er hat auch in Deutschland studiert und seinen Doktor gemacht. Dr. Tao wird oft von Schulmedizinern herangezogen, wenn sie nicht mehr weiterwissen. Während der Zeit meiner Doktorarbeit war ich wegen meiner Allergie bei ihm. Bei einem unserer Gespräche erzählte er mir vom Intervallfasten und den Wirkungen auf den Stoffwechsel. Ich nahm es damals nur zur Kenntnis, ohne es selbst zu versuchen. Doch nun wurde Intervallfasten ausprobiert, in kurzer Zeit viel abgenommen und etwas Beeindruckendes festgestellt. Aber dazu später mehr. Jetzt erst der erste Tipp:

1. Zeitfenster optimieren

Iss nicht in den letzten drei bis fünf Stunden vor dem Schlafengehen und idealerweise auch nicht innerhalb der ersten Stunde nach dem Aufwachen. Ich selbst esse zum Beispiel nichts vor 13 Uhr und nichts nach etwa 20/21 Uhr, praktiziere also inzwischen dauerhaft eine Art des Intervallfastens. Das steigert meine Energie, meine Zufriedenheit und mein Wohlbefinden. Es geht mir tatsächlich schlechter, wenn ich im Urlaub mal zwei oder drei Tage frühstücke. Intervall- oder Intermittierendes Fasten ist ein Ernährungsmuster, bei dem sich Essens- und Fastenzeiten abwechseln. Ein beliebter Ansatz dabei ist es, die Nahrungsaufnahme auf ein bestimmtes Zeitfenster am Tag zu beschränken – in der Regel zwischen 6 und 12 Stunden. Intermittierendes Fasten hat verschiedene positive Auswirkungen auf das Gehirn und die kognitive Funktion. Während des Fastens wechselt der Körper von der Verwendung von Glukose als primärer Energiequelle zur Verwendung von Ketonen, die beim Abbau von Fetten produziert werden. Diese Veränderung im Stoffwechsel wird mit einer verbesserten Hirnfunktion, einschließlich erhöhter Wachsamkeit, geistiger Klarheit und Konzentration, in Verbindung gebracht. Intermittierendes Fasten stimuliert außerdem die Produktion von Brain-derived

Neurotrophic Factor (BDNF)[38], einem Protein, das eine Schlüsselrolle bei der Förderung des Wachstums und Überlebens von Neuronen spielt.[39] BDNF wird mit einer verbesserten Lern- und Gedächtnisleistung sowie einem reduzierten Risiko für neurodegenerative Erkrankungen wie Alzheimer und Parkinson in Verbindung gebracht.

Ich war wacher, fitter, klarer im Kopf mit mehr Energie, besserem Schlaf. Im Urlaub dachte ich: „Man muss es ja nicht übertreiben", frühstückte … und bekam Kopfschmerzen, fühlte mich ausgelaugt und war sofort in schlechter Stimmung. Solange ich frühstückte, ging es mir so. Verzichtete ich wieder einen Tag auf das Frühstück, ging es mir gleich wieder besser. Inzwischen betreibe ich seit vier Jahren Intervallfasten. Vielleicht ist es auch etwas für dich. Wenn nicht, auch gut. Dann iss einfach nicht zu nah am Schlafen und du machst schon eine Menge richtig.

2. Optimiere deine Nährstoffzufuhr

Achte bei deinem Essen nicht auf das Volumen, sondern darauf, dass du möglichst viele Nährstoffe zu dir nimmst, damit dein Körper alles hat, was er braucht, um Stoffe wie Hormone und Peptide zu bilden. Achte bei der Wahl deiner Lebensmittel besonders auf Ausgewogenheit und Vielfalt. Eine Faustregel besagt, dass du möglichst viele unterschiedliche Lebensmittel zu dir nehmen solltest, um sicherzustellen, dass du ausreichend Nährstoffe bekommst. An dieser Stelle lohnt es sich, nochmals an deinen Produktivitätscocktail zurückzudenken – deine Neurochemie. Du kannst deine Neurochemie in einem gewissen Rahmen durch deine Ernährung gezielt beeinflussen: Die Nahrung, die wir konsumieren, hat einen direkten Einfluss auf die Gehirnchemie und kann die Stimmung, das Verhalten und die kognitive Funktion beeinflussen.[40]

Bestimmte Nährstoffe spielen eine wichtige Rolle bei der Unterstützung der Hirngesundheit und der Funktion von Neurotransmittern. Zum Beispiel sind Omega-3-Fettsäuren, die in Fisch, Leinsamen und Walnüssen vorkommen, entscheidend für die Hirnentwicklung und -funktion.[41] Sie werden mit verbesserter kognitiver Leistung und einem reduzierten Risiko für Depressionen in Verbindung gebracht. Ein weiteres Beispiel ist die Auswirkung von Koffein in Tee und Kaffee, das die Konzentration und Wachsamkeit steigern kann. Antioxidantien, die in Tee und Kaffee vorkommen, haben auch neuroprotektive Effekte.[42] Kurkumin, der aktive Bestandteil in Kurkuma, hat entzündungshemmende und antioxidative Eigenschaften, die die Hirngesundheit unterstützen können.[43] In der Erkältungszeit nehme ich ein Präparat auf Basis von Pilzen, die für ihre entzündungshemmende Wirkung bekannt sind.[44] Bitte denk aber daran, dass Ernährung zwar die Neurochemie beeinflussen kann, aber keine magische Lösung ist. Einfach ein wenig Kurkuma und Pilze essen und du wirst nie wieder krank? So funktioniert das nicht. Es kann helfen, der Hebel ist da, aber klein. Und wenn, dann optimiert der Hebel die Wahrscheinlichkeit. Andere Faktoren wie Genetik, Lebensstil und allgemeine Gesundheit spielen größere Rollen. Und die Nährstoffe optimierst du schon automatisch mit dem folgenden Tipp.

3. Qualität optimieren

Verzichte so weit wie möglich auf verarbeitete Lebensmittel und fokussiere dich auf alles, was ohne Etikett kommt – ohne Liste der Inhaltsstoffe. Diese Empfehlung hörte ich das erste Mal von meinem Kollegen Patric Heizmann, der ein echter Profi im Bereich Ernährung ist, und mir war schnell klar, wie klug das ist. Alles, was auf der Gemüsetheke liegt – viele Arten von Gemüse in verschiedenen Farben und Formen –, kann unglaublich hilfreich sein. Du kannst auch Zucker reduzieren und darüber nachdenken, ob du mit mehr fermentierten Lebensmitteln wie Kombucha oder Sauerkraut deinem Mikrobiom helfen möchtest, möglichst viele Bakterienkolonien zu versorgen.

4. Quantität optimieren

Ich habe persönlich zwei verschiedene Essens-Modi. Der pragmatische „Ich will überleben"-Modus, bei dem ich einfach nur genug essen will, um satt zu werden. Hierbei ist Geschmack oder ein Völlegefühl nicht entscheidend. Ich vermeide Zucker und Kohlenhydrate. Der zweite Modus ist der hedonistische „Filetsteak mit Freunden"-Modus, bei dem ich bewusst genieße und mich auch mal etwas ungesünder ernähre. Ich versuche beide Modi strikt zu trennen und achte darauf, dass der metabolische Modus den größeren Anteil hat. Ich esse gerade so viel, dass mein Hungergefühl gestillt ist. Denn beim Essen geht es nicht um viel und oft, sondern um gut und genug.

5. Wirkung optimieren

Du solltest beachten, wie bestimmte Lebensmittel auf deinen Körper wirken. Zum Beispiel empfehle ich dir, in der ersten Stunde nach dem Aufstehen keinen Kaffee zu trinken. Weshalb? Das Koffein dockt im Gehirn an Adenosin-Rezeptoren an und verhindert, dass du dich schnell erschöpft fühlst. Adenosin ist der Neurotransmitter, der für die Entstehung von Müdigkeit verantwortlich ist. Adenosin-Moleküle binden sich an spezielle Rezeptoren im Gehirn und leiten damit das Signal „Ich bin müde" an den Körper weiter. Dieses Adenosin wird in der ersten Stunde nach dem Aufstehen ausgeschüttet. Wenn alle Rezeptoren bereits durch das Koffein aus deinem Morgenkaffee besetzt sind, verbleibt das frisch produzierte Adenosin im Körper. Wenn dann die Wirkung des Koffeins nachlässt, schlägt das Adenosin geballt zu und du erlebst einen richtigen Nachmittags-Crash.

Du kannst das Zusammenspiel zwischen Koffein und Adenosin allerdings auch für einen absoluten Energieschub nutzen. Trinke eine Tasse Kaffee direkt vor einem 20-minütigen Mittagsschläfchen. 20 Minuten ist ungefähr die Zeit, die das Koffein braucht, um ins Gehirn zu gelangen. Wenn du nach 20 Minuten Ruhe oder sogar Schlaf – die der Körper nutzt, um Adenosin abzubauen – wieder aktiv wirst, besetzt das Koffein die jetzt freien Adenosin-Rezeptoren und du hast zumindest kurzfristig volle Power. Wichtig ist, dass du wirklich nur 20 Minuten die Füße hochlegst und nicht in die nächste Schlafphase abrutschst. Alternativ kannst du auch 20 Minuten meditieren. Meditation wirkt nämlich als Sleep-Proxy, hat also einige ähnliche Effekte. So kannst du deine Nahrungsaufnahme also auch strategisch optimieren, indem du darauf achtest, welche Nährstoffe du zu welchem Zeitpunkt benötigst.

6. Mindfulness optimieren, oder: Iss achtsam

Studien zeigen, dass es eine stark positive Wirkung hat, wenn du beim Essen ruhig und entspannt bist und dich auf das Essen konzentrierst, anstatt fernzusehen, am Handy zu hängen oder andere Dinge zu tun.[45] Iss im Idealfall ohne Ablenkung und versuche, deine Gier beim Essen zu kontrollieren. Genieße das Essen und spüre, wann du genug hast.

7. Flüssigkeitszufuhr optimieren

Es ist wichtig, genug zu trinken, aber es gibt keine wissenschaftlich fundierte Erkenntnis darüber, wie viel genau du trinken solltest. „Du musst zwei Liter am Tag trinken" hat aus meiner Sicht keine wissenschaftliche Basis. Wir haben lange gesucht ... und nichts gefunden. Für mich scheint für gesunde Menschen Folgendes der beste Tipp zu sein: Achte auf dein Durstgefühl und trinke so viel, wie du brauchst. Wenn du deinem Körper nicht vertraust, achte auf die Farbe deines Urins. Wenn es sehr dunkel ist, solltest du mehr trinken.[46] Und ja, gern auch einen Kaffee.

Wenn du diese sieben Tipps sowie einen noch folgenden Bonustipp beherzigst, bist du super unterwegs. Eine Warnung ist aber auch angebracht: Sicher lässt sich an deiner Ernährung einiges optimieren, aber übertreibe es bitte nicht. Weißt du, was sich hinter dem Begriff „Orthorexia nervosa" verbirgt? Genau das, was du bekommst, wenn du dich zu sehr mit deiner Ernährung beschäftigst. Der Ausdruck wurde von dem Arzt Steven Bratman geprägt. Die betroffenen Menschen sind zwanghaft darum bemüht, nur Lebensmittel zu sich zu nehmen, die ihrer Meinung nach von perfekter Qualität sind. Die Mahlzeiten sind dann vor allem durch Verzicht geprägt. Der Geschmack spielt keine Rolle, sondern die Qualität der Ernährung steht im Mittelpunkt. Es werden nur Bioprodukte, kein Fleisch, kein Zucker, kein Fett und nur Rohkost konsumiert. Die Essensregeln werden immer strenger und die Auswahl an Lebensmitteln wird geringer. Wenn die Regeln nicht eingehalten werden können, leiden die Betroffenen unter Schuldgefühlen. Während die Lebensmittel vermeintlich qualitativ hochwertiger werden, leidet die Lebensqualität. Der Wunsch, sich gesund zu ernähren, führt zu einer Krankheit. Statt mehr Lebensqualität und Gesundheit entsteht das Gegenteil.

Zu guter Letzt gibt es einen Bonustipp: **Vergifte deinen Körper nicht.** Ja, ich weiß, oft schon stand ich mit einem Bier in der Hand an der Bar und habe diesen Ratschlag erteilt: Verzichte auf Alkohol, auch wenn Bier als Flüssigkeit zählt. Alkohol am Abend beeinträchtigt deinen Biorhythmus und deinen Schlaf. Wenn du abends Alkohol trinkst, sedierst du dich eher, als dass du gut schläfst. Auch Cannabis und andere Drogen[47] sind insbesondere aus neurowissenschaftlicher Sicht problematisch und sollten vermieden werden. Der Konsum von Marihuana kann das Gedächtnis, die Aufmerksamkeit und die Lernfunktionen beeinträchtigen und beeinflussen, wie das Gehirn Verbindungen zwischen den Bereichen aufbaut, die für diese Funktionen notwendig sind.[48] Außerdem kann Marihuana zu verstärkten Ängsten und Depressionen führen – das trägt nicht zu Produktivität bei.

Für Drogen gilt: Wenn du produktiv sein willst, lass es. Bin ich ein Heuchler? Nein. Mir geht es nicht um ein dogmatisches „Das darfst du nicht", sondern um Aufklärung. Ich schlage mit Freuden bei Wein und Bier auch mal über die Stränge, weiß aber, was ich tue. Für mich gehört es zum Leben dazu, Risiken einzugehen, auch Ungesundes zu machen – aber bewusst, nach einer Entscheidung, ob es mir das wert ist. Wenn ich die Party genießen will und am nächsten Morgen nicht produktiv sein muss, gibt es halt ein Bierchen. Oder zwei. Also eher fünf …

Für alle diese Tipps gilt, dass wir mit einem gesunden Pragmatismus an sie herangehen. Du trinkst direkt nach dem Aufwachen zwei Kaffee, hast aber keinen Einbruch nach dem Mittagessen? Glückwunsch, dann bleib dabei. Wir haben nur ein Ziel: Dass du dich pragmatisch optimierst und dabei deine Lebensqualität und Produktivität steigerst. Eine Handvoll der Tipps reichen für dich? Auf ein paar hast du keine Lust und es ist trotzdem gut genug? Wunderbar!

Warum ist das so, dass für dich manche Tipps funktionieren und für andere nicht? Antwort: deine Neurodiversität. Jeder Mensch ist anders und hat unterschiedliche neuronale und physiologisch-psychologische Konfigurationen und Bedürfnisse. Ich zum Beispiel muss Kohlenhydrate vermeiden, da ich mich sonst schlecht fühle. Meine Frau hingegen kann sie problemlos essen und tut dies auch mit Leidenschaft. Wenn ich mal drei Tage zu wenig schlafe, leide ich, werde quengelig, mir fehlt Energie, meine Stimmung geht in den Keller, mein Gehirn funktioniert nicht mehr so gut. Meine Frau funktioniert wunderbar auch nach einer längeren Zeit mit Schlafmangel. Das haben wir durch umfassende Experimente nachweisen können. Der Dank für die Erkenntnis geht an die Leiter des Experiments: unsere Kids.

Finde heraus, was für dich funktioniert, und suche bei Bedarf professionelle Unterstützung, insbesondere wenn es um medizinische Themen geht. Baue dir ein Ernährungsregime auf, das deinen Körper und dein Gehirn unterstützt und in dem alle notwendigen Nährstoffe vorhanden sind. Das ist die Grundlage für eine hohe Leistungsfähigkeit.

Abb. 14 **7 Tipps für gute Ernährung**

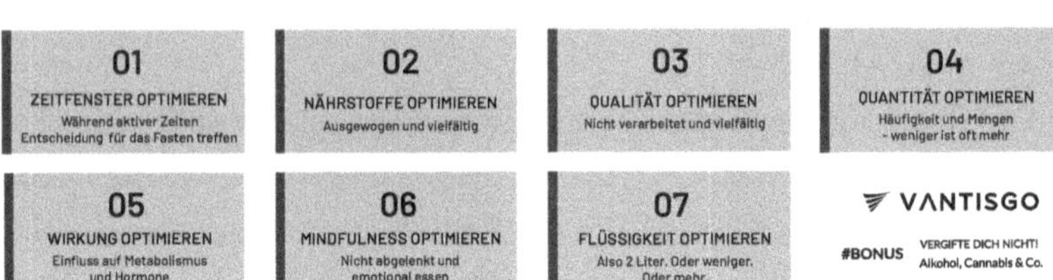

Quelle: VANTISGO (2024)

Energiemanagement Hebel 3: Beweg dich produktiv!

Zu Beginn dieses Kapitels ein persönliches Geständnis: Ich hasse Sport! Er geht mir auf die Nerven und ich habe keine Freude daran. Vielleicht sagst du jetzt: „Was ist los mit ihm? Sport ist geil, Sport ist mein Leben." Super! Mehr Power für dich. Aber es gibt auch viele, die wie ich denken. Dennoch müssen wir über Bewegung als wichtigen Faktor für Produktivität sprechen. Die gute Nachricht für alle Sportmuffel: Du musst nicht immer Vollgas geben, ein bisschen wohldosierte Bewegung reicht schon aus.

Dein Körper ist nicht nur der Transportdienstleister für deinen Kopf – der wiederum Schutzhülle für dein Gehirn ist –, sondern alle drei bilden eine funktionale Einheit, die man nicht trennen kann. Der gesamte Körper sendet ständig Signale an den Kopf und umgekehrt. Wenn wir uns die Effekte von Sport und Bewegung anschauen, wird schnell klar, dass sie die mentale Gesundheit verbessern, die Konzentration steigern und dafür sorgen, dass du klarer im Kopf bist.

Sport verbessert auch die körperliche Gesundheit, verlängert das Leben und verringert das Risiko von Krankheiten. Gerade deinen Bewegungsapparat und das Herz-Kreislauf-System solltest du frisch halten. Denn wenn dich erst einmal Herzprobleme oder ein Bandscheibenvorfall außer Gefecht setzen, kannst du alle Feinjustierungen an deiner Produktivität vergessen. Dann geht erst einmal gar nichts mehr.

Aber auch unabhängig von rein anatomisch-mechanischen Effekten auf deinen Bewegungsapparat hat körperliche Bewegung zahlreiche neurobiologische Auswirkungen auf die Funktion und sogar die Struktur des Gehirns. Regelmäßige Bewegung kann zu einer verbesserten hippocampalen Neurogenese führen, die mit räumlichem Gedächtnis und der Produktion des Brain-derived Neurotrophic Factor (BDNF) verbunden ist. Hippocampale Neurogenese bedeutet, dass das Gehirn in der Hippocampusregion neue Zellen bilden kann.[49] Das BDNF ist ein Protein, das eine entscheidende Rolle beim Wachstum, Überleben und der Differenzierung von Neuronen im Gehirn spielt.[50] Es ist auch an der Regulation der synaptischen Plastizität beteiligt, die für das Lernen und die Erinnerung wichtig ist. Körpergefühl und Bewegungskompetenz verbessern sich. Zusätzlich erhöht Bewegung die Herzfrequenz, wodurch mehr Sauerstoff zum Gehirn gepumpt und die Freisetzung von Hormonen gefördert wird, die das neuronale Wachstum fördern.[51] Sport spielt für deine Gehirnchemie eine wichtige Rolle, denn während des Sports werden Neurotransmitter wie Dopamin, Noradrenalin und Serotonin ausgeschüttet, was zu einem guten Gefühl und einer verbesserten Stimmung führt … zumindest bei den meisten. Bei mir muss das System kaputt sein, ich erlebe das nämlich nicht so. Und vielleicht ist das auch der Grund, dass ich Sport nicht mag.

Dopamin ist der Neurotransmitter, der dich dazu bringt, Dinge zu tun – also ist Dopamin genau das, was wir für Produktivität benötigen. Es bringt dich in Aktivität und Fokus. Noradrenalin sorgt für Wachheit, Klarheit und Konzentration und durch die Ausschüttung von Serotonin verbessert sich deine Stimmung – wenn du erst einmal drin bist in der Bewegung.

Denn Bewegung oder gar Sport zu treiben bedeutet für viele Menschen erst einmal Stress. Dabei ist es umgekehrt. Bewegung reduziert deinen Stress. Indem du physiologischen Stress erzeugst, fährst du über die metabolische Balance dein Stresssystem insgesamt herunter. Sport stärkt darüber hinaus das Immunsystem und optimiert den Biorhythmus sowie den Schlaf, wenn er zur richtigen Zeit ausgeübt wird. Sport ist somit zentral für die Produktivität.

Eine einfache Faustregel lautet: Ein bisschen Bewegung ist besser als keine Bewegung. Ein bisschen mehr ist noch besser, aber zu viel kann schädlich sein. Es ist wichtig, sich progressiv zu steigern und nicht von null auf hundert. Der für die meisten völlig falsche Weg ist es, sich zu große Ziele zu setzen: „Ich laufe jetzt jeden Morgen zwei Stunden!" ist kein realistisches, sinnvolles oder hilfreiches Ziel für eine Couch-Potato. Mache einfach ein bisschen mehr, als sich gerade bequem anfühlt, dann bist du schon auf einem guten Weg. Forscher der Cleveland Clinic empfehlen mindestens 150 Minuten moderates aerobes Training – darunter fällt zum Beispiel schnelles Spazierengehen – *pro Woche* zu absolvieren, um die körperliche Fitness zu verbessern und die Gesundheit des Gehirns zu schützen.[52] Die Centers for Disease Control and Prevention (CDC) empfehlen die gleiche Menge an moderatem aeroben Training oder 75 Minuten intensives Training pro Woche sowie muskelstärkende Übungen an zwei oder mehr Tagen pro Woche.[53] Harvard Health geht davon aus, dass moderates Training bereits nach sechs Monaten das Denken und die Gedächtnisleistung verbessern kann.[54]

Eine Bewegungsform, die erwiesenermaßen besonders auf das Gehirn wirkt, ist Yoga. Yoga beeinflusst positiv die Struktur (mehr grey matter volume) und Funktion des Hippocampus, der Amygdala, des präfrontalen Kortex, des cingulären Kortex und der Gehirnnetzwerke einschließlich des Default-Mode-Netzwerks (DMN). Es resultiert bereits kurzfristig in einem besseren Gedächtnis, besserer Emotionsregulation, Kognition und Selbstkontrolle. Langfristig schützt es vor altersbedingten und neurodegenerativen Rückgängen.[55] Sogar ich komme prima damit zurecht. Ich mag die Kombination von Fitnesselementen, Kraft, Balance, Bewegung. Und die Flexibilität. Wenn ich gerade nicht fit bin, kann ich es langsam und einfach machen sowie die Dauer verkürzen. Oder ich gebe mehr Gas.

Wer jedoch allen pauschal das gleiche Maß an Bewegung und Sport verordnet, hat die Biologie nicht verstanden. Welche Art von körperlicher Aktivität die besten Effekte erbringt und auf welche du Lust hast, hängt vollständig von deiner körperlichen Konstitution, dem Stoffwechsel und der Psyche ab. Wann du am besten Sport machst, ist auch je nach Chronotyp anders, die konkrete Empfehlung kommt gleich.

In das Thema „Bewegung" kannst du so tief eintauchen, wie du möchtest. Wenn du unsicher bist, kannst du einen Profi hinzuziehen, der mit dir einen maßgeschneiderten Trainingsplan erarbeitet. Nutze gern die weiteren Inhalte zu dem Thema von Franziska Piel unter www.huemmeke.com/flow. Inzwischen gibt es auch großartige Apps, die für ein paar Euro einen relativ maßgeschneiderten Trainingsplan für dich erstellen. Grundsätzlich solltest du dir einen Plan überlegen, wie du Krafttraining und Kardio-, also Ausdauertraining abwechseln kannst. Übungen mit dem eigenen Körpergewicht oder mit freien Gewichten sind gut, weil sie nicht isoliert auf einzelne Muskelgruppen wirken, sondern gleichzeitig die Mikromuskulatur und die Bänder stärken. Unter Mikromuskulatur versteht man die kleinen, feinen Muskeln im Körper, die für die Feinmotorik und die Stabilisierung von Gelenken und Knochen zuständig sind.

Ein weiterer Weg, deine körperliche und geistige Leistung zu optimieren, sind Atemübungen. Bewusstes, langsames Atmen kalibriert eine ganze Menge im Gehirn. Es sorgt dafür, dass sich der Herzschlag verlangsamt und einige gesundheitsrelevante Faktoren optimiert werden. Es kann Stress und Angst reduzieren, den Blutdruck senken, die Lungenfunktion verbessern und das allgemeine Wohlbefinden steigern. Tiefes Atmen kann auch das parasympathische Nervensystem stimulieren, was dem Körper hilft, sich zu entspannen und die Verdauung und den Schlaf zu verbessern.[56] Das parasympathische Nervensystem ist der Gegenspieler des sympathischen Nervensystems, welches für die Aktivierung des Körpers, beispielsweise während Zeiten von Stress oder Gefahr, verantwortlich ist.[57] Ab und zu ganz bewusst ein, zwei Minuten zu atmen, wie bei einer Achtsamkeitsübung, ist unglaublich hilfreich. Eine einfache Atemübung zur Entspannung ist die sogenannte Bauchatmung. Dabei legt man eine Hand auf den Bauch und atmet tief ein, sodass sich der Bauch nach außen wölbt. Anschließend lässt man die Luft langsam und kontrolliert wieder ausströmen, während sich der Bauch wieder nach innen zieht. Mach einfach zehn Atemzüge auf diese Art. Du wirst erstaunt sein, wie stark der sofortige Effekt ist.

Zu jedem Training gehören auch die Pausen als wichtiger Bestandteil dazu. Ich spanne meinen Muskel an und ich entspanne, ich spanne an und ich überfordere den Muskel ein bisschen. Die echte Umbauarbeit, die das Training forciert, findet erst in der Pause statt. Das betrifft nicht nur das hauptsächlich im Schlaf passierende Muskelwachstum oder Ähnliches. Auch die neurologischen Effekte, die wir mit dem Training anregen wollen, passieren in den Pausen.

Verteile deine Bewegung über den Tag – nicht irgendwie, sondern passend zu deinem persönlichen Rhythmus. Das ist überhaupt das zentrale Thema dieses Buches: die Phasen zu finden, die auf Basis deiner Biologie für eine spezifische Aufgabe am besten geeignet sind. Wie das geht, erkläre ich dir im nächsten Abschnitt.

Gehe bereits früh am Tag in die Bewegung. Kein Hardcore-Frühsport, sondern ein paar Lockerungsübungen und Stretching. Die ersten mache ich noch im Bett liegend. Während ich langsam wach werde, strecke ich mich in alle Richtungen, die sich gut anfühlen. Das kann unglaublich hilfreich für den Körper sein, senkt deinen Adenosinspiegel und sorgt so für mehr Power am Nachmittag. Adenosin, du erinnerst dich, kann durch das Koffein im Kaffee nicht mehr so wirken.

Ein paarmal beim Zähneputzen in die ganz tiefe Hocke zu gehen, ist eine wunderbare Übung. Zum einen werden dabei die Beinmuskulatur und der Po gestärkt, zum anderen können tiefe Kniebeugen auch die Knie- und Hüftgelenke mobilisieren und somit die Beweglichkeit erhöhen. Darüber hinaus können sie auch zur Verbesserung der Körperhaltung beitragen, indem sie die Rumpfmuskulatur stärken. Ganz viele Rückenprobleme gehören allein durch diese einfache Übung der Vergangenheit an. Ein anderer Tipp ist: Fahr mit dem Rad zur Arbeit.

Viel Abwechslung ist wichtig. Es kann unglaublich gut für den Körper – und für den Kopf – sein, immer mal wieder neue Sportarten oder Übungen auszuprobieren. Wenn du diese Tipps beherzigst, optimierst du die Neurotransmitter- und Hormonausschüttung in deinem Körper. Und diese Energiereserven, die durch Schlaf, Ernährung und Sport optimiert werden, liefern die Energie, die dir am Tag zur Verfügung steht. Sie sind die Grundlage für maximale Performance und Produktivität. Dann musst du es zwar immer noch tun. Aber jemand, der energetisch fit ist, Lust hat, begeistert und klar im Kopf ist, geht eher Themen an als jemand, der es eben nicht ist.

Ein ganz wichtiger Gedanke taucht auch in vielen weiteren Kapiteln auf: „Better done than perfect." Wenn es um deine Gesundheitshebel geht, versuche nicht, das Optimale auf Kosten des Besseren zu erreichen. Es gibt keine perfekte Lösung. Was es gibt, sind ein paar einfache Faustregeln, in denen du viele Inhalte des bisherigen Kapitels konzentriert wiederfindest. Es sind insgesamt sieben Tipps, die den Produktivitätshebel Bewegung schon ziemlich mächtig werden lassen.

1. Steigere dich langsam, aber steigere dich

Das Konzept der Superkompensation besagt, dass nach einem Trainingsreiz die Leistungsfähigkeit zunächst abfällt, aber durch ausreichende Erholung und Ruhetage wieder ansteigt und dabei ein höheres Niveau erreicht als vor dem Training. Und genau das wollen wir. Indem du die Belastung steigerst, wird dein Körper dazu angeregt, sich an die neue Herausforderung anzupassen und die Leistungsfähigkeit zu verbessern. Deine Komfortzone verschiebt sich. Progressive Belastungssteigerung kann auf verschiedene Arten und Weisen umgesetzt werden, je nach Sportart, Trainingsziel und individuellen Voraussetzungen. Zum Beispiel kann die Trainingsintensität schrittweise erhöht werden, indem man mit leichteren Gewichten beginnt und diese allmählich steigert. Ebenso kann die Trainingsdauer oder die Anzahl der Wiederholungen im Laufe der Zeit erhöht werden. Die Trainingsreize sollen ausreichend herausfordernd, aber nicht überfordernd sein: Es strengt dich an, du kannst es aber bewältigen und hast Spaß daran. Dann bist du in der Entwicklungszone. Eine zu langsame oder gar keine Belastungssteigerung bringt dich nicht weiter. Eine zu abrupte Steigerung führt direkt in die physische oder psychische Überlastung. Dann war es zu viel, dann haben Körper und Geist keine Lust mehr. Mach also langsam, aber mach! Und beim nächsten Mal mach ein bisschen mehr.

2. Optimiere deinen Fitness(zeit)plan

Welche Aktivität die besten Effekte für dich erzielt, hängt vom individuellen Körperbau, vom Stoffwechsel und der Psyche ab. Zudem spielt dein Chronotyp eine große Rolle. Hier ist es ähnlich wie beim Schlafen: Es kommt nicht nur auf die Dauer an, sondern auch auf den Zeitpunkt. Zum Beispiel kann für dich ein Training zwischen 13 Uhr und 16 Uhr so effektiv sein wie für jemand anderen das Training früh am Morgen. Deine idealen Zeiten findest du in deinem BioTimeBoxing, später mehr dazu.

Wenn du es aber wirklich angehen willst, dann geht eine Optimierung des Fitnessplans weit über das hinaus, was dieses Buch bieten kann. Wenn es nach meiner Expertin Franziska gehen würde, würde jede Woche ein langes Ausdauertraining, einen Leg-Day, moderates kardiovaskuläres Training, hochintensives Intervalltraining und Work-outs für Arme, Waden, Nacken und Rumpf beinhalten.

3. Aktiviere deine Atmung

Bewusstes Atmen unterstützt die Regulierung des zentralen Nervensystems, sorgt für eine optimale Sauerstoffversorgung und ist ein Training wichtiger Muskeln im Körper. Bewusst langsames Atmen für drei bis fünf Minuten ist ein Multifunktionshilfsmittel, das dir hilft, dich nach dem Training zu entspannen und dich auf die nächste Einheit vorzubereiten. Es hilft aber auch außerhalb eines Trainings und kann überall – beim Autofahren, unter der Dusche – durchgeführt werden. Wenn du bewusst und tief atmest, wirst du dich wundern, wie lang bereits drei Minuten werden können, aber auch, wie groß der Erfrischungseffekt für Körper und Geist ist.

4. Bleib dran

Lieber Minimalprinzip als reine Willkür. 2,5 Stunden Training oder Bewegung pro Woche oder 20 Minuten pro Tag sind wesentlich besser als eine Woche lang Hochleistungssport und dann „Regeneration" für den Rest des Jahres. Regelmäßige Übungen über 6 bis 12 Wochen bieten die größten Vorteile im Vergleich zu kürzeren Zeiträumen. Überlege, was das Mindestmaß ist, das du machen willst und durchziehen kannst. Vielleicht 3 mal 30 Minuten die Woche? Yoga oder etwas anderes? Dann plane es fest ein und ziehe es durch. So kannst du dranbleiben und es zur Gewohnheit werden lassen. Langfristige Bewegung ist außerdem wichtig, um die Verbesserungen deiner mentalen Gesundheit aufrechtzuerhalten. Und ein wenig mehr kannst du immer machen …

5. Erhol dich gut

Wachstum passiert in den Pausen, Stichwort Superkompensation. Achte also darauf, dass du deinem Körper genügend Zeit und Gelegenheit zur Erholung gibst. Stretching und leichte Mobilisierung gehen immer. Mit Achtsamkeitsübungen oder einem Saunagang erhöhst du den Erholungseffekt. Du weißt bereits, dass eine gute Erholungsphase mit gutem Schlaf und einer angepassten Ernährung zusammenhängt.

6. Sei früh aktiv

Frühe Aktivität beugt dem gefürchteten Afternoon-Crash vor. Sie reduziert nämlich deinen Adenosin-Spiegel. Abendliches Training

Abb. 15 **7 Tipps für gute Bewegung**

Bewege dich gut!
7 TIPPS FÜR GUTE BEWEGUNG

Quelle: VANTISGO (2024)

stimuliert die sympathische Aktivität des Nervensystems in der Nacht, was die Schlafqualität beeinträchtigen könnte, wohingegen das morgendliche Training die parasympathische Aktivität in der Folgenacht erhöht. Du schläfst also besser, wenn du nicht zu spät trainierst. Leichte oder moderate Bewegung ist aber auch am Abend völlig okay. Frühsport und Abendspaziergang sind eine tolle Kombination.

7. Mach nicht immer dasselbe

Abwechslung im Trainingsalltag optimiert die Effekte und hält die Motivation hoch. Laufen, Schwimmen, Radfahren, Gewichtstraining, Waldlauf, Geländelauf, Bolzen gehen, walken, Eigengewichtstraining, ein Pilateskurs ... das alles ist besser für den Körper und für deinen Geist, als jahrelang den gleichen Trainingsplan zu fahren und am Montag schon keinen Bock auf Donnerstag zu haben, weil da (schon wieder!) Oberschenkel auf dem Programm stehen. Oder sich schon beim Loslaufen zu langweilen, weil du auf deiner Standard-Laufstrecke schon jeden Hundehaufen kennst.

Ein Fazit in einem Wort? Machen! Finde einfach einen Plan, der am besten für dich funktioniert, und suche nicht nach dem Optimum. Der Eisbad-Trend ist ein perfektes Beispiel dafür. Du weißt schon: Mal richtig was für den Kreislauf tun und so. Aber willst du wirklich in eine mit Eiswasser gefüllte Tonne oder in einen halb zugefrorenen See springen? Ich hatte das Vergnügen, mit dem berühmten Wim Hof und seiner Tochter über die Forschung zu sprechen. Die Forschung suggeriert, dass es etwas bringt, und ich finde sie überzeugend. Musst du es also machen? Nein. Denn wenn es dir Angst macht und dich der Gedanke stresst, in eiskaltem Wasser zu sitzen, überwiegen in deinem Fall die negativen Stressreaktionen jeden möglichen Nutzen. Denke daran: Du musst nicht immer alles voll umsetzen, nur weil es hilft.

Es gilt aber: Du wirst nie wissen, was für dich funktioniert, es sei denn, du probierst es aus. Suche nach einem Gleichgewicht zwischen Dingen, die Spaß machen, angenehm sind oder belohnend – und die gut für dich sind! Trau dich aus deiner Komfortzone heraus und mache auch Dinge, die schwierig für dich sind. Ob es um deine Fitness, deine Ernährung oder andere gesundheitliche Aspekte geht … Dinge, die dir Spaß machen, können als Anker dienen, um immer wieder auf sie zurückzukommen und positive Gewohnheiten zu fördern.

Dein Produktivitätsprofil: Mit BioTimeBoxing in die Wirksamkeit

Nachdem wir uns einen ganzen Blumenstrauß von wichtigen Aspekten rund um Schlaf, Ernährung und Bewegung angeschaut haben, fragst du dich jetzt wahrscheinlich: „Wie bringe ich das alles zusammen? Was muss ich konkret machen?“ Genau darum geht es ab sofort. Wir werden uns dein persönliches Produktivitätsprofil ansehen. Die grundlegende Idee hinter deinem persönlichen, individuellen Profil ist, dass du konstant gegen deinen Körper arbeitest, sobald du nicht mehr in Synchronisation mit deinem Biorhythmus arbeitest. Das kostet viel Kraft und Energie. Anstatt auf einer Welle der Produktivität zu surfen, stemmst du dich gegen deine Biologie.

Von naiven Einzeltipps zum differenzierten System

Viele Produktivitätstipps beruhen auf einem falschen Ansatz: Man schaut sich erfolgreiche Menschen an und denkt, dass man sie nur kopieren muss, um erfolgreich zu sein. Man betrachtet fünf High-Performer und stellt fest: „Guck mal an, alle fünf Millionäre haben eine Morgenroutine. Alle schwimmen jeden Morgen." Implizit steckt dahinter die Idee beziehungsweise der Fehlschluss, dass ich ebenso erfolgreich werde, wenn ich nur morgens ein paar Bahnen ziehe. Sind sie aber deswegen so erfolgreich? Wenn man genauer hinguckt, ist es vielleicht andersherum. Vielleicht pflegen die Millionäre diese Morgenroutine, weil sie es sich leisten können. Vielleicht gehen sie jeden Morgen schwimmen, weil sie einen eigenen Pool haben. Erfolgreiche und reiche Leute sind meist in einem gewissen Alter, schließlich ist das Alter statistisch gesehen einer der größten Prädiktoren für Vermögen, und da sind ganz häufig die Kinder schon so weit, dass eine solche Morgenroutine möglich ist. Und als Chef und High-Performer kann man seine Firma nach dem eigenen Takt ticken lassen. Vielleicht wird man also nicht durch die Morgenroutine mit Schwimmen reich, sondern man pflegt diese Morgenroutine, weil man reich ist.

Wenn wir naiv darauf schauen, wie es andere Leute machen, tappen wir leicht in die Kausalitätsfalle. Ein Kausalitätsfehler ist ein logischer Fehler, der auftritt, wenn eine Korrelation fälschlicherweise als Kausalität interpretiert wird. Nur weil zwei Ereignisse zusammen auftreten, muss das eine das andere nicht verursacht haben. Und wenn es kausal ist, in welche Richtung? Werden schwimmende Menschen reicher oder führt reich sein dazu, einen Pool zu haben und jederzeit schwimmen gehen zu können? Und wie groß ist dieser Effekt, sollte er überhaupt existieren? Oder tritt nur zufällig beides zusammen auf?

Dieser Fehler ist auch in der wissenschaftlichen Forschung häufig anzutreffen und kann zu falschen Schlussfolgerungen und fehlgeleiteten Maßnahmen führen. Ein Beispiel für einen Kausalitätsfehler wäre, wenn man annimmt, dass das Tragen eines gelben T-Shirts dazu führt, dass man mehr Glück hat, nur weil man an einem Tag, an dem man ein gelbes T-Shirt trug, etwas Positives erlebte. Hört sich dumm an? Ist es wahrscheinlich auch bis auf einen kleinen Placeboeffekt oder eine selbsterfüllende Prophezeiung. Aber: Ersetzte das T-Shirt durch irgendeinen Talisman und die meisten Leute würden es unterschreiben. Das ist ein echtes Problem. Entweder wir glauben Quatsch. Oder ein Tipp ist fundiert, dann sehen wir nur diesen und verstehen nicht, wie er mit anderen Tipps zusammenhängt. Dann nutzt man das einfache Rezept … und es klappt nicht.

Es ist also wichtig, nicht einfach Rezepte von anderen abzuschauen, sondern basierend auf gutem Energiemanagement ein individuelles Produktivitätsprofil zu erstellen, das zu dir und deiner ganz spezifischen Situation passt und das dich befähigt, an der richtigen Stelle wirksam zu sein. Du bist anders als Jeff Bezos. Nicht nur dein Konto. Deine Muster sind es auch.

Produktivität mit Rückenwind: Dein BioTimeBoxing

Die zentrale Methode dieses Buches ist das auf dem Energiemanagement aufsetzende BioTimeBoxing (BTB). Dabei setzt du Zeiteinheiten fest, in denen du bestimmte Tätigkeiten ausführst, basierend auf deiner biologischen Uhr und den Bedürfnissen deines Körpers. Wir erinnern uns an das Konzept des Chronotyps. Wir haben besprochen, welche Rolle dein Chronotyp für den Schlaf spielt. Er wirkt sich jedoch nicht nur auf deine ideale Schlafenszeit aus. Dein Chronotyp bestimmt sehr viel mehr und hat Einfluss auf sehr viele Bereiche deines Lebens. Er beeinflusst auch die sogenannte Leistungskurve. Es geht um die Frage, wann am Tag du eher leistungsfähig bist und wann eben nicht. Das bedeutet, nicht alle Menschen sind zu den gleichen Zeiten in Topform. Die Leistungskurve verläuft über den Tag hinweg höchst individuell. Deshalb ist es nicht nur im Hinblick auf Schlaf, sondern auch für die Produktivität wichtig, deinen eigenen Chronotyp zu kennen und zu berücksichtigen. Wenn du dich an deinen Biorhythmus anpasst und in Synchronisation mit ihm arbeitest, wird vieles einfacher und besser. Studien haben gezeigt, dass motorisches Lernen, kognitive Leistungsfähigkeit, Arbeitsgedächtnis und Aufmerksamkeit signifikant verbessert werden, wenn du entsprechende Tätigkeiten zu Zeiten ausführst, die deinem Biorhythmus entsprechen. Diese „Überperformance" geht einher mit einem höheren Aktivierungsgrad im Gehirn, der verstärkten Zugriff auf deine kognitiven Funktionen erlaubt. Gleichzeitig wird Stress reduziert und die Plastizität des Gehirns optimiert. Lass uns also jetzt eine solide Basis für deine Produktivität bauen.

Anleitung zu deinem Produktivitätsprofil: Dein BioTimeBoxing

Du siehst in Abbildung 16 eine Zeitskala für einen Tag ab 0 Uhr morgens, die den 24-Stunden-Rhythmus abbildet.

Jeden Tag machst du eine Reihe ganz verschiedener Dinge, die sich in grundlegende Kategorien einteilen lassen. Allen liegt die Biologie zugrunde und sie beeinflussen sich – wie wir bereits gesehen haben – dadurch gegenseitig. Es stellt sich die Frage, wann du welche Tätigkeit ausführen solltest, um die Biologie optimal zu nutzen. Die Tätigkeiten beziehungsweise Aktivitäten sind eingeteilt in die Kategorien Schlafen, Essen, Bewegung, Konzentration und Kreativität sowie Abarbeiten.

Zunächst tragen wir in das BTB (eine Datei, in der du dein Profil erstellen kannst, kannst du hier herunterladen: www.huemmeke.com/flow) die im Schlafkapitel ermittelten Schlafphasen ein, so wie sie sich aus deinem Chronotyp ableiten.

Abb. 16 **Dein BioTimeBoxing**

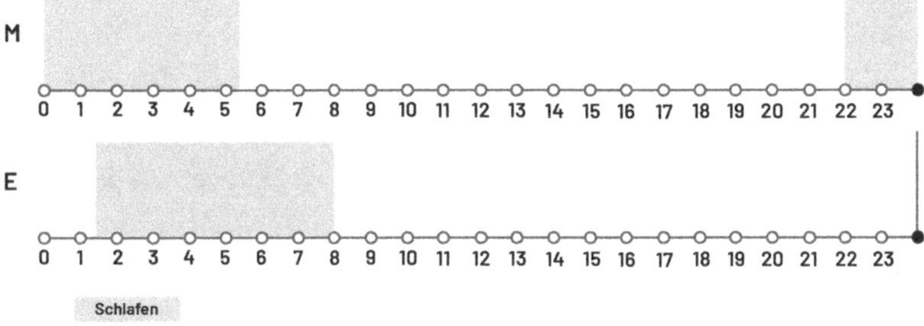

Quelle: VANTISGO (2024)

Als Nächstes planen wir Phasen ein, die sich für unterschiedliche Aktivitäten besonders eignen, Phasen, in denen Konzentration, Kreativität, Aktivität und Abarbeitung jeweils am besten stattfinden können. Moment mal! Ist es nicht egal, wann man die Arbeit macht, Hauptsache, sie ist am Ende erledigt? Das ist ein großer Irrtum, es ist nämlich überhaupt nicht egal. Erstens empfinden wir nicht jede Arbeit als gleich anstrengend und zweitens haben wir eine sogenannte Arbeitskurve. Das heißt, unsere Arbeitsleistung variiert im Tagesverlauf und unterliegt unterschiedlich großen Schwankungen. Um möglichst produktiv zu sein, müssen wir deshalb unsere Leistungshochs verstärkt ausnutzen und unsere Leistungstiefs sinnvoll überbrücken. Wenn du morgens ein Leistungshoch hast, ist es unsinnig, diese Hochphase mit E-Mail-Abarbeiten zu verschwenden und sich am Nachmittag im Leistungstief durch anstrengende konzeptionelle Arbeit zu quälen. Die Arbeitskurve hängt von deinem Chronotyp ab und bestimmt damit über den ganzen Tag deinen individuellen Biorhythmus. Natürlich haben dann auch unsere täglichen Aktivitäten einen Einfluss darauf: Ermüdungs- und Erholungsphasen, Ablenkungen und die allgemeine Arbeitsbelastung.

Fange am besten von hinten an: Vor deiner Schlafenszeit gibt es meist noch eine letzte **Konzentrationsphase** (siehe Abb. 17: **Slot 8**). Wenn du die Arbeit des Tages nicht geschafft hast, ist das die Zeit, in der deine Gedanken wieder zur Arbeit zurückkehren und vielleicht sogar Lösungsideen entstehen, die du bisher nicht hattest. Viele produktive Menschen beginnen dann noch einmal mit der Arbeit und können sogar hervorragend in den Flow kommen. Diese Phase dauert in der Regel 2 bis 3 Stunden. Bei frühen Typen ist sie eher kürzer als bei den späten Typen. Sie ist vielen aber nicht als Fokusphase bekannt. Die meisten verbringen sie mit Essen, Trinken, Fernsehen, Telefonieren und anderen unproduktiven (bis schädlichen) Dingen, statt noch etwas zu bearbeiten, egal ob berufliche oder private Themen. In dieser (und in den anderen Konzentrationsphasen, die wir noch einzeichnen werden) sollten anspruchsvolle Aufgaben bearbeitet werden. Insbesondere Themen, die komplex und sehr vernetzt sind, bei denen also viele Aspekte wechselseitig voneinander abhängen, eignen sich sehr gut für diese späte Konzentrationsphase. Wir sollten hier die Dinge angehen, die uns wirklich weiterbringen, Arbeiten also, die uns ein gutes Gefühl geben, sobald wir sie erledigt haben.

Davor liegt eine **Phase für Aktivität (Slot 7)**, die viel besser für die genannten „seichten" Tätigkeiten geeignet ist: den Gang zum Supermarkt, Kochen, Essen, Aufräumen, Saubermachen. Sport passt hier ebenfalls gut rein, aber dazu kommen wir noch. Die Aktivitätsphase kann also alles enthalten, was milde bis starke körperliche Aktivität benötigt. Manchmal gehe ich Holz hacken, Rasen mähen, fülle den Weinkühlschrank auf, sortiere etwas. Ich räume auf, damit ich mich wohler im Büro fühle und mich nachher noch etwas lieber dort aufhalte. Diese Phase dauert im Allgemeinen etwa 3 bis 4,5 Stunden, allerdings neigt der Frühe M-Typ zu einer kürzeren Phase von eher 3 Stunden, der späte E-Typ hat eine Phase von bis zu 4,5 Stunden. Wie lang die Phase jeweils ist, hängt aber auch sehr stark von der Konstitution und der Tagesform ab. Hattest du einen entspannten, ruhigen Tag, ist die Phase kürzer. Vor dieser Phase liegt übrigens eine Abarbeitungsphase, und die meisten kennen diesen Übergang: In der Abarbeitungsphase erledigst du mit hohem Takt und Leichtigkeit grundlegende Arbeiten. Und langsam fallen dir diese immer schwerer und die Gedanken gehen immer mehr in Richtung Pause und Abendessen. Überlege dir: Wann ist typischerweise die Zeit, wo du am späten Nachmittag bis frühen Abend dabei bist, etwas abzuarbeiten, und immer mehr merkst, dass alles langsam anstrengend und zäher wird? Je nach Typ reicht die Spanne von 16:30 Uhr (beim Morgentyp) bis 19 Uhr (beim Abendtyp). Höre auf dein Gefühl, wann es bei dir typischerweise so weit ist, anstatt zwanghaft die genauen Zeitangaben aus der Skizze umzusetzen. Du hast noch kein Gefühl dafür? Dann trägt der frühere Typ 3,5 Stunden ein, der späte Typ 4 Stunden. Nach ein paar Tagen Erfahrung kannst du deine Zeiten optimieren.

Nach dem Aufstehen beginnt eine **Konzentrationsphase** (Slot 2), die direkt in eine besondere Art der Konzentrationsphase übergeht, nämlich die **Kreativitätsphase** (Slot 3). Nach dem Aufstehen bedeutet für mich, dass ich noch etwa 15 Minuten im Bett benötige, um wach zu werden. Mein Tag wird besser, wenn ich in dieser Zeit kein Smartphone zur Hand nehme, um Nachrichten und Social Media zu checken, sondern vielleicht etwas lese. Wenn ich mich dann an den Computer setze, beginnt sofort eine Fokusphase. Sie ist bei M-Typen etwa 2,5 Stunden lang. Sie besteht aus einer rund 30 bis 45 Minuten langen Konzentrationsphase, die direkt in die Kreativitätsphase übergeht, in der wir gut kreativ arbeiten können: brainstormen, neue Perspektiven einnehmen, Themen neu angehen und Dinge weiterdenken. Hier können wir gut zwischen konvergentem Denken, bei dem wir uns vertiefend mit einer Sache beschäftigen, und divergentem Denken, bei dem uns Neues in den Kopf kommt (wie beim Brainstorming oder beim freien Assoziieren), wechseln. Beim E-Typen sind die beiden Phasen zusammen etwa 4 Stunden lang und die Kreativphase nimmt rund 2 Stunden davon ein.

Auf die Kreativphase folgt die **Abarbeitungsphase (Slot 4)**. Der E-Typ, der mit einer längeren Konzentrationsphase belohnt wurde, darf bei dieser Phase Abstriche machen. Bei ihm ist sie nur etwa eine Stunde lang, der M-Typ kann sich dagegen über etwa 3 Stunden freuen: Routineaufgaben, E-Mails, Termine, priorisieren und planen, was in der nächsten Konzentrationsphase gemacht werden muss, Zusammensuchen von Inhalten für die Konzentrationsphasen, Brainstorming, Telefonate, Meetings und so weiter.

Die Lücke zwischen der Abarbeitungsphase zur Mittagszeit und der Aktivitätsphase am Abend füllen wir mit zwei weiteren Phasen. Je nachdem, wie lange du die Phasen eingeteilt hast, kann es sein, dass die Zeit etwas knapp wird. Es gilt, die Zeiten mit Augenmaß noch einmal anzupassen.

Beginnen wir mit der **Konzentrationsphase (Slot 5)**, die bei beiden Typen rund 2 Stunden dauert. Danach kommt eine etwa 3,5-stündige **Abarbeitungsphase (Slot 6)**, die aber auch kürzer sein kann. Zeichne bitte beide Phasen in deine Planung ein.

In der Praxis plane ich beides gern als einen Slot. Insbesondere große Aufgaben, bei denen ich zuerst viel nachdenken und die Ergebnisse danach abarbeiten muss, plane ich als einen Slot, etwa wenn ich einen neuen Vortrag konzipieren möchte. Die ersten zwei Stunden überlege ich, was ich wie machen will, um das Ziel des Auftraggebers zu erreichen. Dann baue ich die Slides, Handouts und Vortragsnotizen bis zu dem Level, dass ich den Feinschliff an mein Team delegieren kann.

Abb. 17 **Dein BioTimeBoxing (BTB)**

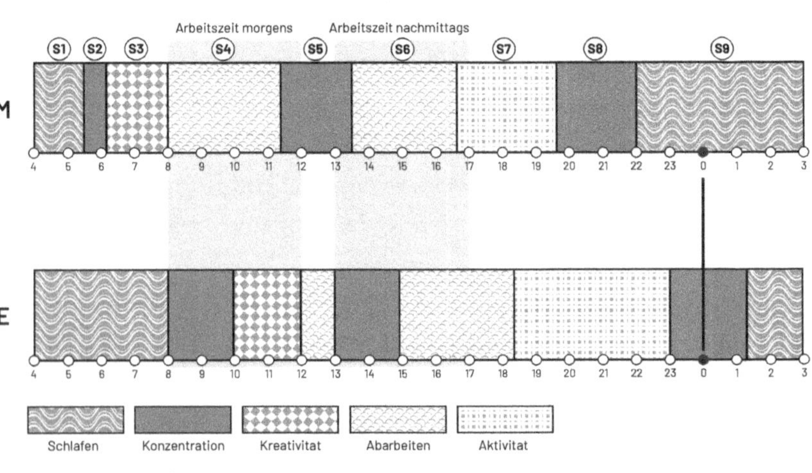

Quelle: VANTISGO (2024)

In Abbildung 17 sind diese Phasen für beide Typen eingeplant, außerdem habe ich die typische Arbeitszeit vieler Arbeitnehmer eingezeichnet. Dir wird auffallen, dass die Phasen nicht mit der Nine-to-five-Arbeitszeit übereinstimmen. Wir finden zum Beispiel direkt nach dem Aufstehen eine Konzentrationsphase beim Morgen- und beim Spättyp. Diese Zeiten verbringen wir aber meist mit dem Fertigmachen, Frühstücken und der Fahrt zur Arbeit. Auch am Ende des Tages gibt es noch einmal eine Produktivitätsphase. Viele Spättypen haben hier eine echte Hochleistungsphase, die allerdings auch dazu führen kann, dass sie nicht rechtzeitig ins Bett gehen. Sie nutzen sie, schlafen dann aber zu wenig, weil sie morgens früh aufstehen müssen, um pünktlich bei der Arbeit zu erscheinen.

Die biologische Struktur trifft auf eine typische Morgen- und Nachmittagsarbeitszeit, die leider oft nicht mit unseren besten produktiven Phasen übereinstimmt. Hier müssen wir uns die Frage stellen, wie es für uns persönlich am besten funktioniert. Denn es gibt nicht nur den M-Typ und den E-Typ, sondern auch den N-Typ, der dazwischen liegt. Dein persönliches BioTimeBoxing-Profil liefert Antworten auf die Fragen: Wann hast du deine Produktivitätsfenster? Wann ist deine Zeit, was zu tun? Und wie gehst du mit den Zwängen des Alltags um? Machst du vielleicht einen Plan für das Homeoffice und einen für den Tag im Büro? Zuerst haben wir aber noch zwei weitere Themenfelder in unserem Plan unterzubringen.

Betrachten wir jetzt die Nahrungsaufnahme. Empfohlen wird, frühestens eine Stunde nach dem Aufstehen und spätestens fünf Stunden vor dem Schlafengehen zu essen. Achte besonders darauf, dass es nicht zu spät wird, wenn du ein früher Typ bist. Zeichne also deine Essensphasen in die Grafik ein. Wenn du frühstückst, kann es sein, dass du etwas von deiner Konzentrationsphase für das Frühstücken investieren musst, das ist vollkommen okay – achte dann darauf, dass du direkt danach auch in die Phase einsteigen kannst.

Zwei Aktivitäten sollten nicht zu spät stattfinden. Die frühen Typen haben es hier einfacher als die späten Typen. Sport sollte zeitlich nicht zu nah an der Einschlafzeit stattfinden, weil er eine neurophysiologische und psychologische Kaskade auslöst, die verschiedene Neurotransmitter produziert, die den Schlaf beeinträchtigen können. Es ist keine gute Idee, direkt nach dem Sport oder intensiver körperlicher Aktivität ins Bett zu gehen. „Austoben" oder sich müde trainieren funktioniert nicht. Funfact: Es gibt eine Ausnahme, nämlich Sex. Bei Männern und Frauen wird nach dem Orgasmus vermehrt das Hormon Prolaktin ausgeschüttet, welches müde macht. Auch das Hormon Oxytocin, welches für die Entspannung nach dem Sex verantwortlich ist, kann müde machen. Die mentale Belastung des Alltags kann dazu führen, dass wir schlecht einschlafen. Wenn wir uns aber nach dem Sex entspannen, können wir auch den Stress des Alltags loslassen.

Morgens gilt: Leichter Sport und Bewegung ist dienlich und kann die Gesundheit fördern, auch direkt nach dem Schlaf. Intensiver Sport ist bei gesunden Menschen kein Problem, er kann helfen, in den nächsten Tagen einfacher und schneller aufzuwachen, weil er auch den Chronotyp kalibriert (neben dem Licht ein weiterer Faktor). Späte Chronotypen opfern aber für den Sport eine Konzentrationsphase. Wer jedoch die anderen Phasen ausnutzt oder Sport nur an einigen Tagen in der Woche treibt, kann das gern tun. Vielleicht willst du ja eine BioTimeBoxing-Planung für die Tage mit Sport und die Tage ohne Sport machen.

Abb. 18 **Frederiks BioTimeBoxing (BTB)**

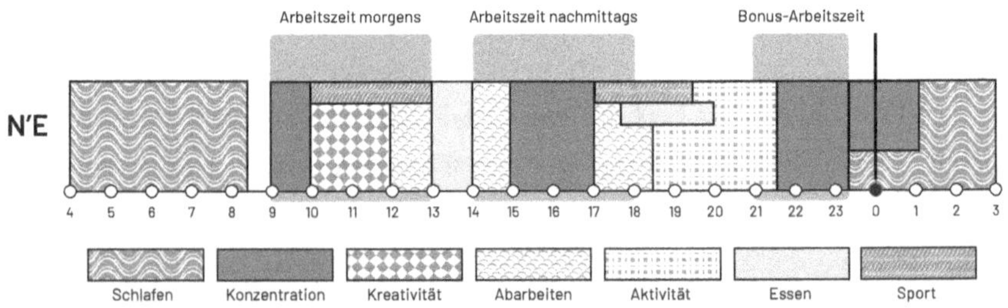

Arbeitszeit morgens
Arbeitszeit nachmittags
Bonus-Arbeitszeit
N'E
4 5 6 7 8 9 10 11 12 13 14 15 16 17 18 19 20 21 22 23 0 1 2 3
Schlafen
Konzentration
Kreativität
Abarbeiten
Aktivität
Essen
Sport

Quelle: VANTISGO (2024)

Es geht darum, deinen eigenen, individuellen Plan zu erstellen. Und hier fängt bereits die Schwierigkeit an, denn Menschen sind keine präzisen Uhrwerke, keine technischen, sondern biologische Wesen, die Schwankungen unterliegen. Deswegen ist es sinnvoll, dass du vor allem auf deine individuelle Erfahrung zurückgreifst. Zwei Dinge solltest du grundsätzlich berücksichtigen. Erstens: Perfekt bekommst du es nicht hin. Jeder noch so gute Plan wird durch die Realität „optimiert". Am Ende näherst du dich nur an eine methodisch gesehen optimale Lösung an, erreichst diese aber nur selten. Zweitens: Neurodiversität. Jeder ist ein bisschen anders. Mach dir keinen Druck, wenn es in einer Phase mal nicht so klappt wie geplant. Ich habe immer wieder Tage, an denen Konzentration nicht gelingt. Dann beschränke ich mich aufs Abarbeiten und schaffe es manchmal dabei doch noch in die Konzentration. Zurück zu dir: Überlege, wann du in einer Urlaubsphase ein eigenes Projekt verwirklicht hast, wann du geschlafen hast, wenn du es dir frei von sozialen Zwängen aussuchen konntest. Wann hast du dich gern hingesetzt, um welche Tätigkeit auszuüben? Setzt du dich abends gern hin und sagst: Komm, ich tu noch mal was? Oder gibt es das eher nicht? Wann hast du Lust, etwas zu tun, und wann bist du sogar in den Flow gekommen und zu welcher Zeit funktioniert sowieso nichts? Reflektiere auf Basis dieser Fragen noch einmal kritisch deine für die Phasen festgesetzten Zeiten.

Dein Produktivmodus: Flow verstehen

Zu Beginn des Buches haben wir besprochen, dass wir Menschen kein Default- beziehungsweise Standardprogramm haben, das uns in die Produktivität führt. Wir haben aber inzwischen gelernt, dass es enorm hilft, sich zur richtigen Tageszeit mit der richtigen Arbeit zu beschäftigen und damit die Produktivität deutlich zu erhöhen. Das ist eine wunderbare Erkenntnis, insbesondere weil die Optimierung von Schlaf, Bewegung und Ernährung uns mit sehr viel Energie versorgt, die wir dann in Produktivität umsetzen können. Wir werden also bereits nur über diese Hebel deutlich produktiver. Dass wir im Standard nicht produktiv sind, heißt also nicht, dass wir nicht optimieren können.

Außerdem: Dass wir kein Default-Programm haben, heißt nicht, dass es kein Programm gibt, dass wir starten können. Ich nenne das den Produktivmodus. Mit ihm können wir unglaublich produktiv sein – sehr viel mehr als durch die Optimierung nach dem Produktivitätsprofil. Wie dieser Modus heißt, habe ich dir bereits im Buchtitel verraten: Flow! Lass uns verstehen, was der Flow ist, wie er entsteht und wie wir ihn systematisch für massive Produktivität nutzen können. Du bekommst von mir, das ist die zweite zentrale Methode dieses Buches, eine Bedienungsanleitung für den Flow.

Vorher gilt es jedoch ein Problem zu lösen. Ganz viele können gar nicht in den Flow kommen. Denn Flow entsteht, wenn man etwas bearbeitet. Und manche Menschen haben das Problem, dass sie gar nicht erst anfangen. Dieses Problem müssen wir also zuerst lösen. Reden wir über Prokrastination.

Die Neurowissenschaft der Prokrastination – und wie es besser geht

Das Optimieren von Schlaf, Ernährung und Bewegung (auf ein Maß, das nicht perfekt sein muss) beschert dir genügend Energie, um produktiv sein zu können. Energie ist die Grundlage, um Dinge zu tun. Man muss *es* aber auch wirklich tun. Und hier kommt das große Problem der Prokrastination oder Aufschieberitis ins Spiel. Warum etwas heute erledigen, wenn man es auch morgen machen kann? Das Aufschieben von Dingen, die man erledigen sollte, ist etwas, das unglaublich viele Menschen immer wieder plagt und Momente der Frustration schafft. Ob es die Masterarbeit oder eine wichtige Präsentation ist, Aufschieberitis hat einen sehr starken Einfluss auf unsere Produktivität. Natürlich ist es verlockend, sich mit einem Bierchen und Netflix zu entspannen, anstatt sich der Präsentation zu widmen. Wenn aber die Arbeit erledigt ist und man sich zufrieden zurücklehnt, ist es noch schöner, weil man weiß, dass man etwas Produktives geleistet hat. Das entspannt-zufriedene Gefühl der Wirksamkeit, das uns mit viel Serotonin erleben lässt, dass wir alles im Griff haben, ist klasse. Doch zu oft klappt es eben nicht. Schauen wir uns die Prokrastination auf neuronaler Ebene genauer an, um zu verstehen, was wirklich dahintersteckt und wie wir sie besiegen können.

Eine Studie zeigt, dass Prokrastination auf der einen Seite auf eine Überaktivität des Default Mode Network zurückzuführen sein kann, welche das präfrontale Kontrollsignal, das uns fokussieren möchte, übersteuert, während auf der anderen Seite das Versagen der Top-Down-Kontrolle durch den Anterior Prefrontal Cortex auf das DMN zurückzuführen ist. Was bedeutet das? Wenn wir uns Prokrastination aus wissenschaftlicher Sicht ansehen, sind einige Gehirnregionen aktiv, die bereits bekannt sind, wie das präfrontale System, das unter anderem für die Impulskontrolle zuständig ist. Das andere neuronale System, das Default Mode Network, wird aktiviert, wenn das Gehirn gerade nichts zu tun hat, wenn man zum Beispiel an der Bushaltestelle sitzt und die Gedanken wandern lässt.

Daraus ergeben sich zwei Dinge, die du beachten musst, wenn du produktiv werden willst. Erstens muss dein Default Mode Network zur Ruhe kommen. Menschen, die oft prokrastinieren, zeigen eine Hyperaktivität in diesem Netzwerk. Das bedeutet, dass Gedanken wie „Ist das gut genug?" oder „Was muss ich noch erledigen?" viel stärker auftreten als bei Menschen mit geringer Prokrastinationsneigung. Gleichzeitig versagt die Top-Down-Kontrolle durch den präfrontalen Kortex. Dieser sollte eigentlich das Default Mode Network hemmen und für eine konzentrierte Arbeitsweise sorgen. Menschen mit hoher Prokrastinationsneigung haben jedoch ein im Vergleich zum Default-Mode-Netzwerk schwächeres präfrontales System, das in dem Moment, wo es darauf ankommt, weniger gut hemmen kann. Wenn dann die Persönlichkeitseigenschaft des Neurotizismus hinzukommt, wird es oft noch schlimmer. Eine ganze Reihe von Studien zeigt, dass die höhere Neigung zu Stress und negativen Emotionen im Rahmen des Neurotizismus direkt mit einer leicht höheren Prokrastinationsneigung korreliert.[58] Ich glaube, dass ein Wirkmechanismus über den gestiegenen Stress funktioniert. Außerdem vermute ich, dass es zusätzlich ein indirekter Effekt ist, denn: Mit höherem Neurotizismus steigt die Aktivität im Angular Gyrus, einer Region im Default-Mode-Netzwerk, die unter anderem für den Abgleich des vergangenen Verhaltens mit einem potenziellen Ideal zuständig ist. Dabei kommt man nicht gut weg, man erlebt sich als weniger wirksam und ist selbstkritischer beim Herangehen an eine Aufgabe, was dann die Selbstwirksamkeit reduziert. Weniger Selbstwirksamkeit bedeutet auch eine höhere Neigung zur Prokrastination. Zum anderen verweist die Forschung darauf, dass eine geringere Gewissenhaftigkeit einen Einfluss auf unseren Fokus und die Vermeidung von Ablenkungen hat, wozu wir später noch kommen.

Mit anderen Worten: Zentrale Prozesse der Prokrastination unterliegen der Abwägung zwischen kognitiver Kontrolle (dem Halten von Fokus auch gegen innere und äußere Ablenkungen) und affektiver Verarbeitung (dem Management von emotionalen Reizen, selbstbezogenen Informationen und Gewohnheiten). Einfacher ausgedrückt: Die zentralen Prozesse der Prokrastination haben mit zwei Dingen zu tun – wie wir denken und wie wir uns fühlen. Denken ist wichtig, weil wir darüber nachdenken müssen, welche Aufgaben wir erledigen müssen und wie wir sie angehen können. Aber manchmal wollen wir lieber etwas anderes tun, das uns mehr Freude bereitet. Fühlen ist auch wichtig, weil unsere Gefühle beeinflussen, was wir machen wollen. Manchmal haben wir negative Gefühle, wenn wir an bestimmte Aufgaben denken, und deshalb möchten wir ihnen aus dem Weg gehen. Wir fühlen uns vielleicht gestresst, unsicher oder müde und wir wollen uns lieber mit Dingen beschäftigen, die uns glücklich machen.

Prokrastination ist also ein physiologisch fest eingebautes Phänomen, das von der Persönlichkeit und den erlernten Mustern abhängt. Also zurücklehnen und Füße hoch? Mitnichten, denn du bist nicht Opfer deines Gehirns. Es gibt Wege, um aus der Prokrastination in die Produktivität zu finden.

Bevor wir uns damit beschäftigen, was neurophysiologisch passiert beziehungsweise passieren muss, stelle ich dir einige Rechenaufgaben und du musst laut die Ergebnisse sagen. Eins plus eins? Sag es laut. Eins plus zwei? Zwei plus zwei? 13 hoch 2 plus 4.328? Wahrscheinlich sitzt du jetzt da und denkst: „Oh nein!“ Die meisten Leser werden nicht einmal begonnen haben, die Aufgaben zu lösen. Hast du es versucht? Was geht hier vor sich? Die ersten Aufgaben müssen nicht im frontalen System gelöst werden, da du sie gewohnheitsmäßig beantworten kannst. Eins plus eins ist gleich zwei, da musst du nicht nachdenken. Die ersten Aufgaben werden vom limbischen System abgearbeitet. Wenn du aber eine Aufgabe lösen willst, für die gerechnet werden muss, sagt dein limbisches System zum frontalen System: „Hey, ich brauche dich. Ich brauche, dass du erkennst, verstehst und bewertest.“ Das frontale System sagt dann oft: „Och nö, muss das wirklich sein?“ Viele von euch haben wahrscheinlich gedacht: „Nein, das muss nicht wirklich sein. Der Autor merkt sowieso nicht, ob ich mitmache.“ Und so hast du dagesessen und die Aufgaben nicht einmal versucht zu lösen.

Es ist vollkommen normal, dass dein Gehirn so reagiert. Es benötigt eine unglaubliche Menge an Energie. Obwohl es nur etwa zwei Prozent des Körpergewichts ausmacht, verbraucht es etwa 20 Prozent der Energie deines Körpers. Es benötigt Glukose, also Zucker. Wenn du dein frontales System einschaltest, benötigt es noch mehr Energie. Deshalb ist es klug, es nur dann auf volle Leistung zu schalten, wenn es wirklich notwendig ist. Aus diesem Grund produziert dein Gehirn bei allem, was mit schwierigem Denken zu tun hat, ein erstes Signal, das sagt: „Oh nein, ich will das nicht.“ Prokrastination ist ein fest eingebautes Feature in unserem Gehirn, kein Fehler. Es ist eine Funktion, die dich davor schützt, Energie für unsinnige Dinge zu verschwenden, ein Energiesparmodus gewissermaßen. Das Gehirn fragt sich, ob es wirklich die Aufgabe lösen will. Leider ist das Gehirn nicht so rational und vernünftig, dass es weiß, wann etwas vernünftig ist und wann nicht. Dinge wie Rentenvorsorge oder Konzepte für wichtige Termine werden vom Gehirn oft als unwichtig eingestuft. Es sagt: „Lass das zukünftige Ich das Problem lösen“, und denkt, dass es besser ist, den jetzigen Moment zu optimieren.

Deshalb kommt es oft zur Prokrastination. Zu viele Gedanken prasseln auf das Default Network ein und es fällt unserem frontalen System schwer, diese Gedanken beiseitezuschieben. Außerdem hat unser frontales System eine eingebaute Resistenz gegen den Beginn von kognitiven Tätigkeiten und signalisiert: „Bitte nicht stören!“

Three Levels of Work

Wir wissen also, warum es nicht funktioniert. Jetzt finden wir heraus, wie es eben doch funktioniert. Dazu unterteilen wir deine To-dos in drei aufsteigende Levels of Work, je nachdem, wie groß die Anforderung an dein Gehirn und somit auch sein Widerstand dagegen ist. Du musst dich im ersten Schritt fragen, welches Level an Arbeit du gerade von deinem frontalen System verlangst.

- Level 1 ist der Standardlevel. Auf diesem Niveau ist das frontale System nur leicht unterstützend dabei, wenn überhaupt. Hier erledigen wir Aufgaben wie E-Mails löschen, aufräumen, morgens ins Büro kommen und erst einmal sortieren, bevor wir anfangen. Diese Tätigkeiten erledigen wir typischerweise gern am Anfang des Tages. Und manche Leute schaffen es, den gesamten Vormittag mit diesen Tätigkeiten zu verbringen. Wenn ich an dieser Stelle von „sortieren“ spreche, meine ich damit tatsächlich Zettelstapel bilden, aufräumen und so weiter. Dein Leben aufzuräumen und zu organisieren, zu unterscheiden, was wirklich wichtig ist und was nicht, wo du noch mehr Arbeit hineinstecken solltest et cetera, das ist überhaupt keine leichte Aufgabe, sondern katapultiert dich je nach Anspruch vielleicht sogar direkt in Level 3. Level 1 kannst du perfekt in Abarbeitungsphasen oder, wenn nötig, in der Aktivitätsphase erledigen.
- Auf dem zweiten Level erledigen wir Arbeiten, die mittlere frontale Leistungen erfordern: Termine machen, Probleme

besprechen oder Brainstorming. Aber das Problem gründlich durchdenken? Lieber nicht, das frontale System ist dagegen. Dein frontales System ist auf diesem Level zwar schon etwas resistenter, aber du kannst die Tätigkeiten trotzdem noch gut erledigen. Level-2-Aufgaben eignen sich gut für den Beginn einer Abarbeitungsphase. In Abhängigkeit davon, wie viel frontales System nötig ist, packst du sie aber lieber in eine Konzentrationsphase. Dort fühlen sich diese Aufgaben sehr wohl. Wenn neue Perspektiven und Ansätze für ein Thema gefragt sind, ist vielleicht auch eine Kreativitätsphase gut geeignet.

- Auf dem dritten Level sind Tätigkeiten angesiedelt, die viel frontale Leistung erfordern: das Schreiben eines neuen Konzepts, tiefes Nachdenken, die Entwicklung eines neuen Onlinekurses. Mit anderen Worten: Lösungen finden, Neues entwickeln, kreativ-vernetzt und gleichzeitig strategisch denken. Je höher der Anspruch der Aufgabe in Level 3 ist, desto lauter wird dein Gehirn fragen: „Muss das sein?" Und desto höher ist die Wahrscheinlichkeit, dass du lieber wieder eine Aufgabe eines darunterliegenden Levels aufnimmst. Oder gar nichts tust. Oder auf Level 1 die Wäsche machst. Dummerweise sind es meistens die Level-3-Tätigkeiten, die echte und große Fortschritte versprechen. Und die gehören in die Konzentrationsphasen und am besten in diesen geheimnisvollen Flow, zu dem wir gleich kommen.

An dieser Stelle müssen wir uns mit einem Phänomen namens „Delayed Gratification" beschäftigen. Dahinter verbirgt sich die Fähigkeit, eine Belohnung aufschieben zu können, beziehungsweise die Fähigkeit, auf diese Belohnung hinzuarbeiten. Du kennst sicher das Marshmallow-Experiment. Kindern wird ein Marshmallow vorgesetzt und gesagt: Wenn du es fünf Minuten schaffst, ihn nicht zu essen, bekommst du einen zweiten als Belohnung dazu. Unser Gehirn will den Marshmallow sofort. Das Warten auf eine Belohnung, auf Delayed Gratification, ist etwas, was unser Gehirn nicht gern macht. Unser Gehirn ist wie ein Kleinkind und möchte im Standardmodus auf Instant Gratification optimieren und nicht auf das Warten auf verspätete Belohnungen. Deswegen stellen wir uns grundsätzlich eher die Frage, wie wir jetzt eine gute Zeit haben können, anstatt uns um die Rente zu kümmern. Dieser Effekt wird noch verstärkt, wenn unsere Stimmung schlecht ist. Unsere ohnehin vorhandene Neigung zur Prokrastination korreliert mit schlechten emotionalen Zuständen, weil unser limbisches System sich dann auf kurzfristige Stimmungsreparatur konzentriert – und der beste Ausweg, den unser Gehirn kennt, ist kurzfristige Belohnung.

Instant Gratification korreliert aber auch mit Erschöpfung. Ich schreibe jetzt seit etwa fünf Stunden am Stück und erlebe, wie mein Flow langsam endet und immer mehr Gedanken aufkommen, was ich stattdessen Schönes machen könnte. Ich bleibe noch bei der Stange, weil ich mich auf den Moment freue, das Buch fertig zu haben. Und deswegen will ich jetzt so weit wie möglich kommen.

Wir können somit lernen, mehr Delayed Gratification zu praktizieren, also eine Belohnung in der Zukunft zu finden und dies aktiv in unserem Gehirn zu verankern. Das Hinarbeiten auf die Belohnung resultiert in Motivation, die uns auch Level-3-Tätigkeiten angehen und erledigen lässt. Es gelingt uns umso besser, Level 3 zu bewältigen, wenn wir nicht nur Motivation verspüren, sondern auch die Zeitphasen kennen, die neurophysiologisch optimal zu uns passen – die Phasen, in denen wir die meiste Energie haben und am besten funktionieren.

Übrigens: Nur auf Delayed Gratification hinzuarbeiten ist auch nicht sinnvoll, denn dann sind wir irgendwann in Rente und unglücklich. Niemand sitzt im Altersheim im Sessel und denkt: „Ach, hätte ich nur mehr gearbeitet und weniger gelebt." Nötig ist also ein gutes Gleichgewicht. Paradoxerweise sorgt mehr Delayed Gratification dafür, dass wir uns mehr Instant Gratification gönnen können. Denn je gezielter und intensiver wir unsere hochproduktiven Phasen nutzen, desto eher können wir ab an den See. Wenn der größte Teil der Arbeit um 13 Uhr erledigt ist, können wir uns den Rest des Tages in die Hängematte legen und Instant Gratification genießen. Und wenn der größte Teil der Lebensarbeit früh gemacht ist, kann man auch früher in Rente gehen. Unser Hauptjob ist also, hochkonzentriert unser Level-3-Kontingent abzuarbeiten. Typischerweise machen wir jedoch Level-1-Tätigkeiten, weil es gerade bequem ist. Die meisten von uns brauchen tatsächlich mehr Delayed Gratification. Die Frage ist also, wie wir das erreichen können und wann der richtige Moment ist, um mit der Arbeit anzufangen.

Wir sollten aber auch darauf achten, nicht zu früh anzufangen und uns in Präkrastination zu verlieren, also einfach sinnlos zu früh mit etwas anzufangen. Ich habe einmal ein Meeting bis ins Detail vorbereitet und stundenlang daran gesessen, eine perfekte Agenda zu erarbeiten und alle Schritte vorzubereiten. Drei Tage vorher ruft der Kunde an und sagt das Meeting ersatzlos ab. Hier habe ich nicht Prokrastination, sondern Präkrastination betrieben. Ich habe die Arbeit zu früh gemacht und die ganze Vorbereitung war für die Katz. Es ist zwar ein Beispiel für große Effizienz, ich hatte sehr viel in kurzer Zeit geschafft. Es war aber nicht effektiv und damit auch nicht produktiv. Schließlich hätte ich in der Zeit auch ein Projekt bearbeiten können, das mich wirklich vorangebracht hätte. Was können wir tun, wenn wir auf keinen Fall prokrastinieren, aber auch nicht präkrastinieren wollen?

Das Konzept, das ich dir vorstellen werde, ist das Gegenmodell zur Prokrastination. Prokrastination hat die lateinische Wortwurzel „crastinum". Das bedeutet „der morgige Tag". Prokrastinieren bedeutet also, etwas für den morgigen Tag aufzusparen. Stattdessen benötigen wir ein „Consilionieren". „Consilium" ist der Plan. Und das ist genau das, was wir brauchen: einen guten Plan, der im Einklang mit unserer Biologie steht.

Um diesen Plan zu erstellen, müssen wir uns die Frage stellen: Wann sollte ich klugerweise welche Aufgabe erledigen und wann nicht? Wann ist es zu früh, wann zu spät? Consilionieren heißt, die Tätigkeiten im Einklang mit dem zeitlichen Aufwand und mit den Anforderungen der Aufgabe selbst zu optimieren und dabei auch noch auf die eigene Biologie zu achten. Wie das wirksam funktioniert, werde ich genau erklären. Damit es funktioniert, gibt es aber noch ein paar methodische Grundlagen zu klären und zu verstehen.

Es sollte klar sein, dass das Schieben einer Level-3-Tätigkeit auf einen Tag, vor dem du schlecht geschlafen hast oder von dem du weißt, dass du am Abend vorher den Umsatz der Hersteller alkoholischer Getränke signifikant fördern wirst, nicht das Optimale ist. Und dass es Level-2- und Level-3-Arbeiten sind, die dich weiterbringen und du also oft und viel davon machen solltest, ist auch klar. Wäre es nicht schön, wenn du gerade diese Arbeiten mit massiver Produktivität erledigen könntest? Willst du gern mehr als fünfmal produktiver sein, also mehr als 500 Prozent so produktiv?

Nach dem Anfang ist vor dem Flow: Wie du fünfmal produktiver wirst

Es hört sich nach einem typischen Marketingversprechen an: „So wirst du fünfmal produktiver." In der Tat ist es ein vollmundiges Versprechen. Doch es existiert Forschung,[59] die in diese Richtung weist. Und die Höhe der behaupteten Produktivitätssteigerung wird von vielen bestätigt, die Flow selbst erlebt oder gesehen haben. Warst du schon mal im Flow? Wenn ja, dann kennst auch du diesen Produktivitätsboost bereits.

Es geht uns nun darum, diesen Flow-Zustand ganz bewusst herbeizuführen. Das Konzept geht zurück auf die bemerkenswerte Forschung von Mihály Csíkszentmihályi. Er stellte sich die Frage, warum es zu diesen Momenten während der Arbeit – oder besser, während einer Aktivität – kommt, in denen sich plötzlich alles ändert: Der Fokus verengt sich und wir sind plötzlich für einige Stunden maximal produktiv.

Ein Moment ist typisch für den Flow: Irgendwann schaust du auf die Uhr und kannst gar nicht glauben, dass so viel Zeit vergangen ist. Gleichzeitig merkst du: „Wow, ich hab richtig was geschafft!“ In diesen paar Stunden schaffen wir oft mehr als an mehreren Tagen normaler Arbeit. Am Samstag in ein paar Stunden etwas geschafft, für das du sonst einen ganzen Tag brauchst? Das ist Flow! Nutzt du im Flow mehr von deinem Gehirn? Man sollte es meinen, für mehr Leistung muss ich doch mehr Gehirn nutzen. Richtig? Falsch. Das Gegenteil ist der Fall: Im Flow schalten sich zentrale Teile des Gehirns fast aus, einschließlich wesentlicher Teile des präfrontalen Kortex. Dieser Zustand wird als Transient Hypofrontality Effect[60] bezeichnet, eine zeitlich begrenzte Unteraktivität des frontalen Systems. Aber Moment, wir haben doch gesagt: „Frontales System für Erkennen, Verstehen, Bewerten und Impulshemmung“, also genau das, was wir für die Arbeit dringend brauchen. Und das Kurzzeitgedächtnis befindet sich ja auch dort. Und all das ist im Flow weniger aktiv? Wie soll das gehen, dass wir in diesem Zustand trotzdem besser arbeiten?

Diesen spannenden Widerspruch müssen wir auflösen. Denn obwohl das frontale System normalerweise wichtig ist für Erinnerung, Impulshemmung und Bewertung, ist es im Flow tatsächlich weniger aktiv. Um uns immer wieder in den Flow versetzen zu können, müssen wir verstehen, was diesen Prozess auslöst. In der Forschung wird der Flow-Zustand als Zeitraum definiert, in dem eine hochgradig trainierte – oder oft geübte – Fähigkeit, die im impliziten Wissen im limbischen System verankert ist, ohne zu starke Einmischung, aber eben doch unter aktiver Mithilfe des frontalen Systems ausgeführt wird.

Dieser Zustand der transienten Hypofrontalität ist eine notwendige Grundlage für das Erleben des Flow-Zustands, eine zeitlich begrenzte Reduktion des frontalen Systems, die eine vorübergehende

Unterdrückung der analytischen und meta-bewussten Fähigkeiten des expliziten Systems ermöglicht. Meta-Bewusstsein ist das Nachdenken darüber, wie wir nachdenken, also gerade das, was den Flow stört. Das Gehirn schaltet quasi alle Störgeräusche aus und nutzt seine Kapazität ausschließlich für die ausgeführte Aktivität. Wenn wir in den Flow-Zustand gelangen, hört das Default Mode Network auf, Einfluss zu nehmen, das frontale System wird weniger aktiv genutzt und nur noch für die Bereiche eingesetzt, in denen wir es zur Aufmerksamkeitssteuerung und Kognition benötigen. Wir denken weniger darüber nach, was wir gerade denken oder tun. Wir denken weniger darüber nach, was Leute darüber denken würden. Stattdessen tun wir es einfach. Und etwas tun macht produktiv! Gleichzeitig werden gewohnte, erprobte Routinen und Muster abgerufen, um das gesamte System, das im limbischen System angelegt ist, effektiv zu nutzen. Alles, was gelernt ist, kann in diesem Moment also abgerufen und produktiv zum Einsatz gebracht werden.

Flow-Breaker: Warum der Flow floppt

Wir wollen in den Flow kommen. Doch bevor wir uns damit beschäftigen, wie uns das gelingt, ist eines noch wichtiger, nämlich möglichst alles auszuschalten, was dafür sorgen könnte, dass wir gar nicht erst in den Flow kommen können. Neben dem Energiemanagement, das die Wahrscheinlichkeit für Flow erhöht, gilt es also zuerst, mögliche Flow-Breaker zu erkennen und zu vermeiden.

Flow-Breaker 1 und 2: Über- und Unter-Erregung

Es geht um die Frage, was Stress neurophysiologisch mit uns macht. Stress beeinflusst sehr stark unsere Leistungsfähigkeit. Um den Zusammenhang zu veranschaulichen, betrachten wir ein Diagramm, in dem wir unser Stresslevel mit der Leistungsfähigkeit des Gehirns in Verbindung bringen. Der Bogen zeichnet unsere kognitive Leistungsfähigkeit nach (siehe Seite 132, Abb. 19).

Wir können den Bogen auch als „umgekehrtes U“ betrachten, so wie es die Neurowissenschaftlerin Amy Arnsten getan hat, die das Konzept des umgekehrten U, auch bekannt als das Yerkes-Dodson-Gesetz, neurowissenschaftlich untersucht hat.[61] Es ist eine psychologische Theorie, die die Beziehung zwischen neuronaler Aktivität und kognitiver Leistung beschreibt und die von Arnsten, bei der ich in meinem Studium der angewandten Neuroscience Vorlesungen hatte, neurobiologisch bestätigt wurde. Das umgekehrte U besagt, dass mit steigendem Erregungsniveau auch die Leistung zunimmt ... bis zu einem bestimmten Punkt. Über diesen Punkt hinaus kann eine weitere Erhöhung des Erregungsniveaus zu einer Verringerung der Leistung führen. Das optimale Erregungsniveau variiert je nach Aufgabe und Individuum. Arnstens Forschung hat gezeigt, dass es ein optimales Niveau an neuronaler Aktivität gibt, das zu optimaler kognitiver Leistung führt, und dass sowohl zu wenig als auch zu viel neuronale Aktivität zu einer Verringerung der Leistung führen können.

Bei maximalem Stress wird nämlich das frontale System ausgeschaltet, was dazu führt, dass wir nur noch in Routinen beziehungsweise in den 4F handeln. Bei extremem Stress sind wir ganz unten rechts, tief in den 4F. In diesem Bereich können wir extreme Leistungsfähigkeit im physiologischen Bereich erreichen. Es ist der Modus, der es uns erlaubt, vor einem hungrigen Raubtier davonzurennen oder den Krieger aus der feindlichen Gruppe zu besiegen. Mit Denken – also mit kognitiver Leistungsfähigkeit – ist aber nicht mehr viel. Ein zeitgenössisches Beispiel ist der Blackout während einer Prüfung. In diesem Freeze-Zustand findet kaum noch bewusstes Denken statt. Auch am anderen Ende des Bogens sind wir komplett in der Routine, beispielsweise morgens, wenn wir wie ferngesteuert unseren Weg zur Kaffeemaschine und dann zur Arbeit finden. Zwischen diesen beiden Polen liegt dein Optimum. Dort *kann* der Flow beginnen. Alle Bedingungen sind erfüllt. Das heißt aber leider nicht, dass wir automatisch in den Flow kommen, auch wenn die Wahrscheinlichkeit hoch ist.

Abb. 19 **Das umgekehrte U**

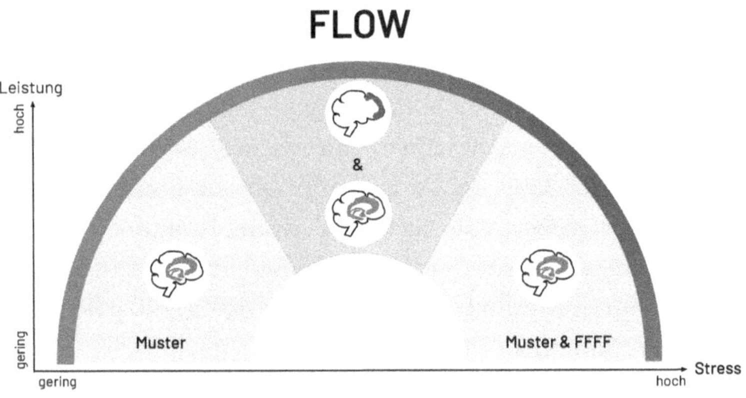

Quelle: Eigene Darstellung in Anlehnung an Yerkes, R. M. & Dodson, J. D. (1908). The Relation of Strength of Stimulus to Rapidity of Habit Formation. *Journal of Comparative Neurology & Psychology, 18*, 459–482. https://doi.org/10.1002/cne.920180503

Im Idealfall schaltet sich irgendwann in einer Phase des moderaten Stresses das frontale System zum ersten Mal ein und sorgt dafür, dass du etwas tust. Zu viel Stress führt allerdings dazu, dass du in den Freeze-Modus gerätst und nichts Kognitives mehr passiert.

Mihály Csíkszentmihályi hat definiert, dass es irgendwo zwischen „Ich habe das im Griff" und „Wow, das könnte übel werden" passiert. Irgendwo dort passiert der Flow-Moment. Es ist der Punkt, an dem du denkst: „Ich habe es immer noch unter Kontrolle." Du weißt genau, dass du die Präsentation für die nächste Woche noch super hinbekommen wirst. Aber kurz dahinter geht es wieder abwärts. Der Stress fühlt sich jetzt schon unangenehmer an: „Wenn ich Glück habe, wird das gerade noch so funktionieren." Darauf folgt dann: „Mist, Mist, Mist, das geht schief, das geht schief." Und ganz unten rechts ist der Moment, wo nichts mehr geht.

Der dunkelgrau unterlegte Bereich, in dem wir moderaten Stress haben, ist der typische Bereich, wo Flow überhaupt erst im Gehirn entstehen kann. Er beginnt oft in der Stimmung von Grundruhe und Basiszuversicht, aber doch aktiviert mit dem Gefühl, dass es nun wirklich nötig ist, an das Thema ranzugehen, und beide neuronale Systeme arbeiten direkt mit. Wenn das frontale System im Transient Hypofrontality Effect nun ein wenig Ruhe gibt und die Störgedanken keine Rolle spielen, geht es wahrscheinlich schon von ganz allein in den Flow.

Flow ist also in der Zone zwischen beginnender Überforderung und beginnender Unterforderung angesiedelt. In dieser Zone wird deine Produktivität und Aktivität von beiden Hirnregionen gleichzeitig moderiert. Das frontale System arbeitet mit dem limbischen System zusammen und alles, was es gewohnheitsmäßig machen kann, wird auch gewohnheitsmäßig gemacht. Das frontale System hält die Aufmerksamkeit hoch und steuert nach. Das Default Network, das uns gern ablenkt, gibt nun Ruhe. Auch die für das Zeitgefühl zuständigen Regionen reduzieren langsam die Aktivität und ebnen den Weg für den Flow. In diesem Moment des Flows kommt das limbische System mit routinierten Tätigkeiten deinem frontalen System bei der Informationsverarbeitung zu Hilfe, du kommst ins Handeln, ein Schritt ergibt den nächsten und es läuft. Das gilt für Flow bei kognitiven Aufgaben, beim handwerklichen Arbeiten oder beim Sport. Dieser Prozess verläuft bei allen Tätigkeiten gleich.

Flow führt aber nicht nur zu höherer Produktivität und schnellerem Lernen, sondern auch zu mehr Kreativität. Menschen, die gerade Flow erlebt haben, sind auch nach dem Flow noch tagelang kreativer und können Probleme besser lösen. Deshalb ist Flow ein für die Produktivität unglaublich zentraler Zustand und es ist faszinierend, ihn im Gehirn zu betrachten. Denn dabei wird ein ganzer Cocktail an Transmittern ausgeschüttet, die den Flow-Prozess aufrechterhalten und gestalten, zum Beispiel Anandamide und Endorphine, die als Glückshormone wirken und auch Schmerzen lindern, ähnlich wie THC, das an Neuronen andockt und die Mühe des Arbeitens reduziert. Das heißt, wir sind im Flow auf einer kleinen, selbst produzierten Opiatwolke unterwegs und fühlen uns durch die Endorphine sehr glücklich. Arbeit ist nicht mehr so anstrengend, alles wird weniger mühevoll. Gleichzeitig sorgen diese Chemikalien für ein verbessertes laterales Denken, das ist die Mischung aus dem kurz erwähnten konvergenten und divergenten Denken, also in die Tiefe und gleichzeitig auch assoziierend. Problemlösung, das Out-of-the-Box-Denken und das Erkunden unkonventioneller Ideen und Lösungen werden verstärkt ermöglicht. Dann kommt Norepinephrin hinzu und sagt: „Ich bin wach, ich bin hellwach." Serotonin sagt: „Es ist so schön, alles läuft gut. Wenn einer das im Griff hat, dann ich." Mit dieser Kombination können wir, auch wenn es knifflig wird, einfach durchziehen. Und Dopamin sagt: „Es ist großartig, wenn das fertig wird, ein geiles Ergebnis wird dabei herauskommen!" Zusammen erzeugen all diese Neurotransmitter einen Flow-Moment.

Was für ein großartiger Trip, gratis und ganz ohne Nebenwirkungen, aber mit Suchtpotenzial. Wer einmal einen Flow erlebt hat, will ihn wieder erleben. Viele Menschen sind süchtig nach dem Flow, und das ist auch gut so, denn er ist vollkommen gesund.

Nun wissen wir, was die zwei ersten Flow-Breaker sind: zu wenig Stress und zu viel Stress. Wie wir das aktiv moderieren können, besprechen wir noch. Auf dich warten konkrete Methoden für das sogenannte Stress-Balancing. Und dazu kannst du mit der Flow-Induktion deine Chance weiter erhöhen, in den Flow zu kommen.

Vorher gibt es aber noch ein Problem. Es gibt etwas, das den Flow oft zerstört. Was kommt dem Flow häufig in die Quere und muss vorher geregelt werden, bevor wir überhaupt versuchen, in den Flow zu kommen?

Flow-Breaker 3: Der Flowitus interruptus

Deine Schlafqualität, Ernährung, Bewegung und deinen Tagesablauf hast du schon optimiert, damit du genügend Energie hast, um mit höherer Wahrscheinlichkeit die Arbeit erst zu beginnen und dann in den Flow zu kommen. Nun hast du angefangen zu arbeiten, der Flow setzt ein, dein Gehirn setzt alle Hebel in Bewegung … und jetzt? Jetzt kommt der Flowitus interruptus. Dahinter steckt ein echtes Produktivitätskillerphänomen, der sogenannte Sägezahneffekt, der an sich schon schlimm ist. Wenn er den Flow abwürgt, ist das noch ärgerlicher. Diesen Effekt möchte ich dir kurz erklären.

Abb. 20 **Der Sägezahneffekt**

Konzentration und Ablenkung

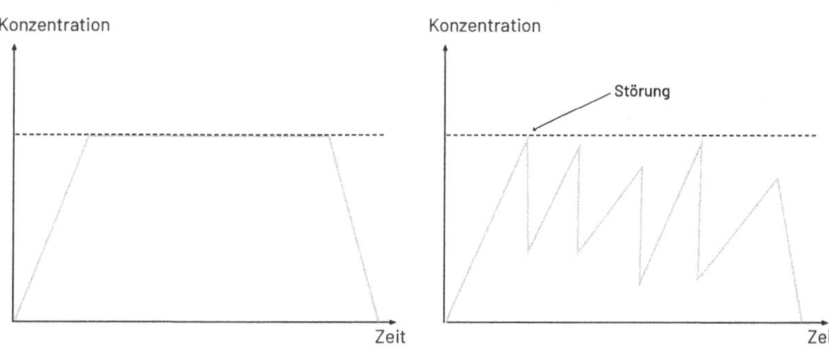

Quelle: VANTISGO (2024)

Die Zeitschiene zeigt, wie konzentriert du bist und wie sehr deine Aufmerksamkeit auf das Thema gerichtet ist. In der Fachsprache spricht man von der Attention Density, also der Aufmerksamkeitsdichte. Je höher die Aufmerksamkeit und je länger sie gehalten wird, desto fokussierter bist du. Nach einer längeren Zeit kommst du schließlich in den Flow-Zustand und hast noch mehr Aufmerksamkeit, Konzentration und Fokus. Doch wenn du gerade anfängst und dein Gehirn merkt, dass du in der Konzentration bist, und dann das Telefon klingelt, brauchst du bis zu 15 Minuten, um wieder in die Konzentration zu kommen. Und wenn du gerade wieder drin bist, kommt der Nächste zur Tür herein und du brauchst wieder Zeit, um dich zu konzentrieren. Das führt zu einem Sägezahneffekt, der deine produktive Leistungsfähigkeit einschränkt.

Wenn du Ablenkungen vermeidest und dich auf den Einstieg in den Flow konzentrierst, eröffnet sich ein riesiges Feld an Produktivität und Konzentration. Du kannst in kurzer Zeit eine Menge erreichen, wenn du dich auf eine Aufgabe konzentrierst. Nehmen wir an, du hast eine Aufgabe, die zwei Stunden konzentrierte Arbeit erfordert, und du hast einen Konzentrationsslot von knapp über zwei Stunden dafür reserviert. Mit ein bisschen Vorbereitung und dem schnellen Einstieg in die volle Konzentration gehst du die Aufgabe an und kannst sie gut komplett abarbeiten (siehe Abb. 20, linke Seite).

Wenn du aber stattdessen wegen mehrerer Ablenkungen und der nach den Ablenkungen nötigen Zeit, um wieder in die Konzentration zu kommen, in den gut zwei Stunden hier zehn Minuten, da zehn Minuten und da noch einmal zehn Minuten fokussiert arbeitest, kommst du in der Zeit nur auf insgesamt 30 Minuten Fokus. Wenn es so weitergeht, brauchst du vier solcher 2-Stunden-Slots, in denen du jeweils nur 30 Minuten ohne Störungen fokussiert bist – eine massiv reduzierte Produktivität.

Außerdem kann unter diesen Umständen Flow erst gar nicht entstehen. Flow, der dich fünfmal so produktiv machen könnte, würde bedeuten, dass du sogar sehr viel weniger als die geplanten zwei Stunden benötigst. Du arbeitest dann einfach weiter und erledigst gleich auch noch die nächsten Aufgaben in den zwei Stunden. Denk daran: Was du in zwei Stunden Flow schaffst, dauert auch mal gern bis zu zehn Stunden.

Leider gibt es Menschen, die an einem Arbeitstag nicht länger als 20 Minuten konzentriert arbeiten. Das ist nicht schön und auch nicht produktiv. Die ständigen Ablenkungen haben auch Auswirkungen auf dein Selbstwirksamkeitsgefühl: Hast du mehrfach erlebt, dass auch anstrengende und große Aufgaben im Flow ganz flott erledigt sind, entwickelst du eine höhere, positive Wirksamkeitswahrnehmung. Und damit entsteht eine größere Neigung, die nächste Aufgabe auch schnell anzugehen – und das brauchst du, um dich besser zu konzentrieren und wieder schneller in den Flow zu kommen. Es ist ein Virtuous Cycle, also ein umgekehrter Teufelskreis.

Schauen wir dazu wieder ins Gehirn und verabschieden uns von einem populären Hirnmythos: der Frage, ob jemand Left-Brained oder Right-Brained ist. Die Idee dahinter ist, dass die eine Gehirnhälfte für Sprache, Lesen, Vernunft und rationales Denken und die andere für Visuelles, Kreatives und so weiter steht. Diese Unterscheidung zwischen linker und rechter Gehirnhälfte ist Unsinn beziehungsweise eine eklatante Überinterpretation einer Split-Brain-Studie von Roger Sperry und Michael Gazzaniga aus dem Jahr 1967, an der nur zehn Probanden mit komplexen Erkrankungen teilgenommen haben. In Wahrheit sind beide Gehirnhälften für Kreativität und Sprache gleichermaßen wichtig, die messbaren Unterschiede sind meiner Meinung nach winzig.

Der eigentliche Unterschied liegt in der Fokussierung, wie der Psychiater und Neurowissenschaftler Iain McGilchrist ausführt.[62] Die linke Gehirnhälfte konzentriert sich auf die aktuelle Aufgabe, während die rechte Gehirnhälfte die Umgebung beobachtet und auf mögliche Gefahren achtet. Das ist einer der Gründe, warum du dich im Café gern auf einen Stuhl mit dem Rücken zur Wand setzt. Deine rechte Gehirnhälfte kann sich dann ein wenig entspannen: „Von hinten kommt keiner, ich muss weniger Umgebungsmonitoring machen." Die Kernidee dahinter ist, dass dein Gehirn systematisch nach Ablenkungen beziehungsweise Gefahren sucht. Je unsicherer du dich fühlst, desto intensiver scannt dein Gehirn. Und umgekehrt herrscht Ruhe, wenn du sicher bist.

Typischerweise gibt es in der Phase zwischen „Ich beginne eine Tätigkeit" und „Ich bin im Flow" eine Phase, in der dein Gehirn systematisch nach Ablenkungen beziehungsweise Gefahren sucht. Meiner Meinung nach – das ist aber bisher nur eine Hypothese – nach externen *und* internen. Eine externe ist der Löwe. Interner

Natur sind selbstkritische Fragen wie „Bin ich gut genug dafür?", „Wird mir das gelingen?" oder „Was werden die anderen sagen?". Du solltest diese Ablenkungen loslassen und immer wieder im Fokus mit der linken Gehirnhälfte auf dem eigentlichen Thema bleiben. Gefahren sollten keine drohen.

Wenn du also einen Flow als komplexen neurochemischen Prozess nicht stören, sondern erhalten willst, dann vermeide bitte alle Ablenkungen und mache es deinem Kopf leicht.

Flow als Superhebel

Wenn ein Flow dich so produktiv macht, dass du an einem Tag mit der fünffachen Produktivität das wegarbeiten kannst, was du sonst in einer Woche schaffst, sollten wir viel häufiger einen Flow haben. Dabei geht es nicht darum, dass du jede Konzentrationsphase in einen Flow verwandeln musst; das wäre übertrieben. Es geht stattdessen um die Frage, für welche Produktivitätsdosierung du dich entscheidest. Du kannst dir dein Produktivitätsprofil ansehen und sagen: Diese Woche mache ich vier Flows, die mache ich am Donnerstag und Freitag und achte deshalb auf besonders gutes Energiemanagement schon ab Mittwoch, indem ich gut schlafe und mich gut ernähre. Habe ich diese vier Flows zu vielleicht jeweils zweieinhalb Stunden, bin ich auf einem Produktivitätslevel, das locker meinen Wochenanspruch übererfüllt. Dann kann ich die restlichen Tage entspannt schleifen lassen, mich auch mal ausruhen oder mich auf Abarbeiten und Meetings konzentrieren.

In der Vorbereitung für dieses Buch habe ich mich ein paar Mal um 22 Uhr hingesetzt und erst um 2:30 Uhr aufgehört, deutlich nach meiner Schlafphase. Eine halbe Stunde brauchte ich noch zum Einschlafen. Am nächsten Morgen musste ich einigermaßen früh raus, die Kids mussten in die Kita, ich war der Chauffeur. So habe ich mir zwar die Konzentrationszyklen am nächsten Tag zerstört und brauchte gar nicht mit einem Flow zu rechnen. Dafür hatte ich aber einen 4-Stunden-Flow, der gesessen hat – der es wert war, auf die Flows am nächsten Tag zu verzichten und stattdessen nur abzuarbeiten. Das war okay, denn es standen ganz viele kleine Level-1-To-dos an. Und so hat die Realität den Plan optimiert.

Damit haben wir den ersten und fundamentalen Bereich des Puzzles der Produktivität zusammengefügt. Die Grundlage steht. Du hast ein individuelles Produktivitätsprofil mit drei Phasen täglich, in denen du auf einen Flow abzielen kannst. Wenn du dir den Abend freihalten willst, stehen zwei Phasen bestehend aus insgesamt vier Stunden zur freien Disposition. Wenn du es an vier Tagen schaffst, den Flow zweimal mitzunehmen, dann hast du bereits 16 Stunden Flow. Da du in dieser Zeit eine bis zu fünffache Produktivität erreichen kannst, entspricht das etwa 80 Stunden Arbeit. Vielleicht machst du noch eine Stunde E-Mails und Telefonate am Tag. Oder du entscheidest dich, weiterzuarbeiten. In dem Fall bist du um ein Vielfaches produktiver. Vielleicht schaffst du noch ein paar mehr Flows oder verlängerst die Flow-Phasen. Dann schaffst du in einer Woche das Äquivalent von über 100 „herkömmlichen" Arbeitsstunden, ohne dich zu überarbeiten. Siehst du, was für ein Hebel das ist? Arbeite smart, nicht hart, sagte der „Fernsehphilosoph" Dr. House.

BioTimeBoxing ist ein völlig anderer Ansatz als alle, die du bisher genutzt hast. Denn normalerweise teilen wir unsere Arbeitsphasen eben nicht nach unserem Biorhythmus ein, sondern anhand der Strukturierung, die Arbeitszeiten und diverse Öffnungszeiten – ob Kantine oder Supermarkt oder KITA – vorgeben.

Die meisten Menschen erledigen im Büro erst einmal für ein oder zwei Stunden Level-1-Aufgaben, bevor sie denken: „Oh, schon so spät? Ich wollte doch noch dieses wichtige Konzept vorbereiten!" Und dann geraten sie schon unter Druck. Sie schaffen es in der verbleibenden Zeit und mit ihrem aktuellen Stresslevel nicht, die wichtige Aufgabe anzugehen. Das Gehirn schreit: „Ich brauche schnell mal eine Belohnung zum Wohlfühlen! Wie wäre es mit

TikTok schauen?“ Sie denken: „Na gut, nur kurz.“ Dann schauen sie auf die Uhr: „Was zum ... Wo ist die Zeit geblieben? Na ja, dann gehe ich jetzt erst einmal zum Mittagessen.“ Sie sind frustriert und essen – als Maßnahme gegen den Stress – viel zu viel und obendrauf ein Dessert, was sie so richtig müde macht. Zurück am Schreibtisch geht also erst einmal wieder nicht viel. Ein paar E-Mails. Ein paar Anrufe. Um 16 Uhr denken sie: „Hm, das Konzept schaffe ich heute sowieso nicht mehr. Ich brauche gar nicht mehr anzufangen, mache ich morgen.“ Es geht weiter mit Kleinkram bis 17 Uhr. Sie gehen nach Hause und denken an ihr morgiges Pensum und das schlappe Ergebnis des Tages und sind frustriert. Das Konzept ist immer noch nicht fertig und am nächsten Tag haben sie dann den alten und den neuen Kram auf dem Tisch.

BioTimeBoxing ist wie gesagt ein völlig anderer Ansatz. Überlege dir, welche eine Sache du in deine BioTimeBoxen einbauen kannst, um *den einen* Flow zu erreichen. Stelle sicher, dass du ihn erreichst und aus zwei oder drei Stunden das Optimum herausholst. Suche dir eine BioTimeBox, die Flow verspricht, um dort ein Fokusthema anzusiedeln, also ein Thema, das wichtig ist und erledigt werden muss. Wenn du ein M-Typ bist und um 9 Uhr Arbeitsbeginn hast, dann lege dir deine Level-3-Arbeiten nicht direkt in die Startphase, sondern beginne erst um 11 Uhr, auch wenn das deiner Intuition und deiner Sozialisation widerspricht. Beginne stattdessen konsequent mit dem Abarbeiten von Level 1 oder Level 2 und iss früh eine Kleinigkeit, damit du dein Mittagessen spät machen kannst und dir nicht mit einem Futterkoma den Flow verdirbst. Und wenn dieses „konsequent Beginnen“, egal mit welchem Arbeitslevel, dein Problem ist, bist du in diesem Kapitel richtig. Ich erkläre dir im Folgenden, wie du ohne große Reibungsverluste in die Arbeit startest.

An dieser Stelle ist unbedingt Monotasking statt Multitasking angesagt. Mache nicht den Fehler, zu viele Aufgaben in eine BioTimeBox zu legen, weil du im Flow ja so produktiv sein wirst. Das wird schiefgehen. Ich habe im Kapitel „Logik, kluges Denken und das frontale System“ erklärt, warum das frontale System nicht mehrere Dinge gleichzeitig erledigen kann. Erinnere dich: Es kann eine Sache erledigen, dann die nächste, dann die übernächste. Multitasking bedeutet, *gegen* dein Gehirn zu arbeiten, denn es bedeutet das gleichzeitige Erledigen mehrerer Aufgaben – beziehungsweise den Versuch, mehrere Aufgaben gleichzeitig zu erledigen. Doch statt mehr Dinge in kürzerer Zeit zu erledigen, führt Multitasking dazu, dass du leichter ablenkbar bist und der Flow in weite Ferne rückt. Du bist bis zu 40 Prozent weniger produktiv. Du wirst mehr Fehler machen und mehr Zeit benötigen, um eine Sache fertigzustellen. Monotasking bedeutet, *mit* dem Gehirn zu arbeiten, indem du dich auf eine bestimmte Aufgabe konzentrierst und Unterbrechungen von vornherein ausschließt. Die positiven Effekte des Monotaskings auf deine Produktivität sind enorm, denn diese Arbeitsweise minimiert die Fehlerquote und reduziert Stress, was förderlich ist, um in den Flow zu kommen.

Damit kein Missverständnis aufkommt: Du kannst auch beim Monotasking verschiedene einzelne Aufgaben in eine TimeBox packen. In den Abarbeitungsphasen hast du vielleicht 15 kleine Tasks zu je ein paar Minuten. Oder du hast drei Themen für einen Konzentrationsslot, die du nacheinander abarbeitest. Im Monotasking arbeitest du mehrere kleine Aufgaben seriell in einer Box ab. Sie sollten zugunsten maximaler Produktivität jedoch thematisch oder vom Arbeitstyp zusammenpassen – zum Beispiel drei Brainstormings zu unterschiedlichen Themen nacheinander oder alle E-Mails zu diesem einen Thema beantworten. Das aber, nachdem du vorher die Entscheidungen getroffen hast, die du brauchst, um die E-Mails zu beantworten. Und auch die Entscheidungsphase gehört in die Box.

Thematische Blöcke kannst du also in einer BioTimeBox zusammenfassen, aber nicht Thema A, Thema 15, Thema Omega, weil dein Gehirn sich bei zu unterschiedlichen Aufgaben immer wieder neu orientieren muss, das geht auf Kosten der Effizienz.

Das Beste: Wenn du das zwei- oder dreimal gemacht und Erfolg damit gehabt hast, lernt dein Gehirn, wie großartig es ist, wenn du produktiv etwas abarbeitest oder sogar im Flow bist. Und an dieser Stelle beginnst du, eine neue Gewohnheit im Umgang mit BioTime-Boxen nachhaltig zu etablieren. Dein Gehirn lernt: „Hey, hier habe ich typischerweise Flow." Der innere Widerstand deines Gehirns gegenüber Level-3-Arbeiten sinkt. Die Neigung, diese Arbeiten zu beginnen, wird als Muster biologisch ins Gehirn implantiert. Wenn ich mich um 22 Uhr hinsetze, weiß ich, dass ich mit einer 95-prozentigen Wahrscheinlichkeit in den Flow komme, weil mein Gehirn gelernt hat, dass der passende, moderate Stresslevel zu erwarten ist, wenn ich um diese Uhrzeit noch einmal loslege.

Bei mir ist es mittlerweile eher andersherum. Mich nerven die Level-1-Tätigkeiten und manche von Level 2. Ich will nur noch Level 3, weil mich das wirklich weiterbringt. Das geht nie ganz auf, aber ich plane jede Woche lediglich ein paar Abarbeitungsboxen ein, lasse einige Aufgaben einfach weg und delegiere den Rest. Ich bearbeite dann meist nur noch anspruchsvolle Themen mit hoher Wertschöpfung und fühle mich sehr gut dabei.

Damit das klappt, brauchst du noch ein weiteres Puzzlestück. Mit diesem letzten Puzzlestück sollte es dir in den meisten Fällen gelingen, in den Flow zu kommen. Mit welchen Methoden kannst du einen Flow ganz bewusst starten? Dieser Frage widmen wir uns nun und überlegen, in welcher Umgebung dir der Flow am besten gelingt – das nennen wir Flow-Frame – und wie du zuverlässig immer leichter und somit häufiger in den Flow hineinkommst – das nennen wir Flow-Induktion. Beides funktioniert aber unterschiedlich bei verschiedenen Menschen, deswegen reden wir vorher über das, was uns als Menschen voneinander unterscheidet.

Individuelle Faktoren des Produktivmodus

Den Einfluss von Persönlichkeit entschlüsseln

Dass Menschen unterschiedlich sind, ist eine Binsenweisheit. Doch das gilt nicht nur für auf den ersten Blick ersichtliche körperliche Merkmale wie Körpergröße, Haut- oder Augenfarbe, sondern reicht viel tiefer. Wir unterscheiden uns auch in unserer Persönlichkeit. Persönlichkeit kann verstanden werden als die Neigung zu einem bestimmten Verhalten in jeder Situation und jedem Kontext. Persönlichkeit ist ein Produkt sowohl biologischer als auch von Umweltfaktoren.[63] Und das ist spannend, denn ob du eher dazu neigst, mit dem Kopf durch die Wand zu gehen, oder bei Problemen zum Rückzug tendierst, ist – auch – das Resultat anatomischer Strukturen, die das Resultat deiner genetischen Ausstattung sind. Unsere Persönlichkeitsmerkmale gelten als im Lebensverlauf sehr stabil und haben einen erheblichen Einfluss auf unser Verhalten, unsere Gedanken und unsere Emotionen.[64] Eines der am weitesten verbreiteten Persönlichkeitsmodelle in der Psychologie ist das Big-5-Modell, hinter dem ein riesiger Berg Forschung steht, was es für mich zu dem fundiertesten Modell macht, das uns zur Verfügung steht. Gemäß dem Big-5-Modell kann die Persönlichkeit durch fünf Merkmale beschrieben werden: Extraversion, Verträglichkeit, Offenheit, Gewissenhaftigkeit und Neurotizismus. Das auf dem Big-5-Modell aufbauende sogenannte „Deep O.C.E.A.N."-Modell ist noch feinmaschiger. Es basiert auf Forschung von Peterson, Quilty und DeYoung, die mit der 10-Aspect-Scale (jedes Big-5-Merkmal setzt sich aus zwei weiteren Dimensionen, die 10 Aspekte, zusammen) die Basis entwickelt haben. Deep O.C.E.A.N. nutzt diesen Forschungsstand und ist einfach anwendbar in der Praxis. Diese auf der 10-Aspect-Scale basierende Modellvariante ist im Rahmen von Forschung und Entwicklung in meiner Unternehmensgruppe entstanden und wurde dann zusammen mit Alexander Hartmann und Vanessa Buchner in ein neues Unternehmen ausgegründet, das schon Hunderte Menschen als Deep-O.C.E.A.N.-Coaches ausgebildet hat. So individuell wir erscheinen – und auch sind –, so können wir doch durch unsere unterschiedlichen Ausprägungen der zehn Dimensionen und der sich ergebenden Wechselwirkungen zwischen den Dimensionen beschrieben werden. Für dein Verständnis von Persönlichkeit ist es wichtig, dass jeder von uns durch diese zehn Dimensionen beschrieben werden kann. Es gibt niemanden auf dieser Welt, dem eine der Dimensionen fehlt. Niemand ist beispielsweise nicht gewissenhaft. Es kann jedoch sein, dass jemand eine sehr niedrige Ausprägung dieser Persönlichkeitskategorie aufweist. Es ist kein Zufall, dass ich gerade diese Kategorie als Beispiel gewählt habe, ist es doch eine Kategorie, die auf unsere Produktivität extrem großen Einfluss hat.

Es gibt Menschen, die einfach anpacken und Aufgaben ohne Zögern erledigen, selbst wenn sie gerade bei der letzten E-Mail oder dem letzten Satz angekommen sind und jemand ruft: „Essen ist fertig!" Sie antworten: „Moment, ich mache das noch schnell fertig." Auch wenn „schnell" bedeutet, dass das Essen völlig kalt ist, bis sie

„fertig“ sind. Es sind die Menschen, die nicht einfach auf dem Sofa sitzen können, wenn noch wichtige Dinge zu erledigen sind. Sie sind sehr gewissenhaft, was nichts anderes bedeutet, als dass ihnen ihr Gewissen keine Ruhe lässt, wenn sie Arbeiten und Tasks nicht oder nicht ausreichend gut erledigen. Entsprechend hoch ist ihre Arbeitsmoral. Aber sie wollen beziehungsweise wünschen sich nicht nur ein gutes Ergebnis, sie tun auch alles dafür. Das heißt, sie sind auch in ihrer Vorgehensweise entsprechend strukturiert. Wenn es um Produktivität geht, haben diese Menschen einen großen Vorteil, der sich konkret messbar in höherer „Job Performance“ niederschlägt.[65] Das scheint auf den ersten Blick unfair zu sein, denn diese Veranlagung ist wie alle anderen Persönlichkeitseigenschaften neurophysiologisch ganz tief in ihrem Gehirn verankert. Persönlichkeit ist niemals gut oder schlecht, kann aber für die einen Situationen dienlicher sein als für die anderen. Und wenn man weiß, wie man damit umgehen kann, kann jeder, egal mit welcher Persönlichkeit, sehr produktiv werden.

Wir schauen uns in diesem Kapitel vier dieser Dimensionen und einige Psychodynamiken (Effekte, die sich aus dem Zusammenspiel verschiedener Ausprägungen ergeben) genauer an, und zwar die, die ganz besonders mit deiner Produktivität zusammenhängen. Wo haben sie ihren Sitz im Gehirn, wie wirken sie sich aus und vor allem: Wie kannst du mit deiner individuellen Persönlichkeitsstruktur das Optimum erreichen?

Ordnung und Fleiß

Ordnung und Fleiß sind Teil der Gewissenhaftigkeit, der Persönlichkeitseigenschaft, die sich auf die Art und Weise bezieht, wie man in einem Arbeitsprozess vorgeht und wie lange man sich systematisch mit Themen beschäftigt.

Menschen mit hoher Ausprägung in der Dimension Fleiß haben eine starke Neigung, Aufgaben anzugehen und entsprechend sehr viel weniger Probleme mit Prokrastination.[66] Zu arbeiten und Hürden zu überwinden empfinden diese Menschen als weniger schwierig als andere, was neurophysiologische Gründe hat – das endogene Opioidsystem ist bei ihnen besonders aktiv und reduziert aktiv ihren „Schmerz“ der Mühe. Fleiß bedeutet also, hart und viel zu arbeiten, ohne dass es sich sehr mühevoll anfühlt – was natürlich eine gute Grundlage für Produktivität ist. Bei Fleiß geht es vor allem um Priorisierung, Durchhaltevermögen, Verfolgung langfristiger Ziele und kontinuierliches Dranbleiben. Fleißige Menschen haben einen stärkeren Fokus auf das Ziel und bleiben auch lange dran. Hinzu kommt eine Fokussierung auf direktes Agieren. Es fällt ihnen also besonders leicht, mit einer Arbeit zu beginnen.

Bei Ordnung geht es um Systematisierung, Terminierung, Strukturierung, Organisation und Einrichtung eines Systems. Ordnung geht außerdem einher mit einer erhöhten Wahrnehmung von Fehlern und Abweichungen in Bezug auf Regeln und Ziele. Das mögen diese Menschen nicht. Es löst bei ihnen schlechte Gefühle aus. Funfact: Das schlechte Gefühl, das sie vermeiden wollen, ist – mit hoher Wahrscheinlichkeit, aber wissenschaftlich bislang nicht voll abgesichert – Ekel. Richtig gelesen: Sie ekeln sich vor Fehlern, mangelnder Systematisierung, Abweichungen von Kategorien und Unstrukturiertheit.

Ordnung und Fleiß und in Kombination Gewissenhaftigkeit[67] heißt auch, dass Personen mit diesen Eigenschaften

1. ihre Ziele direkter und deutlicher vor Augen haben (moderiert durch den Dorsolateral Prefrontal Cortex),
2. wirksamer in der Lage sind, die Aufmerksamkeit zu steuern und sie damit länger und fokussierter auf die Sache zu richten, die zu bearbeiten ist (moderiert durch das Ventral Attention Network), und
3. schnell und akkurat sowie vor allem zielgerichtet das Denken und das mentale Vorgehen beim Bearbeiten von

Aufgaben steuern können. Sie können also den nächsten mentalen Schritt für die Bearbeitung einer Aufgabe schneller ansteuern und damit sicherer erledigen (moderiert durch das Frontoparietal Network).

Diese sowie alle anderen Persönlichkeitseigenschaften sind neurophysiologisch geprägt und finden sich in bestimmten Hirnarealen wieder, einige hatte ich genannt. Ich selber habe hohen Fleiß: 97 auf der 100er-Skala. Und das ist auch der Grund, warum ich gern, viel und oft arbeite, bis ich meine Ziele erreicht habe, zum Beispiel über sieben Jahre eine Doktorarbeit geschrieben habe und immer drangeblieben bin und jetzt mit Büchern weitermache. Denn ich habe ja neue Ziele. Bei Ordnung komme ich nur auf 20 von 100. Ich muss mich zwingen zu sortieren und zu systematisieren. Mit meiner Software für Selbstmanagement, einer Assistentin und ganz viel Mühe bekomme ich mich gut strukturiert, es ist aber immer wieder ein Arbeiten gegen die Persönlichkeit. Es funktioniert aber, denn wir können ja, wie am Anfang vorgestellt, entsprechende Muster aufbauen. Und ich habe über ein paar Erfahrungen gelernt, dass ich ohne Ordnung keine umfassenden Inhalte generieren oder ein komplexes Business steuern kann. Also habe ich mir Muster gebaut, die ich aktiv pflege.

Wenn du eher gering in Fleiß oder Ordnung – oder in beidem – ausgeprägt bist, benötigst du einen mentalen Workaround, um diesen Effekt zu erreichen. Es gilt ein passendes Muster zu bauen. Du musst nämlich die Effekte, die bei hoch ausgeprägten Menschen ganz natürlich sind, bewusst mental simulieren. Wenn die Funktion bei dir nicht serienmäßig verbaut ist, darfst du dir dieses Denken und Verhalten als Sonderausstattung nachrüsten. Je nachdem, wo deine Ausprägungen liegen, darfst du einen entsprechenden Ansatz wählen und bewusst üben und lernen. Bau dir also ein Muster.

Wenn du gering in Fleiß bist, hilft dir:

1 ein schneller Einstieg in den Flow, weil dann auch die Mühe weicht. Dieser Tipp ist im BioTimeBoxing bereits eingebaut und hilft ebenfalls denen mit hoher Ordnung und Fleiß. Je geringer du in Gewissenhaftigkeit ausgeprägt bist, desto mehr solltest du den Flow-Frame und die Flow-Induktion nutzen.
2 die schon genannte Gewohnheit, Dinge schnell anzufangen und gerade dann durchzuziehen, wenn es mühsamer wird. Übe, an Dingen dranzubleiben und diese fertig zu machen. Lerne das Gefühl kennen, das du hast, wenn etwas anstrengender wird und du dazu neigst, eine Aufgabe mittendrin abzubrechen. Wenn du es dann in Zukunft immer wieder erlebst, probiere bewusst, die Aufmerksamkeit von dem Gefühl auf den nächsten Schritt der Arbeit zu lenken.
3 eine Vision oder ein starkes Ziel, das du mit der Aufgabe verbindest und das du dir regelmäßig vor und bei der Arbeit vor Augen führst. Versuche immer, dich an deine Ziele zu erinnern, wenn du abzudriften drohst. Wofür ist es gut, wenn du jetzt weiter dranbleibst?

Um den dritten Punkt für dich umzusetzen, kann es nötig sein, dass du einen Extrafokus auf das Visualisieren des Ergebnisses deiner Arbeit legst. Stelle dir vor, was ist, wenn die Arbeit erledigt ist. Was sind die positiven Auswirkungen davon, dass die Arbeit fertig ist? Kannst du deine Zeit etwas anderem widmen? Kannst du früher nach Hause zu deiner Familie? Wird es zu deiner Karriere beitragen? Wenn ja, was wird das Ergebnis dieser Karriere sein? Was willst du dir leisten?

Schließe deine Augen und atme ein paar Mal tief ein, um deinen Körper zu entspannen und deinen Geist zu beruhigen. Stell dir vor, wie du dein Arbeitsprojekt oder deine Aufgabe erfolgreich abschließt. Nutze deine Sinne, um das Ergebnis so lebhaft wie möglich zu visualisieren. Sieh es, höre es, fühle es und stelle dir alle anderen

Empfindungen vor, die damit einhergehen. Bleibe für einige Augenblicke bei diesem Bild und tauche vollständig in die Erfahrung ein. Beachte, wie gut es sich anfühlt, Erfolg zu haben, und mache dir eine mentale Notiz von dieser Empfindung. Überlege dir: „Was ist geil, wenn ich fertig bin?" „Was ist dann besser?" Diese Ergebnisse musst du visualisieren und dich regelmäßig daran erinnern, um dich zu aktivieren und in die Tätigkeit zu kommen. Was dir hier vielleicht noch unklar ist, wird spätestens im Abschnitt „Wofür das Ganze?" deutlich. Und wenn du jetzt merkst, dass das gar nicht so einfach ist, dann ist der nächste Teil des Buches über Motivation genau das Richtige für dich und sehr wichtig für Menschen mit weniger Fleiß.

Wenn du deinen Bedarf eher im Bereich Ordnung siehst, kannst du in zwei Bereichen Gewohnheiten aufbauen:

1 Es gilt beim Bearbeiten von Aufgaben Methoden zu verwenden, die systematisch zum Erfolg führen, und diese bewusst immer wieder zu nutzen.
2 Für das Sortieren der Aufgaben gilt es Systeme (ich nenne alle zusammen das Produktivitätssystem) zu bauen, die dir Übersicht, Sortierung und Struktur geben. Jeder kennt To-do-Listen, die dafür sorgen, dass du weißt, was du tun sollst.

Schauen wir uns beide Felder einmal genauer an. Beginnen wir mit dem Bau des Systems. Für alle gilt: je weniger Ordnung, desto wichtiger! Stell dir zuerst die Frage, was die kommende Woche passieren muss, damit du bei den wichtigen Themen wirklich vorankommst. Vielleicht hast du sogar Jahresziele oder eine große Vision, die du bei der Überlegung berücksichtigen kannst. Dann die Frage: Was muss passieren, damit du in der kommenden Woche mit deiner Leistung wirklich zufrieden bist und entspannt in das folgende Wochenende starten kannst? Mache eine Liste dieser Dinge. Überlege dir dann, was auf jeden Fall noch zu tun ist, damit nichts anderes schiefgeht.

Gibt es noch eine Task zu erfüllen, weil in einem wichtigen Projekt jemand anderes von deiner Zuarbeit abhängig ist? Ich mache meine Liste gern in einem Tool namens Asana, einem Arbeitsmanagementsystem, das ich mit dem ganzen Team nutzen kann. Dann überlege ich mir, welche Aufgabe einen Flow verdient hat und welche nur abzuarbeiten ist. Dann habe ich pro Tag eine Liste mit den zwei Flow-Themen. Ich plane immer nur zwei Flows pro Tag über vier Tage die Woche ein, ein möglicher dritter Flow und ein weiterer Tag ist Backup. Alle abzuarbeitenden Aufgaben lasse ich nach Wichtigkeit sortiert und mit dem Datum der spätesten Erledigung versehen in der Liste. Mit diesem Plan steige ich in die Woche ein, habe maximal acht Flows geplant und eine ganze Liste für die Arbeitsphasen. Damit arbeite ich erst einmal nur an Dingen, die mir wichtig sind. Zu viele bearbeiten reflexhaft alles, was reinkommt. Wenn sie das produktiv machen, sind sie in eine Falle getappt, die schon Management-Guru Peter Drucker gesehen hat: „Es gibt nichts Nutzloseres, als effizient etwas zu tun, was überhaupt nicht getan werden sollte.“ Also, vorher die Woche im BTB planen und die Boxen zuweisen.

Wenn du weißt, was zu bearbeiten ist, ist es vielleicht bei einigen Aufgaben sinnvoll, eine gute Projektplanung zu machen. Du hast ein großes Ziel auf der Liste, das du zwar angehen musst, dir ist aber nicht klar, wie? Dann gönne dir eine Fokus- plus Kreativphase mit anschließendem Abarbeiten, um die wichtigen Meilensteine und Arbeitspakete zu planen und sie dann wöchentlich in deine BTB-Planung einfließen zu lassen. So sorgst du dafür, dass die wöchentlichen Schritte auch nach Monaten oder Jahren der Bearbeitung zum gewünschten Ergebnis führen.

Ob du mit oder ohne technische Hilfsmittel wie zum Beispiel Asana, Wunderlist oder Trello-Board unterwegs bist oder ob du eine To-do-Liste auf gelben Zetteln auf dem Schreibtisch hast, ist egal. Achte aber darauf, dass du nicht zu viel Zeit mit deinem Board verschwendest, indem du Kärtchen sinnlos hin und her schiebst und erst einmal stundenlang das Design anpasst. Denn wenn man nicht aufpasst, laden diese Boards zum Prokrastinieren ein. Und auch eine To-do-Liste kann man übertreiben. Ich habe einmal mit jemandem zusammengearbeitet, der als ersten Punkt stets „To-do-Liste aktualisieren" auf seiner Liste stehen hatte und mehr Zeit für das Füllen und Sortieren der Liste als das eigentliche Abarbeiten eingeplant hatte. Das ist nicht klug, wenn du produktiv sein willst. Es geht am Ende darum, dass du deine BioTimeBoxen für Dinge verplanst, die wirklich wichtig sind und die dich deinen Zielen näherbringen.

Der erste Aspekt setzt nur da an, wo du ordentlich und systematisch sein musst, wenn du beispielsweise umfangreichere Arbeiten zu erledigen hast:

- immer gleiches Vorgehen/Methodentreue, zum Beispiel Brainstorming machen, wenn man ein Brainstorming-Ergebnis braucht;
- Wirksamkeit in der Methode finden und darauf vertrauen;
- innerhalb der Methode sauber abarbeiten;
- Aufgaben immer systematisch bearbeiten, also sich zuerst die Frage stellen, worum es geht, um dann die richtige Methode auszuwählen.

Wenn du einmal im Flow bist, spielt die Persönlichkeit höchstwahrscheinlich eine geringere Rolle. Um jedoch überhaupt gut und schnell in den Flow zu gleiten, solltest du ermitteln, wo du in Bezug auf Ordnung und Fleiß stehst und welche Bereiche du bewusst optimieren solltest. Benötigst du eine Investition in Fleiß, um schneller zu beginnen und systematischer zu arbeiten? Oder benötigst du Routinen, um Ordnung zu schaffen, wie beispielsweise eine To-do-Liste oder eine verbindliche Zeitplanung?

Diese Fragen musst du dir ehrlich beantworten: Wie tickst du und was brauchst du? Ich zum Beispiel, der Defizite in Sachen Ordnung hat, habe mir zur Gewohnheit gemacht, mit einer To-do-Liste zu arbeiten und die einzelnen Tasks auf meine BioTimeBoxen aufzuteilen. Außerdem darf ich keine zu komplexen Tasks beginnen, da ich diese erfahrungsgemäß nicht durchhalte, weil ich mich in den Details und Vernetzungen verliere. Ich muss ein Projekt zunächst intellektuell durchschauen, in kleine Happen zerteilen und diese einzeln abarbeiten. Also zerlege ich große Arbeitsschritte immer in mehrere kleinere Schritte. Ich brauche eine sehr einfache, pragmatische und strukturierte Liste von To-dos, aus der ich mir die Level-3-Tätigkeiten aussuchen kann, die ich an einem bestimmten Tag angehen möchte, und in der außerdem die Tasks aufgeführt sind, die ich daneben abarbeiten könnte.

Wenn es dir also an Ordnung mangelt, dann baue dir ein für dich passendes Produktivitätssystem und nutze immer wieder die passenden Methoden, bis du gewohnheitsmäßig auf sie zurückgreifst. Wenn dein Fleiß geringer ausgeprägt ist, sind deine Hauptaufgaben, Gewohnheiten zu entwickeln, die dich überhaupt in die Arbeit bringen, schnell in den Flow zu kommen und dir das Ziel hinter der Aufgabe immer wieder vor Augen zu führen sowie dich ständig an deine Vision zu erinnern. Frage dich: „Was ist geil, wenn ich es gemacht habe? Was habe ich davon und inwiefern wird mein Leben besser, wenn ich diese Aufgabe erledige?"

Wenn es dir schwerfällt, dich selbst in dieser Hinsicht einzuschätzen, oder dein Interesse daran, deine eigene Persönlichkeit besser zu verstehen, geweckt ist, findest du mehr Informationen zum Deep-O.C.E.A.N.-Modell auf der Website des Instituts unter deep-ocean.com. Dort kannst du auch noch die anderen Aspekte kennenlernen und auch den Test machen! Einen weiteren Blick auf das Modell werfen wir hier aber auch noch.

Extraversion und Neurotizismus

Ordnung und Fleiß, die Elemente der Persönlichkeitseigenschaft Gewissenhaftigkeit, sind die beiden wichtigsten Persönlichkeitsdimensionen für die Produktivität. Wir müssen aber noch auf zwei weitere Domänen eingehen, nämlich Neurotizismus und Extraversion. Beide spielen eine wichtige Rolle, wenn es darum geht, ein stabiles Leistungsniveau langfristig aufrechterhalten zu können.

Wenn du dich an die Methode dieses Buches hältst, wirst du immer schnellere Wege in eine mühelose Produktivität finden. Am leichtesten wird dir das unter den Idealbedingungen gelingen, die wir gleich im Detail durchgehen. Das werden die Phasen sein, wenn ohnehin gerade alles läuft, du also im Pleasure-Modus arbeitest. Doch was wirst du tun, wenn Rückschläge kommen? Was tust du, wenn es dir gerade nicht so gut geht, wenn du dir Sorgen machst und unter Druck stehst? Genau das sind die Momente, in denen dir die Tipps aus diesem Buch besonders helfen werden.

Um auf Rückschläge vorbereitet zu sein, ist die Antwort auf die Frage wichtig, wie du gewinnbringend mit negativen Momenten umgehst. Dieses Thema wird uns vor allem im nächsten Kapitel beschäftigen. Eine kurze Orientierung über Extraversion und Neurotizismus ist dafür nützlich.

Bei Extraversion geht es im Gehirn vor allem um Belohnungserwartung. Sie bedeutet eine hohe Sensitivität für erwartete Belohnungen und gleichzeitig eine geringe Sensitivität für etwaige Risiken. Extraversion lässt sich in zwei Unterpunkte unterteilen: Enthusiasmus, also spontane Begeisterungsfähigkeit, und Dominanz, nach dem Motto: Wenn ich es will, dann kriege ich es auch.

Der Enthusiast ist überall dabei, ist schnell begeistert. „Ich will es! … Was ist es eigentlich?“ ist das Motto. Soziale Interaktionen laden ihn mit positiver Energie auf. Der Dominante hat eine Tendenz zum Tatendrang, baut gern sozialen Status auf, nicht zuletzt, um dann die Führung zu übernehmen, und hat einen Hang zur Priorisierung seiner persönlichen Bedürfnisse. Beide Phänomene, Enthusiasmus und Dominanz, haben viel damit zu tun, wie wir in Bezug auf Produktivität ticken. Eine enthusiastische Person legt gern einfach los, auch wenn gerade nicht die beste Zeit dafür ist. Das hat schon was! Meine Messwerte sind in beiden Bereichen hoch, Enthusiasmus 70 von 100 und Dominanz 96 von 100. Daher kann ich aber auch aus eigener Erfahrung sagen, dass es deutliche Kehrseiten gibt. Hoher Enthusiasmus läuft immer Gefahr, etwas anzufangen, ohne sich vorher Gedanken darüber zu machen, was im Sinne eines strukturierten Ablaufs getan werden muss, um das Projekt erfolgreich zu Ende zu bringen. Beispielsweise werden Kapazitäten nicht bedacht. Wenn die Person gleichzeitig eine geringe Ausprägung von Fleiß hat, wird sie die Arbeit außerdem nach drei Stunden für die nächste tolle Idee liegen lassen. Und das ist nicht wirklich produktiv. Mich „rettet" dann großer Fleiß, ich ziehe also alles durch, was schnell zur massiven Überarbeitung führt, die aber trotzdem nicht garantiert, dass ich alles schaffe. So wird die Liste angefangener und halbfertiger Projekte immer länger – was auch keinen Spaß macht.

Bei der Dominanz geht es um den Tatendrang, um das Bedürfnis, die ganze Welt davon zu überzeugen, dass sie unbedingt bei der eigenen Idee mitmachen muss. Denn es ist die beste Idee der Welt. Ganz objektiv gesehen natürlich. Widerstände und Einwände (auch berechtigte) werden argumentativ differenziert abgewehrt, alle anderen werden überzeugt. Bis zur nächsten, dann allerbesten Idee. Manchmal ist aber die Idee in Wahrheit gar nicht so toll. Hätte man ernsthaft auf die Einwände gehört, statt sie rhetorisch auszuhebeln, hätte man das auch mitbekommen, bevor man Dutzende Stunden in einem Projekt versenkt hat. Hohe Dominanz sieht aber gern über die Einwände hinweg, denn schließlich war es ihre Idee. Was für sie gleichbedeutend ist mit: muss ja gut sein! Am Ende gibt es ohnehin nur zwei Meinungen: die eigene und die falsche! Und so habe ich in meinem Leben schon viel unsinnigen Quatsch gemacht, von dem mir alle gesagt haben, dass es nicht gehen wird. Allerdings habe ich auch schon Deals gemacht, die laut anderen gar nicht gehen konnten, und daran gut verdient.

In beiden Dimensionen ist eine zentrale Gehirnregion[68] beteiligt, nämlich der ventromediale präfrontale Kortex, der mittlere/seitlich mittlere Bereich im frontalen Kortex. Hier geht es um die mentale

Repräsentation von Belohnungen – sowohl emotionale, aber tatsächlich auch monetäre Anreize – und um den Gedanken „Das wäre so geil, wenn ich das hätte!“. Auch eine Unterstruktur des limbischen Systems spielt dabei eine Rolle, nämlich das mesolimbische System. Dieses als Belohnungserwartungssystem bekannte Set neuronaler Regionen erzeugt, vereinfacht formuliert, unter Ausschüttung von Dopamin Vorfreude. Es hat sich zudem gezeigt, dass bei höherer Extraversion und Dominanz auch eine höhere Aktivierung in den Basalganglien stattfindet. Die Basalganglien sind im limbischen System dafür zuständig, Gewohnheiten zu schaffen und zu trainieren. Gewohnheiten wie zum Beispiel: einfach mal anpacken, eine BioTimeBox nutzen, schnell in die Aufgabe hineinfinden oder einen Flow beenden, bevor er von allein endet. Je höher dein Enthusiasmus und deine Dominanz ausgeprägt sind, desto leichter fällt es dir wahrscheinlich, neue Gewohnheiten zu etablieren. Wenn du aber gleichzeitig gering in Fleiß bist, hältst du gar nicht so lange durch, bis sich eine ordentliche synaptische Würstchenkette bilden kann.

An dieser Stelle wird ersichtlich, wie sich die Persönlichkeitseigenschaften gegenseitig verstärken oder neutralisieren können. In diesen Fällen, wenn sich zwischen den einzelnen Dimensionen Beziehungen bilden, die eine Tendenz zu einem bestimmten Verhalten verstärken können, sprechen wir von Psychodynamiken. Ein Bild für eine solche Psychodynamik ist zum Beispiel das sogenannte „hungrige Eichhörnchen“: Wenn du hoch in Enthusiasmus und Fleiß oder Offenheit, aber gering in Ordnung bist, arbeitest du sofort drauflos. Jede Nuss, die du findest, wird akribisch bearbeitet und versteckt, jede einzelne, Hunderte. Leider bist du aber gleichzeitig gering in Ordnung, es gibt kein System beim Verstecken der Nüsse und so richtig gut sind die Verstecke auch nicht immer. Im Winter, wenn du die Nüsse brauchst, findest du also nur ein paar wenige, weil du die besten Verstecke vergessen hast. Andere sind leer, weil du die Nuss nicht gut genug verbuddelt hast. Die Folge: Hunger! Im übertragenen Sinne bedeutet die Metapher, dass du nicht weiterkommst, obwohl du doch so vieles bearbeitet hattest. (An dieser Stelle sei erwähnt, dass mich Dr. Sebastian Striewski, seines Zeichens promovierter Biologe und Partner in meiner Unternehmensberatung, darauf hinwies, dass Eichhörnchen die allermeisten der über 10.000 Nüsse, die sie verstecken, wiederfinden.)

Wenn die Kombination aus Enthusiasmus und Dominanz – die zusammen Extraversion abbilden – auf zu geringe Ordnung und/oder geringen Fleiß trifft, erleben wir Menschen, die erstens ganz viele Sachen anfangen, zweitens allen davon erzählen und diese überzeugen wollen, nur um drittens die Projekte doch nicht über die Zeit durchzuhalten. Wichtig ist also: Wie viel Ordnung und wie viel Fleiß habe ich? Habe ich hohe Dominanz und hohen Enthusiasmus und hohen Fleiß, beginne ich es und ziehe die Sachen häufig auch durch – mache es aber unsystematisch, das hungrige Eichhörnchen eben. Und zwar so lange, bis mich etwas Neues begeistert und ich das Begonnene beiseitelege. Das sind die Menschen, die acht Bücher gleichzeitig lesen und zwölf Projekte gleichzeitig haben und gar nicht alles schaffen können, es aber trotzdem wollen und machen und strampeln. Diejenigen, die hohen Enthusiasmus, hohe Dominanz und hohe Ordnung, aber geringen Fleiß haben, wüssten genau, wie sie alles strukturieren müssten. Entweder bleiben sie aber im Planungsstadium stecken oder sie fangen gar nicht erst an.

Wenn wir auf Extraversion schauen, finden wir mit Dominanz und Enthusiasmus zwei Aktivierungshebel des mesolimbischen Belohnungserwartungssystems. Hier entsteht Motivation. Wer hoch in Enthusiasmus ist, der hat ganz viel Motivation (= Vorfreude), weil er ganz viele Sachen toll findet und sich auf diese zubewegen (= movere) will – eine Motivationsprädisposition. Ein interessantes Detail ist, dass jemand, der hoch in Enthusiasmus und Dominanz ist, auch auf einer neuronalen Ebene mehr Aktivierung des körpereigenen Opiatsystems aufweist. Es gibt körpereigene Drogen, die teilweise 100-mal stärker sind als alle Drogen, die wir kennen. Wenn du begeistert von etwas bist, schüttet dein Körper diese Drogen aus und es fällt dir leichter, die Arbeit zu erledigen. Das Gehirn sagt: Kein Problem, ich schütte Opiate aus, dann fällt dir der manchmal auch schmerzhafte Weg zur Belohnung nicht mehr so schwer. Das heißt, die Arbeit wird noch weniger mühevoll, wenn du hoch in Enthusiasmus und Dominanz bist. Du merkst, wie die Persönlichkeit den Produktivitätscocktail im Nervensystem verstärkt. In diesem Fall besteht allerdings die Gefahr, dass du auch dann Leistung erbringst, wenn du nach deinem Biorhythmus überhaupt nichts leisten solltest. Dass du Leistung erbringst, ist gut. Wenn du sie aber in den falschen Phasen erbringst, wirst du nicht in den Flow kommen, mehr Kraft brauchen als nötig, gegebenenfalls die Stabilität deines Biorhythmus gefährden. Und du könntest, wenn du das systematisch und extrem machst und dazu noch das Gefühl entwickelst, nie den eigenen Ansprüchen zu genügen, eines Tages ausbrennen. Dein eigener Enthusiasmus kann also die maximale Wirksamkeit verhindern. Diesen Fehler gilt es zu vermeiden und stattdessen die Vorteile dieser Konstellation zu nutzen.

Extraversion hat im Hinblick auf Produktivität einen hirneigenen Gegenspieler: das Stresssystem. Wenn du von deiner Persönlichkeit her eher dazu neigst, Stress und negative Emotionen zu empfinden, sagt die Persönlichkeitspsychologie, dass du einen höheren Neurotizismus hast. Diesen kann man in gewisser Hinsicht als Gegenteil der Extraversion verstehen. Extraversion handelt von positiven Emotionen (Enthusiasmus, Freude …), der Neurotizismus von negativen Emotionen (Stress, Angst …).

Die Dimension Neurotizismus beschreibt defensive Reaktionen im Hinblick auf Unsicherheit, Bedrohung, befürchtete Strafen. Ganz vereinfacht ist Extraversion der kleine, immer zuversichtliche Optimist auf deiner Schulter und Neurotizismus der meist etwas größere Pessimist auf der anderen Schulter, der grundsätzlich das Schlechteste annimmt. Und damit ist er ein echter Störfaktor, denn er kann, egal mit welchem anderen Faktor er eine Psychodynamik bildet, Produktivität zerstören, weil er ein Motivationskiller ist.

Jemand mit hoch ausgeprägtem Neurotizismus hat vor allem eine sehr empfindliche „Alarmanlage“ im Kopf. Die Schaltzentrale dieser Alarmanlage ist die Amygdala, die Emotionen wie Angst und Anspannung moderiert. Auch in anderen Bereichen herrscht hohe neuronale Aktivität: im Hippocampus, als Sitz unseres emotionalen Erfahrungsgedächtnisses, und auch im Angular Gyrus, der auf beiden Seiten hinten auf deinem Gehirn sitzt. Er ist Teil des Default Network, das wir bereits als Mitverursacher von Prokrastination identifiziert haben, und er bewirkt, dass du negative Ereignisse intensiv selbstkritisch reflektierst. Diese Hirnregion lässt dich an der Bushaltestelle oder im Auto sitzen und denken: „War ich im Meeting gut genug? Ich hätte besser sein können. Es gab schon bessere Meetings und ich hätte es noch besser machen können. Ich glaube, die Meier hat gelacht. Bestimmt über mich! Genau wie damals in der Grundschule. Ich hätte was sagen sollen ...“ Et cetera, et cetera.

Menschen mit hohem Neurotizismus wissen genau, was ich hier beschreibe, sie kennen die Momente, in denen sie nachts hochschrecken und die Grübelei über eine Situation vor zwei Wochen, vor zwei oder 20 Jahren sie nicht mehr einschlafen lässt. Auch bei geringer oder moderater Ausprägung haben wir immer die Neigung, uns mit unserer Idealvorstellung zu vergleichen. Aber was bewirkt es in deinem Gehirn, wenn du dich ständig mit deinem Idealverhalten vergleichst? Es produziert Stress. Du denkst: „War ich wieder nicht gut genug?“ Je mehr Stress du im Kopf hast, desto mehr denkst du auch antizipativ, also vorausschauend bei jeder neuen Aufgabe: „Oh Gott, vielleicht vergeige ich es wieder. Vielleicht mache ich es wieder schlecht. Das wäre wirklich blöd. Ich *bin* vermutlich blöd.“ Die Folgen: Du steigerst deinen Stress immer weiter und rutscht automatisch in die rechte Phase des umgekehrten U. Flow kannst du dann vergessen. Aus diesem Grund müssen wir uns Neurotizismus genauer ansehen und die Frage stellen, wie dein Belohnungssystem im Vergleich zu deinem Stresssystem kalibriert ist. Hast du eine hohe Extraversion? Dann empfindest du viel Belohnung, bist schnell enthusiastisch und dominant. Wenn du etwas willst, holst du es dir und überzeugst auch andere. Oder bist du eher anfällig für Stress? Stellst du dir oft Fragen wie: „Bin ich gut genug?" Bist du skeptisch und zweifelst viel? Selbst ein kleiner, neutraler Kommentar kann dich eine Nacht lang wachhalten? Dies spricht dafür, dass du hoch ausgeprägt im Bereich Neurotizismus bist.

Oder gilt beides? Du hast Phasen von Extraversion, da bist du motiviert, ziehst die Menschen mit, sie folgen dir gern ... und dann kippt es in eine Phase des Neurotizismus, wo du dich selbst und alles jemals Gemachte hinterfragst, wodurch auch deine Produktivität nahe null sinkt? Dann bist du vielleicht in beiden Domänen hoch.

Übrigens: Wenn es kein hoher Neurotizismus ist, du aber doch immer wieder emotional an die Grenzen kommst und dich selbst und deine Ergebnisse hinterfragst, könnte es noch etwas anderes sein. Wenn es so schlimm ist, dass du teilweise Alltagssachen nicht mehr hinbekommst und kaum bis gar nicht mehr aus dem Bett kommst, sollte sich ein guter Psychologe oder Psychiater das anschauen. Und zwar so bald wie möglich! Tue dir den Gefallen. Wenn du immer wieder diese nervige Dynamik erlebst, ansonsten jedoch hinreichend normal und gesund funktionierst, kann es noch eine andere Erklärung geben. Denn zusätzlich haben sich im Laufe deines Lebens im Spannungsfeld zwischen deiner Persönlichkeit und der Umwelt sogenannte Waves etabliert.

Tief im Untergrund: Waves

Waves sind erworbene Denkmuster, die immer wieder dafür sorgen, dass wir uns selbst ein Bein stellen. Es sind emotional aufgeladene Logiken, die automatisch und unbewusst in unserem Gehirn ablaufen. Ihr Einfluss auf unser Verhalten ist ähnlich komplex wie die Entstehung von Wellen in einem Ozean. Auf chaotische Art und Weise agieren unter der Oberfläche des Ozeans verschiedene Kräfte, die die Wellen auf der Oberfläche anstoßen. Alles, was wir davon beobachten können, sind die Schaumkronen, die auf dem Meer tanzen. Die Denkmuster sind vergleichbar mit den treibenden Kräften unter der Wasseroberfläche, die uns normalerweise verborgen bleiben. Unsere Denkmuster sind tief in unserem Unterbewusstsein verankert. Durch komplexe Interaktionen zwischen den Denklogiken, unserer Persönlichkeit und unserer Umwelt treten verschiedene Verhaltensmuster auf, die wir zwar beobachten können, deren Ursprung aber selten eindeutig ist. Diese Denkmuster lassen sich ähnlich wie die Ausprägungen deiner Persönlichkeit in speziellen Assessments herausarbeiten, was durch alleinige Observation und Reflexion nur sehr begrenzt möglich wäre. Naturgemäß liegt der Fokus dabei auf den dysfunktionalen Glaubenssätzen, die unsere Handlungsweise einschränken und die in den meisten Fällen eine direkte Verbindung aufweisen mit unseren persönlichen Problemen, die wir im Alltag erleben.

Die Ursprünge unserer Denkmuster liegen in unserer persönlichen Vergangenheit. Wir haben bereits über Musterbildung gesprochen. Und auch die Waves bilden sich im Laufe unserer persönlichen Entwicklung, indem wir mal ohne und mal mit verschiedenen Bezugspersonen Erfahrungen machen, die vom Gehirn als nicht optimal oder gar als schädlich bewertet werden. Diese gelernten Muster können einen prägenden Eindruck in unserer Denkweise hinterlassen und sind relativ stabil. Das Schöne ist allerdings, dass wir, wenn uns diese Muster bewusst werden, aktiv gegensteuern können. Wenn diese Muster unsere Gedankenwelt und unsere Handlungen negativ beeinflussen, haben wir durch unsere Selbstkenntnis und -achtsamkeit die Chance, die Situation neu zu bewerten und andere Schlüsse zu ziehen. Es kostet zwar eine Menge Zeit und Anstrengung, unsere Denkmuster zu verändern, führt letztlich aber dazu, dass wir unbeschwerter, zielgerichteter und mehr im Einklang mit uns selbst durchs Leben gehen.

Diesem Thema könnte und müsste man ein ganzes Buch widmen. Hier können wir nicht ins Detail gehen. Mir ist an dieser Stelle wichtig, dass du weißt, dass es das Thema gibt, damit du dir im Zweifel mit einem Profi anschauen kannst, ob es bei dir eine Rolle spielt. Die Grundregel lautet: Wenn du das System aus diesem Buch ordentlich anwendest, aber trotzdem nicht in die Produktivität kommst, lohnt sich ein Blick auf deine Waves. Nimm dir einen richtig guten Coach, das ist ein schnell gemachtes Assessment, dessen Kosten sich auch im Rahmen halten. Wenn du keinen guten Coach findest, kannst du schauen, ob es jemand im therapeutischen Bereich gibt, der sich mit der benachbarten Schematherapie nach Young auskennt.

Für dich ist hilfreich zu wissen: Die Waves sind in fünf verschiedene Domänen eingeteilt, je nachdem, welches Grundbedürfnis sie durch ein in bestimmten sozialen Situationen gezeigtes Verhalten befriedigen. Es gibt Waves in den Bereichen:

- Abgetrenntheit und Ablehnung
- Autonomie und Leistung
- Fremdbezogenheit
- Übertriebene Wachsamkeit und Gehemmtheit
- Umgang mit Begrenzungen

Innerhalb dieser Domänen ist wiederum eine unterschiedliche Anzahl von Unterdimensionen wirksam. Betrachten wir unter diesem Aspekt unser Thema Prokrastination genauer. Denn es gibt Arten von Prokrastination, die über die normale Tendenz des Gehirns, zu prokrastinieren, hinausgehen. Das frontale System anzuschalten ist schwierig. Es nervt, den Switch zu machen von Gewohnheiten in den aktiven Denkmodus. Du erinnerst dich an die zunehmend schwierigeren Rechenaufgaben? Das ist die normale, in unser Gehirn eingebaute Prokrastination. Die Tendenz, das frontale System nicht nutzen zu wollen, ist also ein Feature, kein Bug. Darüber hinaus haben es manche Menschen aber noch ein bisschen schwerer, ihre Neigung zum Prokrastinieren zu überwinden, denn es gibt verschiedene Faktoren innerhalb der Persönlichkeit, die zusätzlich auf diese ungeliebte

Neigung einzahlen können. Und das können neben den bereits erwähnten Psychodynamiken auch Waves sein.

In der Domäne „Abgetrenntheit und Ablehnung“ geht es beispielsweise um das Grundbedürfnis „Bindung“. Menschen mit Mustern in diesem Areal haben Schwierigkeiten, sichere und befriedigende Verbindungen mit anderen einzugehen. Sie haben den grundlegenden Glauben, dass ihre Bedürfnisse nach Stabilität, Sicherheit, Liebe und Zugehörigkeit nicht erfüllt werden. Eine Dimension dieser Domäne ist das „Defectiveness“ genannte Denkmuster, einfach nicht gut genug zu sein. In der Konsequenz führt dieses Muster zu einer unbewussten Vermeidungshaltung. Wer nicht beginnt, der kann auch nichts produzieren, was von anderen schlecht bewertet wird, und kann so auch nicht enttäuscht werden. Wir vermeiden auf diesem Weg, bestätigt zu bekommen, wie defekt wir sind.

In der Domäne „Autonomie und Leistung“ – hier geht es um die Fähigkeit, sich von seiner Familie abzulösen und als eigenständiger Mensch zu leben – finden wir die Dimension „Failure“, die das Gefühl beschreibt, dass *es* sowieso schiefgehen wird: „Das kann doch gar nicht klappen.“ Ebenso gibt es Waves aus den Dimensionen „Negativity“ und „Pessimism“, also Denkmuster, die alle in eine Richtung laufen: „Das wird nichts. Schon gar nicht, wenn ICH das anfange.“ Gern gehen diese Waves einher mit dem Gefühl, einer Sache nicht gewachsen zu sein. Auch Waves aus der Dimension „Unrelenting Standards“, die verbunden sind mit sehr, sehr hohen Selbstansprüchen – gut ist nicht gut genug, sondern es muss perfekt sein –, verursachen ein Extraproblem mit Prokrastination. Das Schicksal des Perfektionisten, der deswegen nicht anfängt, weil es eh nicht gut genug werden kann? Meist liegt das an einer Wave.

Ebenfalls an Waves hängen kann es, wenn du nicht delegierst. Du könntest eine Stunde mehr arbeiten und würdest in dieser Stunde 3-mal so viel verdienen, wie das dir verhasste Rasenmähen kostet. Aber du tust es nicht. Du denkst, dass andere enttäuschen werden, weil sie es nicht so gut machen wie du? Oder weil sie eines Tages nicht mehr kommen werden und dich im Stich lassen? Oder der Gedanke „Wer, denke ich, bin ich denn, dass ich mir Personal anschaffen will?“ kommt dir in den Kopf. Und das, obwohl du weißt, dass es für dich sinnvoll wäre, jemanden zum Rasenmähen, Putzen oder was auch immer zu haben. Finanziell ist es sinnvoll, in puncto Lebensqualität auch. Und trotzdem tust du es nicht ... Waves!

Wir identifizieren also insgesamt drei Ebenen, die einzeln oder in Kombination Prokrastination verstärken können. Die Basis ist die biologische Ebene, in die Prokrastination als neuronales Feature bereits eingezogen ist. Darüber ist die Persönlichkeitsebene, auf der sich durch verschiedene Psychodynamiken eine Prädisposition zur Prokrastination bilden kann. Und weil das alles noch nicht reicht, haben wir ganz oben noch eine dritte, eine erlernte Ebene, gebildet aus Glaubenssätzen und Denklogiken, die sich in prokrastinierendem Verhalten manifestieren können.

Im Idealfall hast du an dieser Stelle ein erstes Gefühl für die für dich persönlich geltenden Einflussfaktoren auf deine Produktivität entwickelt. Deine Persönlichkeit ist einmalig, deine Erfahrungen und damit deine Muster und Waves auch. Dieses Kapitel sollte keine allumfassende Diagnose sein, das kann es nicht leisten. Es sollte dir vermitteln, inwiefern deine Herausforderungen individueller Natur sind und vielleicht hast du dir ein paar Verhaltenslogiken notiert, die für dich gelten. Bist du vielleicht auch ein hungriges Eichhörnchen wie ich?

Stress-Balancing: Das eigene Stressprofil entschlüsseln

Für jeden von uns ist Stress-Balancing ein Thema, für unterschiedliche Menschen ist es aber unterschiedlich wichtig. Wie motiviert und stressanfällig wir sind, ist physiologisch in unserem Gehirn verankert. Und trotzdem sind wir keine Opfer unseres Gehirns – zumindest müssen wir keine sein. Wir können lernen, mit unseren physiologischen Vorbedingungen umzugehen. Wie das geht, werden wir uns im Folgenden anschauen.

Bevor wir tiefer in das Thema eintauchen, möchte ich dir eine Geschichte über meine gute Freundin Kiki erzählen. Kiki war eine tolle und intelligente Schülerin und hat mich insbesondere mit einer Sache sehr beeindruckt. Sie lernte bereits ab der elften Klasse regelmäßig für das Abitur, das erst nach der 13. Klasse anstand, während ich erst zwei oder drei Wochen vor der Prüfung mit dem Lernen anfing ... zumindest versuchte ich es. So richtig rund lief es nicht. Ich traf mich mit Hansi zum Lernen. Da stand ein voller Kasten Bier herum. Zumindest für eine gewisse Zeit. Dann stand da ein leerer Kasten herum. Gelernt hatten wir bis dahin nicht. Und es war dann auch weder möglich noch sinnvoll. Trotzdem hatten wir, Kiki und ich, am Ende im Schnitt fast identische Abi-Noten. Ich habe Jahre gebraucht, um zu verstehen, worin der Unterschied zwischen Kiki und mir lag. Der Schlüssel lag, glaube ich (wenn ich Kiki einmal wiedersehe, werde ich sie fragen, ob sie das auch so sieht), in unserem jeweiligen Stressprofil.

Jeder Mensch kann grundsätzlich alle Bereiche des „umgekehrten U" erleben. In den meisten Fällen ist aber jeder von uns in einem bestimmten Bereich des U unterwegs. Das heißt, wir erleben das komplette Spektrum nur in absoluten Ausnahmesituationen und bewegen uns ansonsten innerhalb eines bestimmten größeren oder kleineren Ausschnitts. Es gibt Menschen, die wie ich ticken und sich normalerweise in einem engen Bereich links vom Optimum und um das Optimum bewegen. Ich bin spät aktiviert und rutsche relativ selten nach rechts ab. Ich kann mich nicht mehr daran erinnern, wann ich das letzte Mal extremen Stress bis zum Blackout empfunden habe oder wann ich einen Konflikt hatte, der mich gelähmt hat. Gerade durch die Arbeit mit echten Härtefällen im Rahmen meines Trainingsprogramms Handling SHIT sowie die Arbeit mit Top-

Führungskräften weltweit erlebe ich immer wieder Stresssituationen, in denen es teils um die Existenz von Familienunternehmen und Millionen Euro geht. Bei den Konzernen gerate ich immer mal wieder in Haifischbecken voller Menschen mit verdeckten Agenden und es geht manchmal um Milliarden. Leichte bis starke Stressoren sind in meinem Alltag also keine Seltenheit. Dennoch erlebe ich so gut wie nie einen Blackout, kaum jemals heftige 4F-Stressreaktionen. Und das liegt nicht daran, dass ich so toll bin, sondern – neben einigem Training und dem Aufbau von Methoden, die wirklich geholfen haben – in erster Linie an meiner Biologie. Dazu zählt auch mein geringer Neurotizismus, aber auch noch viel mehr. Mein Stressprofil beschränkt sich auf einen bestimmten, relativ engen Teilbereich.

Abb. 21 **Das umgekehrte U**

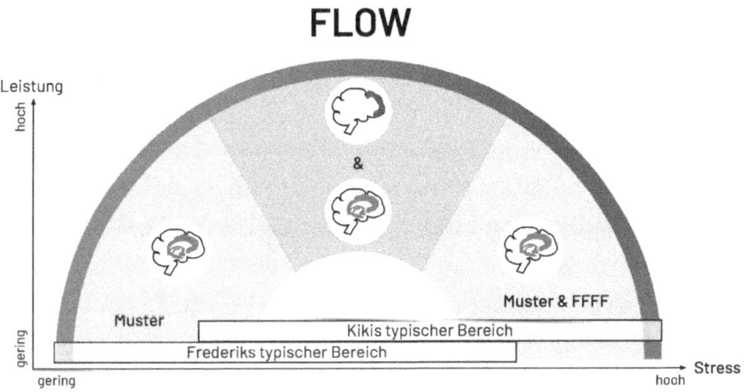

Quelle: Eigene Darstellung in Anlehnung an Yerkes, R. M. & Dodson, J. D. (1908). The Relation of Strength of Stimulus to Rapidity of Habit Formation. *Journal of Comparative Neurology & Psychology, 18*, 459–482. https://doi.org/10.1002/cne.920180503

Das hat interessante Konsequenzen, besonders im Hinblick auf Themen wie Arbeitspakete und Prokrastination. Den Stress richtig zu managen, ich nenne das gern „Dancing on the Top of the U", also „auf der Spitze des U tanzen", ist eine zentrale Fähigkeit der Produktivität.

Während ich meine Doktorarbeit schrieb, war inhaltlich schon alles fertig: Kernaussagen, Argumentationsstruktur, Quellen ... ich musste sie nur noch runterschreiben. Und genau das tat ich seit rund einem Jahr nicht. Der Grund: Ich hasse es eigentlich, zu schreiben. Ich weiß, das hört sich komisch an aus dem Mund von jemandem, der nach seiner Doktorarbeit und „Handling SHIT" nun mit diesem sein drittes Buch und dazu Dutzende Artikel veröffentlicht hat. Es ist aber so.

Ich wusste aber: Wenn ich sie nicht schreibe, bekomme ich meine Doktorarbeit nicht bewertet und das Feedback der drei Professoren war mir wichtig, ich wollte wissen, was sie zu meinen Erkenntnissen sagten. Bei meinen Artikeln und Büchern weiß ich aus dem Feedback meiner Leser, dass die Erkenntnisse vielen Menschen bei ihrem Wachstum helfen. Das macht es einfach wert, es doch zu tun. Also bin ich Autor, obwohl ich Schreiben doof finde. Wobei ich das meiste diktiere und dann ab- und schönschreiben lasse.

Ich hatte also bei meiner Doktorarbeit zwar genug zu tun und ein Ziel, aber nicht genug Stress. Bis zu dem Tag, als ich bei meinem Doktorvater, Ökonom und Philosoph Prof. Dr. Birger P. Priddat, im Büro saß. Er ist einer der klügsten Intellektuellen, denen ich je begegnet bin. Ohne steif zu sein, mit viel Offenheit im Denken und einer Didaktik, die jeden Studenten glücklich machte, weil er mit Leichtigkeit viel Substanz und kritisches Denken lehrte. Und weil er regelmäßig zum Dinner mit ein paar Flaschen Wein einlud. Gerade durch diese Nahbarkeit bei gleichzeitiger Brillanz war er jemand, der mich sehr geprägt hat. So saß ich also da. Vollmundig behauptete ich, dass ich mit den ersten Kapiteln der Doktorarbeit fast fertig sei und ich sie ihm gern in sechs Wochen schicken würde. Und weil ich gerade in Fahrt war, machte ich gleich noch einen Termin aus, um diese ersten Kapitel dann eine weitere Woche später zu besprechen. Herr Professor Priddat, wenn Sie das hier lesen: Sorry! Ich hatte außer dem Deckblatt noch nichts geschrieben. Warum also mein Versprechen? Ich *musste* mich unter Stress setzen. Ich war zu weit links im umgekehrten U und legte die Deadline so, dass ich sofort beginnen musste und die Zeit knapp war. Professor Priddat wollte ich auf keinen Fall enttäuschen. Deswegen war klar: Diese Deadline wird gehalten!

Noch am selben Abend saß ich da: „Wenn jetzt noch was schiefgeht! Du musst sofort anfangen und Gas geben. Sonst wird es gefährlich." Mit einem Flow von 22 bis 3 Uhr stieg ich noch in dieser Nacht in das Projekt „Doktorarbeit schreiben" ein. Und auf dieser Welle surfte ich dann weiter. Ich packte die Frist, gerade so, aber knapp ins Ziel ist auch drin.

Soll die Moral der Geschichte sein, dass auch du dich immer unter Stress setzen solltest? Nein, denn das nötige Stresslevel ist von Person zu Person unterschiedlich. Und auch das individuelle Motivationssystem spielt in die Frage hinein, wie und ob wir mit der Arbeit beginnen. Wie viel Stress für uns angenehm ist, was uns motiviert, ob und warum wir durchhalten, all diese Fragen müssen höchst individuell beantwortet werden. Die Antworten liegen auch in unserer Persönlichkeit. Um Antworten zu finden, dürfen wir uns diese genauer anschauen.

Kommen wir zurück zu meiner Freundin Kiki. Als wir darüber redeten, wie unsere mündlichen Teile der Abiturprüfung gelaufen waren, fand ich heraus: Als ich im moderaten bis idealen Stressmodus unterwegs war und dementsprechend Zugriff auf mein frontales System hatte, war Kiki bereits sehr weit rechts auf dem U unterwegs. Die Situation war für uns beide vergleichbar, aber sie hatte ein anderes Stressprofil und empfand die Situation als viel, viel unangenehmer. Sie erlebte schon viel früher eine Aktivierung des moderaten Stresses, aber sie ging dann in der Prüfung auch viel weiter darüber hinaus. In der Prüfung wusste ich wenig, weil ich nicht viel gelernt hatte. Ich hatte mir zum einen weniger Stress gemacht! Zum anderen wirkte der Stress, den ich hatte, gerade so, dass ich in den Flow kam. So erlaubte mir mein Stressprofil in der Prüfung den vollen Zugriff auf das Wenige, was ich gelernt hatte, sowie auf meine Fähigkeit, gut reden zu können und auch wenig

Inhalt als glorreiche Erkenntnisse zu präsentieren. Ich praktizierte im Flow eine Extremform des „sicheren Auftretens bei fast völliger Ahnungslosigkeit". Kiki hatte den Stoff komplett drauf, aber in der Prüfungssituation leider keinen vollen Zugriff und konnte ihr Wissen nicht auf die Straße bringen. Sie war im U zu weit rechts gelandet. Und das war auch der Grund dafür, dass wir am Ende beide die gleiche Note hatten. Mit meinem Stressprofil und der Gewohnheit, trotzdem so viel zu lernen, hätte sie jeden Einzelnen des Jahrgangs outperformen können. Doch auch mit ihrem Stressprofil hätte sie es wahrscheinlich geschafft, eine sehr viel bessere Note zu bekommen, wenn sie das Wissen gehabt hätte, wie sie mit ihrem Stress situativ besser hätte umgehen können. Hätte ich mir früher mehr Stress gemacht, wäre auch meine Note viel besser gewesen, dann hätte ich nicht nur ein Mittelmaß-Abi.

Die Moral der Geschichte: Wir hätten beide viel besser sein können, wenn wir gewusst hätten, wie wir – in die eine oder andere Richtung – unseren Stress moderieren können. Es ist also nicht so wichtig, wo du gerade stehst. Es geht nur darum, wie du mit deinem Stress umgehst. Und da gibt es eben nur zwei Richtungen, die wir einschlagen können. Wie können wir den Stress erhöhen, damit wir in den optimalen Bereich kommen? Oder wir müssen uns überlegen, wie wir damit umgehen, wenn es zu viel ist. Dann stellt sich die Frage, wie wir Stress so reduzieren können, dass wir wieder in den Bereich des moderaten Stresses kommen. Denn nur dann können wir das frontale System aktivieren, damit beide Systeme zusammenarbeiten und ein Flow entstehen kann.

Rein in den Stress, rein in den Flow

Nach allem, was wir bis hierhin über den Zusammenhang von Stress und Produktivität gelernt haben, ist die Frage, ob Stress gut oder schlecht ist, gar nicht mehr so leicht zu beantworten. Wir haben gelernt, dass chronischer Stress schlecht ist. Dagegen ist moderater akuter Stress vollkommen okay. Und je nachdem, in welcher Range du auf dem umgekehrten U zu Hause bist, musst du manchmal genau diesen moderaten Stress herbeiführen, um deine Produktivität anzufeuern. Moderater Stress ist nicht nur gut, sondern sogar die Voraussetzung für deinen Tanz auf der Spitze des umgekehrten U. (Vergiss bitte trotzdem nicht deine Pausenphasen, damit dein Körper sich regenerieren kann. Erinnere dich: Lernen als eine neurophysiologische Tätigkeit des Gehirns findet erst in der Pause oder im Schlaf statt. Also bitte nicht übertreiben.)

Wie schaffen wir es, auf der Spitze des umgekehrten U zu tanzen? Für manche Menschen bedeutet das, sich ganz bewusst in den Stress begeben zu müssen. Wenn du zu diesen Menschen gehörst – aber bitte auch nur dann –, überlege dir, was passieren würde, wenn du deine Tasks nicht angehst. Nutze ruhig die dramatischsten Farben, die dir zur Verfügung stehen. Was ginge schief? Wie dramatisch wäre das? Was passiert, wenn du dich komplett blamierst? Was passiert, wenn es außer Kontrolle gerät? Was ist, wenn das der Anfang davon ist, dass dir in Zukunft immer weniger gelingt? Solche „negativen" Gedanken können notwendig und funktional sein, um dich zu aktivieren und um in die Arbeit zu kommen. Das sollte auch die Frage beantworten, ob positives Denken grundsätzlich gut ist: Nein, ist es nicht. Manchmal benötigen wir das negative Denken!

Die Fragen schaffen Problembewusstsein und bringen dir damit die Stressaktivierung, die du brauchst. Wenn du dich im Default-Modus befindest und auf dem Sofa sowie auf der linken Seite des umgekehrten U herumhängst, ist es hilfreich, sich bewusst zu stressen. Gerade für Menschen wie mich, die eher mehr als weniger Stress brauchen, kann diese Schwarzmalerei ein Hebel sein, um sich zu aktivieren. Hilft dir sozialer Druck? Dann setze dir eine öffentliche Deadline, wie ich es bei Professor Priddat gemacht habe. Verkünde dein Vorhaben und melde dich zum Halbmarathon an. Wette mit deinem Partner, dass du bis Ende nächster Woche den Keller nicht nur aufgeräumt, sondern auch gestrichen haben wirst, und wette um einen relevanten Wetteinsatz, damit es dich auch wirklich stresst. Je nach Persönlichkeitsstruktur kann dies helfen, dich unter Druck zu setzen und in die Aktivität zu bringen. Konzentriere dich auf das, was dich stresst, stelle es dir vor, bis du sagst: „Jetzt packe ich es an!“ Dann ab in den Flow in der richtigen BioTime-Box. Doch Vorsicht: Diesen Tipp kennst du vielleicht auch von Social Media: Erzähle deinen Freunden von deinen Zielen und der „positive social pressure“, also der positive Druck, sorgt dafür, dass du es machst. Derart pauschal ist der Tipp aber falsch bis gefährlich. Denn er gilt nur, wenn dein Problem ist, dass du zu wenig Stress hast und ziemlich genau weißt, wie du mit der Aufgabe beginnen kannst. Bist du jemand, der sowieso schon moderaten bis hohen Stress hat und aus einem anderen Grund nicht anfängst, beispielsweise weil dir eine Wave reinfunkt, dann kann der Tipp dich sogar schädigen! Dann hast du zusätzlich zu dem Stress, der vielleicht ohnehin schon zu hoch war, noch Extrastress. Und wenn dich dein Umfeld nun langfristig im Auge hat, weil du sie darum gebeten hast, kann es chronischen Stress induzieren, der wirklich ungesund ist.

Raus aus dem Stress, rein in den Flow

Gehörst du wie Kiki zu den Menschen, die eher auf der rechten Seite des Stressprofils zu Hause sind und dementsprechend schnell auf Stressoren ansprechen? Dann ist deine Hauptaufgabe, dich immer wieder aus dem Stress herauszuziehen beziehungsweise ihn auf das gewünschte Level herunterzuregeln. Ich werde dir eine bewährte wissenschaftliche Methode vorstellen, die dir genau das ermöglicht. Die Grundlage dafür ist Achtsamkeit und/oder Meditation, und zwar als pragmatische, wissenschaftlich fundierte Anwendung. Der mentale Modus, auf den wir uns konzentrieren, ist im Gehirn einfach umzusetzen. Achtsamkeit bedeutet, sich des Entstehens und Auftretens von Gedanken, Gefühlen, Bedürfnissen, Reaktionen oder Ereignissen bewusst zu werden und sich darauf zu konzentrieren – in dem Moment, in dem es passiert.[69] Wenn du dich jetzt beispielsweise darauf konzentrierst, wie sich dein Nacken oder Bauch anfühlt, trainierst du bereits Achtsamkeit. Es ist wirklich so einfach! Dein Stress reduziert sich bereits merklich, wenn du dich nur einen kurzen Augenblick darauf konzentrierst, wie sich dein Körper im Moment anfühlt. Aber wie funktioniert diese Zauberei? Vieles an diesem Trick hat mit dem Default Mode Network zu tun, mit dem bereits erwähnten neuronalen Netzwerk, das dir bei Prokrastination Probleme bereitet, mit dem Angular Gyrus, der bei entsprechendem Neurotizismus die negativen Gedanken aufkommen lässt. Dieses Netzwerk produziert unaufhörlich Gedanken. Dagegen kannst du wenig tun, du musst es auch nicht. Aber diese Gedanken aktivieren gern Stress, ob mit oder – als antizipativer Stress – ohne äußeren Stressor, der dein Stresssystem rund um die Amygdala aktiviert. Was auch immer Stress auslöst, wir wollen ihn moderieren. Achtsamkeit bedeutet im Wesentlichen, den Fokus auf etwas anderes zu lenken als diese Gedanken oder den Stressor. Du darfst diese Gedanken, wenn sie doch hochkommen, zulassen, ohne darauf zu reagieren. Dies kannst du erreichen, indem du deine Aufmerksamkeit immer wieder auf etwas anderes konzentrierst als auf die negativen Gedanken oder den Stressor, zum Beispiel auf deinen eigenen Körper, deine Atmung, das Gehen oder deine Bewegungen.

Der erste Schritt zu mehr Achtsamkeit ist, diese Stresssignale wahrzunehmen. Es ist wichtig, dir bewusst zu werden, welche Stresssignale dein Körper dir sendet und auf welchem Level sich dein Stress befindet. Frage dich: Wo stehst du auf der umgekehrten U-Kurve?

Wir alle kennen diese Momente, in denen wir am Schreibtisch sitzen oder stehen und vollkommen verkrampft sind. Spüre es und lass dann locker. Dieses Lockerlassen passiert als Reflex ganz automatisch, sobald du deine Verkrampfung spürst statt ignorierst. Auf der körperlichen und auf der neuronalen Ebene findet ein Switch statt: raus aus dem Stresssystem, rein in mehr Fokus und Entspannung.

Um deinen Stress herunterzuregeln, hilft es außerdem, die Frage nach der Ursache deines Stresses zu beantworten: Weshalb bist du gestresst? Was macht dir gerade Stress? Bist du besorgt, dass du die Präsentation nicht rechtzeitig fertigstellen kannst oder dass du beim BioTimeBoxing scheitern könntest und nicht in den Flow kommst? Oder hast du Angst, dass dich ein Kollege bewertet beziehungsweise abwertet? Identifiziere genau, was deinen Stress verursacht. Dabei ist ein Gedanke ganz besonders wichtig: Nichts hat eine Bedeutung an sich. Wir geben allem seine Bedeutung. Der Kontext lädt dabei zwar zu einem bestimmten Erleben ein. Dennoch generieren wir unser Erleben autonom. Unsere Beziehung zum erlebten Inhalt ist bestimmend für unser Erleben. Wenn dich die Präsentation nächste Woche stresst, dann nicht, weil es die Präsentation ist, sondern weil du denkst, dass deine Leistung in der Präsentation dazu führen kann, dass die Kollegen sagen, dass du zu blöde bist. Die neutrale Präsentation wird aufgeladen mit einem: Was, wenn ich versage? Was, wenn die Leute mich doof finden? Und was, wenn das alles schiefgeht? Was wird das für mich in Zukunft bedeuten? Ist mein Arbeitsplatz noch sicher? Unser Stress liegt also nicht in der Arbeit an der Präsentation. Unser Stress liegt in der gefühlten Chance, es gründlich zu vergeigen. Deshalb bewertest du die Präsentation negativ, deshalb drückst du dich. Da wir jedoch völlig autonom in unserem Erleben sind, stellt sich die Frage: Was kannst du tun, damit diese negative Aufladung nicht stattfindet? Du könntest eine BioTimeBox mit Level-3-Arbeit nehmen, dich in den Flow begeben und ein richtig geiles Ergebnis produzieren. Diese Möglichkeit besteht ja auch: dass es richtig geil wird!

Es geht also um Umbewertung und darum, sich selbst zu sagen: „Wie geil! Ich kann die Bedeutung ändern. Ich erlebe die Präsentation als Chance, um für meine Arbeit gefeiert zu werden, für das, was ich gemacht habe." Diese Umbewertung wird deinen Stresslevel umgehend ändern. Und weil diese Art der Umbewertung für dich vielleicht ebenso neu und ungewöhnlich ist, wie sie als Werkzeug gegen Stress mächtig ist, werde ich sie dir gleich noch genauer vorstellen.

Eine weitere Möglichkeit, deinen akuten Stress zu reduzieren, ist der Einsatz von Atemtechniken. Du kannst deinen akuten Stress tatsächlich wegatmen! Alles, was du tun musst, ist, länger auszuatmen, als einzuatmen: Atme ein und zähle dabei bis vier und wenn du „komplett" eingeatmet hast, atme noch einmal stoßartig ein. Warte einen Moment, um dann durch den Mund, diesmal bis acht zählend, auszuatmen. Diese Technik setzt eine biophysiologische Kaskade in Gang, die direkt und unaufhaltsam – weil sie deiner Biologie folgt – den Stresslevel senkt.[70]

Das Zwerchfell bewegt sich nach oben, das Herz „wird kleiner", der Sinusknoten, ein kleines Herzgewebe im rechten Vorhof des Herzens, das den Herzrhythmus reguliert, registriert, dass das Blut schneller fließt, und sendet in der Folge ein Signal an das Gehirn, das Herz zu verlangsamen. Im Ergebnis erfährst du mehr Entspannung. Die Methode funktioniert übrigens auch in die andere Richtung, falls du ein bisschen Aktivierung benötigst: Wenn du länger einatmest, bewegt der Skelettmuskel das Zwerchfell nach unten, weil sich die Lungen ausdehnen. Das Herzvolumen wird größer, weil mehr Platz vorhanden ist. Dadurch zirkuliert das Blut nun langsamer. Der Sinusknoten sendet das entsprechende Signal an das Gehirn, das wiederum den Befehl gibt, dass die Herzfrequenz beschleunigt werden muss. Eigentlich musst du dir aber gar nicht so viele Gedanken machen. Jedes bewusste Atmen hilft schon ein bisschen. Nutze die Achtsamkeits- und Atemmethoden, um deinen Stress auf ein moderates Level zu bringen, um mit höherer Wahrscheinlichkeit in den Flow zu kommen.

Response-Ability

Ich möchte dir jetzt wie versprochen noch die Methode der Umbewertung mit auf den Weg geben, die dir vor allem in akuten Situationen hilft, in Momenten, in denen es nicht mehr hilft, einmal tief durchzuatmen. Es ist eine Methode, die du auch nutzen kannst, wenn du eine mentale Blockade hast und nicht weißt, wie du bei einer Aufgabe weiterkommst. Sie heißt Response-Ability, ich habe sie in meiner Doktorarbeit basierend auf der Emotion-Regulation-Theorie entwickelt und sie funktioniert in vier einfachen Schritten. Wenn du diese Methode aus „Handling SHIT" schon kennst, dann lies trotzdem weiter, denn Wiederholung festigt das Gelernte!

Mit den ersten beiden Schritten manipulieren wir mithilfe unseres frontalen Systems das limbische System und sorgen so für eine akute Stressreduktion. Dazu müssen wir unseren ventrolateralen präfrontalen Kortex ansprechen, die Region, die für unsere Impulskontrolle zuständig ist. Die nächsten beiden Schritte bleiben komplett im frontalen System und eröffnen uns unsere Handlungsoptionen. Das liest sich zugegebenermaßen erst einmal kompliziert, ist in der Durchführung aber ganz einfach.

Abb. 22 **Response-Ability**

Quelle: Hümmeke (2017/2020)

Im ersten Schritt gilt es die Emotion zu benennen. In der Fachsprache heißt das Labeling. Wie geht das? In dem Moment, wo du Stress spürst, ist es gut, zu sagen: „Boah, ich habe Stress." Du kennst deine individuellen körperlichen Stressreaktionen sicher. Vielleicht kennen dein Partner oder deine Partnerin sie noch besser, aber du kennst sie auch ziemlich gut. Was ist es bei dir? Schwitzen? Herzklopfen, Magenkrämpfe, Hautrötung? Kribbeln? Sobald du eine oder mehrere deiner Reaktionen spürst, benenne sie für dich als das, was sie sind: Stressreaktionen.

Wenn ich Keynotes gebe, sage ich manchmal aus dem Nichts: „Wisst ihr, regelmäßig habe ich Nackenverspannungen." Und 80 Prozent der Leute im Publikum sitzen da und bewegen plötzlich selbst ihre Schultern und gucken, was in ihrem Nacken los ist. Wenn Aufmerksamkeit auf ein Thema gelenkt wird, folgen auf physiologischer Ebene Prüf- und Lockerungsimpulse. Labeling folgt dem gleichen Prinzip. In dem Moment, wo du einen Stressor benennst und sagst: „Ich habe Stress", registriert dein Gehirn gleichzeitig ein: „Ich weiß, was hier los ist" – und löst damit einen Lockerungsimpuls auf der psychologischen Ebene aus. Dieses „Ich weiß, was hier los ist" passiert nämlich im frontalen System. Deine neuronale Aktivierung verschiebt sich vom limbischen System, das gerade die 4F anfeuern wollte, zurück ins frontale System.

Der zweite Schritt ist, die Akutbewertung zu verändern. Denn ein „Ich habe Stress" geht meistens mit einer negativen Bewertung einher: „Mist, Stress, wie blöd." Wenn wir das umgekehrte U aber ernst nehmen, heißt Stress auch, dass du die Chance hast, in den Flow zu kommen. Klasse! Stress! Wie toll! Jetzt nur noch ein bisschen runtermodulieren, dann bist du im Flow. Zugegeben, die meisten werden das nicht glauben. Das Großartige an der Methode ist aber, dass es völlig egal ist, ob sie sich selbst glauben. Denn allein durch den Gedanken wird das mesolimbische Belohnungssystem aktiviert. Dazu musst du wissen, dass dein Stress- und dein Belohnungssystem gekoppelt sind und zusammen wie eine Wippe funktionieren. Wenn das eine hochgeht, dann *muss* das andere heruntergehen. Das Belohnungssystem geht durch den Gedanken an eine Chance automatisch hoch – und damit muss der Stress ebenso automatisch herunter. Entweder du bist auf Belohnung fokussiert und voller Vorfreude, dann hast du aber keinen Stress, Sorgen oder Ängste. Oder du hast Stress, Sorgen und Ängste, dann bist du aber nicht voller Vorfreude und Euphorie. Dein Gehirn ist nicht in der Lage, beides zusammen darzustellen. Die Methode ist also eine Anwendung des Prinzips der vorhin beschriebenen Bedeutungsänderung, hier aber mit dem klaren Ziel, dass das mesolimbische System stressreduzierend angesprochen wird.

Labeling kann den Stress um 30 Prozent und Reappraisal in der zweiten Stufe um weitere 40 Prozent reduzieren. Damit findest du zurück an die Spitze des umgekehrten U, genau dahin, wo du wieder leistungsfähig sein kannst.

Dieses Werkzeug wird genau so auch im Standard-Coaching eingesetzt. Es ist ein Profiwerkzeug, das aber auch jeder geübte Amateur sicher verwenden kann. Lass dich nicht davon irritieren, dass es nur vier einfache Schritte sind. Sie funktionieren. Wer es nachlesen möchte, weil er es sonst nicht glaubt, kann das tun: „Handbook of Emotion Regulation", herausgegeben von James J. Gross. Alle anderen können sich durch sofortige Anwendung beim nächsten akuten Stress von seiner Wirksamkeit überzeugen.

Nach Labeling und Reappraisal ist ordentlich Stress weg, du bist also wieder im mittleren Bereich des umgekehrten U angekommen, jetzt könnte Flow einsetzen. Wenn du nicht gerade blockiert wärest. Was kannst du tun, um diese mentale Blockade zu lösen? An dieser Stelle helfen die Schritte 3 und 4. Schritt Nummer 3 ist, die Situation zu verstehen. Was ist hier los? Was macht mir Stress? Was ist das Ziel in dieser Situation? Was müsste ich nun tun, damit ich weiterkomme? Der nächste Schritt ist, Handlungsfokus einzunehmen und sofort zu beginnen. Wenn du also in einer produktiven Phase eine Blockade hast: Response-Ability. Wenn du zu viel Stress hast: Response-Ability.

Response-Ability bedeutet, die richtige Response zeigen zu können und die Fähigkeit zum richtigen Reagieren zu besitzen. Und dafür kann nur einer die Verantwortung übernehmen, nämlich du selbst. Wenn du in den Stress kommst, übernimm die Verantwortung dafür, zurück in den produktiven Bereich des umgekehrten U zu kommen.

Diese vier Schritte bringen dich schnell und zuverlässig wieder in die Produktivität:

1. Den Stress spüren und sich sagen: „Oh, ich habe Stress."
2. „Tolle Chance, das kann mich in den Flow bringen."
3. „Ich habe Angst, dass ich die Präsentation nicht schnell genug fertigbekomme, weil es viel Kraft und Zeit kostet, die Slides zu bauen. Und im Detail kriege ich es nicht hin. Was könnte ich denn jetzt tun?"
4. „Okay, ich könnte zwei Themen am Flipchart machen, dann brauche ich weniger Slides, dann könnte ich es on time schaffen."

Pause & Play! Die Kunst, zur richtigen Zeit das Richtige zu tun!

Warum komme ich in diesem Buch immer wieder auf das Thema Pausen zurück? Weil sie ein essenzieller Baustein für deine Produktivität sind. In der Pause legst du die Basis für etwas sehr Wichtiges. Wir schauen erneut ins Gehirn und erinnern uns, wie die Neuronen kommunizieren: über elektrische Signalübertragung (und dann über chemische Signale). Die elektrischen Signale kann man messen und als Gehirnwellen aufzeichnen. Wenn man das bei verschiedenen Tätigkeiten und körperlichen Zuständen tut und Vergleiche anstellt, erkennt man, dass die Muster unserer Gehirnwellen je nach neuronaler Aktiviertheit unterschiedlich sind.

Abb. 23 **Neuronale Muster**

Summe der elektrischen Aktivierung

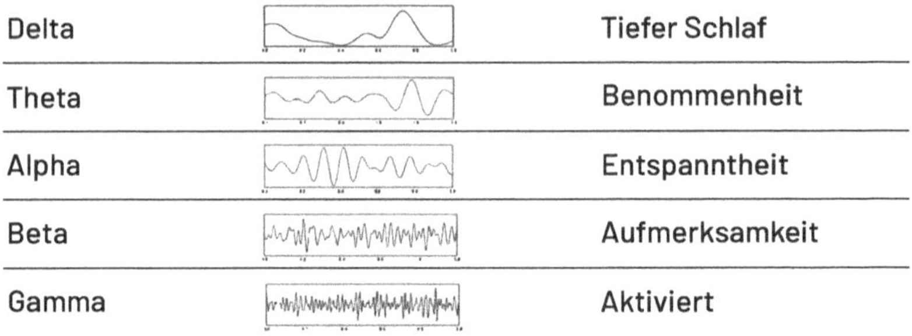

Delta		Tiefer Schlaf
Theta		Benommenheit
Alpha		Entspanntheit
Beta		Aufmerksamkeit
Gamma		Aktiviert

Quelle: Eigene Darstellung angelehnt an Implementation of Machine Learning Algorithm to Exploit Information from Multimodal fMRI/EEG Fused Image Data - Scientific Figure on ResearchGate. https://www.researchgate.net/figure/Brain-Waves-in-EEG_fig2_339915473

In einem Zustand der Achtsamkeit oder Ruhe sehen wir im Gehirn Alpha-Wellen und beim Flow zeigen sich zusätzlich auch Theta-Wellen. Gamma-Wellen haben wir bei Aktiviertheit. Mithilfe dieser Wellen lässt sich ein Phänomen abbilden, das für Produktivität eine große Rolle spielt – insbesondere bei Level-3-Arbeiten, wenn es darum geht, etwas Neues zu durchdringen oder gar zu kreieren.

Diese Phänomene sind die sogenannten Aha-Erlebnisse. Ein Aha-Moment ist ein plötzlicher und erhellender Moment der Klarheit oder des Verstehens, der uns scheinbar wie aus dem Nichts überkommt. Es ist der Moment, in dem du eine neue Erkenntnis, eine Lösung oder einen Zusammenhang siehst – etwas, was zuvor nicht offensichtlich war. Es ist der Augenblick, in dem Informationen, Ideen oder Erfahrungen sich zu einem Verständnis verdichten, welches oft von einem Gefühl der Überraschung oder Begeisterung begleitet wird. Ähnlich wie der Flow fühlt sich ein Aha-Moment ziemlich toll an.

Wann haben wir Aha-Erlebnisse? Die Forschung, federführend von Jung-Beeman, zeigt etwas ganz Spannendes:

Abb. 24 **Der Aha-Moment**

Alpha- und Gamma-Wellen

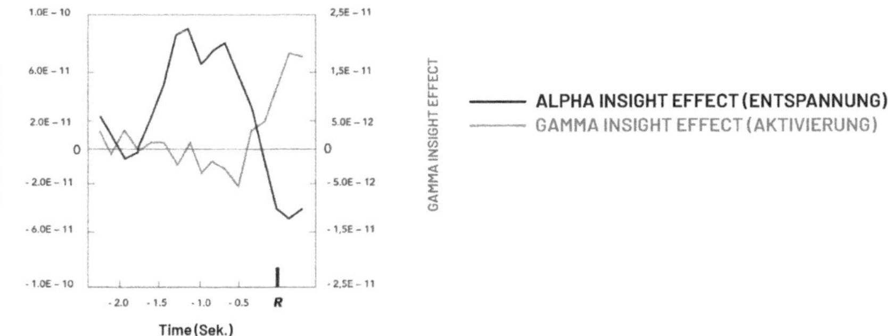

Quelle: Eigene Darstellung basierend auf Kounios, J. & Beeman, M. (2009). The Aha! Moment: The Cognitive Neuroscience of Insight. Current Directions in Psychological Science, 18(4), 210–216. https://doi.org/10.1111/j.1467-8721.2009.01638.x

In Abbildung 24 siehst du Alpha- und Gamma-Wellen auf einer Zeitskala eingetragen. Unten siehst du ein schwarzes R. Es kennzeichnet den Augenblick, in dem dem Probanden bewusst wird: Ich habe einen Aha-Moment. Was passiert *vor* dem Aha-Moment? Der Proband geht in die Entspannung. Das ist die dunklere Linie. Die Entspannung hält eine ganze Weile an. In dieser Entspannung geht das Gehirn auf Wanderschaft und sucht sich quasi selbst weitere Themen. Das sonst so gefürchtete Mind Wandering beginnt langsam. Es vernetzt divergent – also assoziativ – plötzlich Gehirnregionen, die vorher – im konvergenten Denken – nicht vernetzt waren. Du hast eine Fragestellung und plötzlich kommt dir ein Punkt aus einem ganz anderen Themenbereich in den Sinn – einige Forscher nennen das „semantische Integration". Plötzlich merkst du: Geil, wenn wir das zusammenführen, das ist es. So kann es klappen! Und jetzt schießt die Gamma-Welle hoch, du bist aktiviert, die Lösungsidee fühlt sich richtig an, das mesolimbische System feiert eine Party, du willst es umsetzen, du willst machen!

Das ist ein Aha-Moment und er ist zumindest in puncto Struktur artverwandt mit typischerweise auch im Flow auftretenden Erkenntnismomenten. Ob die Wahrscheinlichkeit auf einen Aha-Moment während des Flows höher ist, kann die Forschung bisher nicht bestätigen. Ich glaube, wenn dem so ist, dann ist der Effekt nicht so groß. Bisher auch nicht genau erforscht, aber für mich aus der Erfahrung klar ist aber: Ein Aha-Moment gibt Energie, die einen Flow danach wahrscheinlicher macht. Und die Nachwirkungen eines Flows mit seiner erhöhten Kreativität machen, wenn du nach deinem Produktivitätsprofil lebst, den nächsten Aha-Moment wieder wahrscheinlicher. Du kannst dich positiv aufschaukeln.

Das eigentlich Typische für den Aha-Moment ist, dass er nicht während eines forcierten Über-das-Thema-Nachdenkens, sondern in der Pause auftritt, auf jeden Fall nicht bei der Arbeit. Wann hast du die meisten Aha-Momente? Wenn du spazieren gehst, unter der Dusche, auf der Toilette, also überall da, wo du nicht fürs Denken bezahlt wirst. Wenn du die Anzahl deiner Aha-Erlebnisse optimieren möchtest, dann mache regelmäßig eine Pause. Dann hast du mehr Aha-Erlebnisse und kannst plötzlich einen gewaltigen Sprung machen, ein Problem lösen und dir viel, viel Arbeit sparen. Pausen schaffen Aha-Erlebnisse ... und die willst du haben.

Zu den Pausen gehört auch das Spielen dazu, also bewusst irgendetwas ganz anderes zu machen, was auf den ersten Blick völlig sinnfrei ist, denn genau das ist Spiel. Eine Tätigkeit, die zum Vergnügen, zur Entspannung oder aus Freude an der Ausübung selbst und/oder ohne einen bewussten Zweck ausgeführt wird. Steve Jobs war bekannt für seine Leidenschaft und sein unbändiges Interesse an Typografie und Design. Seine Beschäftigung damit war ein wichtiger Aspekt dafür, dass die Macs und damit auch Apple so erfolgreich geworden sind.

Um produktiv zu sein, muss man sich immer wieder in produktive Zustände versetzen. Dazu gehört auch, bewusst neue Dinge zu machen. Für Kinder ist freies Spiel ein absoluter Kreativitäts- und Lern-Booster. Sie nutzen es, um die Welt wie kleine Wissenschaftler zu erkunden. Wenn ein Kleinkind dabei zusieht, wie ein Löffel auf den Boden fällt, und ihn dann immer wieder fallen lässt, führt es ein Experiment durch. Lernen durch Spielen ist der Weg, wie Kinder wichtige Fähigkeiten entwickeln, die sie ihr ganzes Leben lang begleiten werden. Als wichtiger Teil der kindlichen Entwicklung ist Zeit und Raum für das Spielen unverzichtbar. Warum solltest du als Erwachsener darauf verzichten?

Bei der Entwicklung des BioTimeBoxing-Konzepts hatte ich einmal eine vollkommene Blockade. Wie der Ochs vorm Berg stand ich da mit Dutzenden wissenschaftlichen Quellen und mit meiner eigenen Erfahrung und konnte die Muster darin einfach nicht entdecken. Was habe ich gemacht? Pause. Es war Freitagmorgen. Ich habe die Sachen in die Ecke gelegt, bin zum Sport gefahren, habe etwas gelesen. Habe einen Podcast gehört, in dem es um Prinzipien und Regeln einer Ehe ging, die sich beide Partner geben. Dann habe ich mit meinem Sohn gespielt und darüber die Bettzeit nicht richtig im Blick gehabt, irgendwann war er zu müde für seinen Mittagsschlaf. Moment. Zu müde?! Was war denn die Regel? Plötzlich ist mir klar geworden, wie wir als Eltern die Regeln, nach denen wir seinen Alltag gestalten, ganz intuitiv auf seinen Biorhythmus abstimmten. Ich hatte in diesem Moment die Idee, wie ich das Thema BioTimeBoxing angehen konnte – nämlich zunächst Schlaf planen –, und plötzlich ergab alles Sinn. Ich nutzte die Aktivierung, um das Konzept fertigzustellen. Eine kleine Flow-Box direkt am Freitagabend und der erste Entwurf stand. Während ich vorher zwei Stunden lang nicht vom Fleck kam, baute ich nun in nicht einmal einer Stunde das Konzept fertig. Erst die vorherige spielerische Beschäftigung mit anderen Themen und die Pausen haben diesen Moment ermöglicht.

Serendipität

Im Zusammenhang mit Spiel, Pausen und Spielpausen steht auch ein anderes Phänomen: Serendipität. Serendipität bedeutet das Auftreten wertvoller oder glücklicher Entdeckungen oder Ereignisse durch Zufall. Es bezeichnet das Erlebnis, etwas Unerwartetes zu finden oder eine wertvolle Entdeckung zu machen, während man eigentlich nach etwas anderem sucht oder eigentlich gar nichts sucht und nur irgendetwas macht. Spielen zum Beispiel. Die Wahrscheinlichkeit, dass so ein glücklicher Zufall eintritt, ist natürlich höher, wenn du etwas Neues beziehungsweise anderes machst. Das Glück ist mit dem Tüchtigen. Alexander Fleming hat auf diese Weise das Penizillin entdeckt. Der Chemiker Spencer Silver wollte für das Unternehmen 3M einen stärkeren Klebstoff entwickeln. Heraus kam allerdings ein schwacher, druckempfindlicher Klebstoff. Jahre später erkannte sein Kollege Art Fry das Potenzial dieses „Fehlers" und entwickelte daraus Haftnotizen, die du als „Post-it" kennst. Solche Fehler macht man doch gern, oder?

Wie kraftvoll Serendipität ist, habe ich durch meine Doktorarbeit gelernt. Ich begann aus reiner Erkenntnislust, wollte verstehen, wie wir uns warum verhalten und was das für das Business bedeutet. Ich machte mich auf zu einer rein wissenschaftlich-theoretischen Doktorarbeit auf abstrus abstraktem Niveau. Ein Tribunal von Professoren einer Stiftung für Begabtenförderung gab mir sehr deutlich zu verstehen, dass mein Vorhaben a) unsinnig und b) weder für die Praxis noch c) für die Wissenschaft nützlich sein würde. Außerdem würde mein Vorhaben höchstwahrscheinlich ohnehin nicht klappen, weil ich mir einfach zu viel vorgenommen hätte. Es stellte sich heraus, dass sie mit Letzterem recht hatten. Es war abstrus viel Arbeit. Doch nach der erfolgreichen Bewerbung war ich auch sehr stolz, wurde ich doch von der Friedrich-Naumann-Stiftung gefördert: Ich war in der Begabtenförderung, also musste ich wohl begabt sein.

Zwei Jahre später merkte ich, dass sie einen Fehler gemacht hatten. Begabt? Ich? Ich war mir nicht mehr so sicher. Das Tribunal hatte nämlich recht, das Vorhaben war fast unmöglich. Die einzige Möglichkeit, es doch zu schaffen: sehr viel Zeit reinstecken, unsinnig viel Zeit. Deswegen hat es dann auch über sieben Jahre gedauert, bis die Arbeit fertig war. Die Professoren hatten aber in einem Punkt unrecht: bezüglich der praktischen Anwendbarkeit. Ich hatte am Ende aus Versehen Modelle und Methoden in der Promotion beschrieben und entwickelt, die in der Praxis eben doch direkt nutzbar waren. Response-Ability ist das Beispiel, das du kennengelernt hast. Und ich schätze, dass etwa ein Drittel des aktuellen Umsatzes meiner Unternehmensgruppe mit einer dieser direkt oder indirekt auf Basis der Doktorarbeit entwickelten Methoden gemacht wird. Ich habe etwas Bestimmtes gesucht, Erkenntnis, aber dazu noch etwas Besseres bekommen. Das war Serendipität, die über eine Dekade langsam wirkte.

Wir lernen daraus: Bleib offen für Kreativität, Innovation und das Erkunden neuer Möglichkeiten. Mach auch mal Sachen, die keinen unmittelbaren Nutzen haben. Oder einen anderen als den Nutzen, den du anstrebst. Spiele rum. Sei übermütig. Tu auch mal etwas Unmögliches. Vielleicht entdeckst du ja ein neues Penizillin oder eine neue kosmische Hintergrundstrahlung. Oder du entdeckst in der Phase der Veränderungsfalle, über die wir in Teil 3 noch sprechen werden, ein paar Probleme, die du als Unternehmer in ein Geschäftsmodell verwandeln kannst, mit dem du Millionen verdienen kannst. Viele erfolgreiche Ideen lagen den Menschen, die sie realisiert haben, eines Tages einfach vor den Füßen. Du musst nur hinschauen und sie realisieren.

Dein Produktivmodus: Synthese – oder: Follow your Flow

Wie alles zusammenhängt

Bei meiner Doktorarbeit hat mir meine damalige Freundin und jetzige Frau dabei geholfen, die riesengroße Task in die kleinen BioTimeBoxen zu bringen. Das Schreiben hat über zwei Jahre gedauert. Es sind am Ende mehr als 250 Seiten wissenschaftlicher Text gewesen. Zu Beginn habe ich lediglich eine oder zwei Seiten pro Tag produziert, später waren es an guten Tagen auch mal zehn. Da ich zu der Zeit nebenbei voll arbeitete, hat es sich hingezogen. Ich war viel zu langsam und wollte nicht erst in zehn Jahren fertig werden. Was habe ich getan? Ich habe mir vorgenommen, in Summe vier Tage pro Monat daran zu arbeiten … aber gemacht habe ich es nicht. Das hat meine Frau gemerkt und mir auf die Sprünge geholfen.

Das folgende Produktivitätssystem hat mir meine Frau auf einem Flipchart visualisiert, um mich immer wieder daran zu erinnern und auch um den Fortschritt so zu tracken, dass ich motiviert dranbleibe. Es war am Ende ein tolles Gefühl, eine hohe Tagesproduktion zu vermerken. Denn ich wusste, mit jeder hohen Zahl ist die elende Schreiberei schneller vorbei. Dieser Gedanke hat mich motiviert, jede Woche – innerhalb der BioTimeBoxen und unter Nutzung der entsprechenden passenden Methoden – dranzubleiben.

Abb. 25 **Produktivitätssystem**

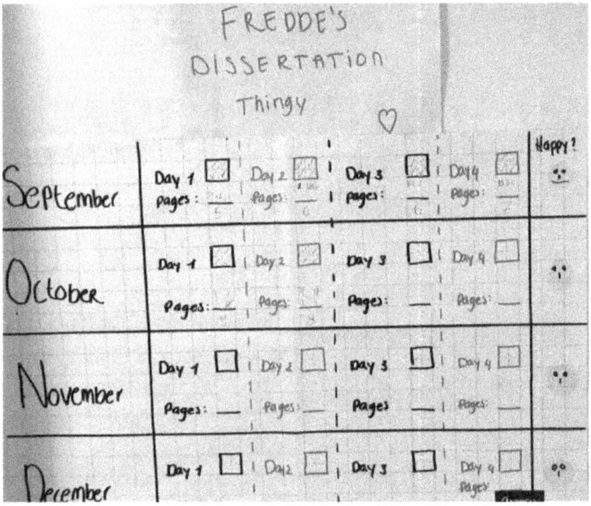

Quelle: VANTISGO (2024)

Wie habe ich es genau gemacht? Ein Tag hieß für mich 4 mal 2 Stunden. Meist habe ich Freitag und Samstag in insgesamt drei Konzentrationsphasen mit zwei oder drei Flows geschrieben, dazu eine Abarbeitungsphase, in der ich den Text und die Quellen überarbeitet und die weitere Planung gemacht habe. Warum habe ich den einen Tag auf zwei aufgeteilt? Ich wollte gern mit der Bonus-Konzentrationsphase am Freitagabend beginnen, um direkt einen Flow zu haben und einfach loszulegen mit dem Schreiben. Das gab mir direkt ein gutes Gefühl und ich hatte Lust, weiterzumachen. Damit das funktionierte, bin ich immer gleich vorgegangen: Um circa 21 Uhr ein kurzer Review der Mega-Mindmap im Format A2, in der mit Quellenverweis zu jedem Abschnitt aufgeführt war, was ich als Nächstes mit welcher Kernaussage schreiben wollte. Das gab mir Orientierung, was zu tun war. Es folgte das Sichten der Quellen, dann habe ich reflexhaft einfach jeden Gedanken direkt beim Sichten aufgeschrieben, und das so lange, bis ich im Flow des Schreibens oder die Zeit um war. Am Ende, in der Regel zwischen 23 Uhr und 0 Uhr, habe ich nur kurz aufgeschrieben, was in der nächsten Phase zu tun ist. Noch ein wenig Entspannung, kurz vor 1 Uhr ab ins Bett und den Wecker auf 8:30 Uhr gestellt, damit ich 7,5 Stunden Schlaf bekomme.

Samstagmorgen habe ich mich direkt nach dem Aufstehen und einem Kaffee gegen 9 Uhr auf den Weg in die nächste Flow-Phase gemacht. Am Vorabend hatte ich ja notiert, was zu tun war, und so konnte ich ohne Nachdenken loslegen, bis sich der Flow einstellte. Gegen 12 Uhr flachte der Flow ab oder ich bekam Hunger. Also: Pause mit Mittagessen, oft bis etwa 14 Uhr, und die Konzentrationsphase am Nachmittag als Abarbeitungsphase mit Sortieren genutzt: Was habe ich geschafft, sind die Quellen sauber dokumentiert, passt die Mindmap noch? Den geschriebenen Text gegengelesen und überarbeitet. Ist er verständlich formuliert? Kann ich etwas optimieren?

Hier gab es zwei Möglichkeiten. Manchmal bin ich wieder in den Flow gekommen. Oder ich habe nur sortiert und wusste für nächsten Freitag, wo ich ansetzen konnte, was den Flow wahrscheinlicher und das Beginnen einfacher machte. Wie kommen wir aber nun systematisch in den Flow?

Ab in deinen Flow 1: Dein Flow-Frame

Wenn du im Flow bist, bist du in deinem persönlichen Superraum. In diesem Raum hat dein Gehirn quasi alle Störgeräusche ausgestellt und nutzt seine Kapazität ausschließlich für die anstehenden Aufgaben und die ausgeführte Handlung. Wir wollen es unserem Gehirn mit den passenden Flow-Frames so einfach wie möglich machen, ihm also die idealen inneren und äußeren Rahmenbedingungen schaffen. Beginnen wir mit den äußeren Rahmenbedingungen, indem wir über deine ideale Arbeitsumgebung nachdenken.

Deine perfekte Arbeitsumgebung

Ging bei dir vor dem Büro schon mal der Laubbläser oder eine Kettensäge an? Haben dich andere störende Geräusche wie schreiende Kinder oder Nachbarn, die mit einer Schlagbohrmaschine ein Regal an der Wand anbringen müssen, aus der Konzentration gerissen? Die Arbeitsumgebung und die Geräuschkulisse beeinflussen uns stark – besonders Menschen mit einem aktiven Default Network und hohem Neurotizismus sollten daher auf eine möglichst ablenkungsfreie Umgebung achten. Aber auch bei hohem Enthusiasmus können Ablenkungsanlässe ein Problem werden.

Es gibt verschiedene Tipps, um eine solche Umgebung zu schaffen. Noise-Cancelling-Kopfhörer können akustische Ablenkung verringern und die Konzentration fördern.[71] In offenen Büroumgebungen können sie dir also dabei helfen, schneller in den Flow zu kommen. Du könntest über deine Kopfhörer auch binaurale Beats oder Alpha-Wave-Musik hören. Binaurale Beats sind eine akustische Illusion, die entsteht, wenn man gleichzeitig zwei Töne mit leicht unterschiedlichen Frequenzen hört. Dabei interpretiert das Gehirn diese Töne und erzeugt einen dritten Ton, den man als binauralen Beat wahrnimmt.[72] Alpha-Wave-Musik stimuliert die Alpha-Wellen im Gehirn (denke an das Kapitel zu den Aha-Momenten), fördert somit die Entspannung und reduziert Angst. Alpha-Wellen sind Muster elektrischer Signale, die denen gleichen, die dein Gehirn produziert, wenn es in einem entspannten, aber wachen Zustand ist.[73] Jetzt gerade, kurz vor 1 Uhr nachts, während ich das schreibe, bin ich in meiner Bonus-BioTime-Box und es läuft bei YouTube ein Alpha-Wellen-Video. Ratschläge nach dem Motto „Die Musik macht dich sofort tiefenentspannt“ oder „Setze nur dieses Gerät auf und schon bist du im Flow“ sind natürlich isoliert viel zu simpel gedacht. Es gibt jedoch ein paar wissenschaftliche Belege dafür, dass einige dieser Methoden tatsächlich hilfreich sein können. Eine Studie besagt, dass 15 Minuten Hörzeit von binauralen Beats zu einer signifikanten Reduktion von „Mind Wandering" beitragen können.[74] Man kann sich über Musik, und zwar über jede Art von Musik, konditionieren, um eine Gewohnheit aufzubauen, und du kannst sie sogar nutzen, um einen Flow zu triggern.

Ich nutze die Beats, weil sie mich an die Musik erinnern, die ich beim Meditieren höre. Sobald ich diese Art von Musik höre, schaltet sich in meinem Gehirn etwas um und sagt: „Hey, das kennst du von der Achtsamkeit. Jetzt kommt Entspannung." Die Frage ist also nur, welche Muster durch einen bestimmten Sound bei dir aktiviert werden. Wenn du binaurale Beats immer wieder beispielsweise beim Sport hörst, werden sie bei dir wahrscheinlich etwas anderes auslösen als bei mir. Natürlich hat jede Musik ihre eigene Stimmung, aber für manche Leute ist sogar Death Metal entspannend. Es macht bei diesem Thema also einen großen Unterschied, wer du bist und wie du bist. Das gilt auch für die räumliche Umgebung. Während einige das Clean-Desk-Prinzip bevorzugen, benötigen andere eine Wand aus Familienfotos und Büchern und Zettelwirtschaft um sich herum.

Du solltest deine Arbeitsumgebung so gestalten, wie es wirklich zu dir passt. Experimentiere damit, teste es mit Kopfhörern oder ohne, lasse den Sound laufen oder nicht, höre Klaviermusik, binaurale Beats oder Alpha Waves – was auch immer. Keine einzelne Maßnahme wird automatisch den Flow-Zustand hervorrufen. Wenn du aber immer wieder und wieder beobachtest, was sich wie auf dich auswirkt und was für dich funktioniert und was nicht, dann machst du einen weiteren wichtigen Schritt. Ich erlebe es so, dass mir Musik nicht hilft, in den Flow zu kommen, aber sie hilft mir, einen begonnenen Flow länger durchzuziehen.

In offenen Büros kann es hilfreich sein, wenn du mit dem Rücken zur Wand sitzt. Hier gehen äußere und innere Frames schon ineinander über. Du erinnerst dich vielleicht an die kleine Alarmanlage im Kopf, die Amygdala. Die Amygdala ist ein Teil des limbischen Systems im Gehirn und besteht aus zwei paarweise angeordneten Strukturen, der rechten und der linken Amygdala. Vor allem die rechte sorgt dafür, dass du dich auch im Café lieber mit dem Rücken zur Wand hinsetzt, denn sie sucht die Umgebung unaufhörlich nach möglichen Gefahrenquellen und Bedrohungen ab. Wenn hinter uns plötzlich der nervige Chef auftauchen könnte, gibt sie einfach keine Ruhe. Eine Wand im Rücken gibt ihr die nötige Sicherheit. Und apropos sitzen: Bequem beziehungsweise ergonomisch zu sitzen gehört zu deiner perfekten Arbeitsumgebung ebenso dazu wie gutes Licht. Erstens kommst du besser in den Flow, wenn sich dein Gehirn nicht noch darum kümmern muss, wie sehr der harte Stuhl und der zu niedrige Tisch dich nerven. Und zweitens kannst du den Flow ohne verkrampfte Schultern oder wundgesessenen Po auch wirklich zu Ende bringen. Ich habe in einen höhenverstellbaren Tisch und einen echten Top-Stuhl investiert und es nicht bereut: Ich kann auch mal 15 Stunden am Tag bequem arbeiten, wenn es nötig ist.

So passend du deine Arbeitsumgebung auch gestaltest: Um produktiver zu werden, solltest du diese Arbeitsumgebung regelmäßig wechseln und Musterwechsel anstreben. Nimm deinen Laptop und gehe zum Beispiel in den Garten, um dort weiterzuarbeiten. Gib deinem Gehirn neue Impulse und suche nach einer neuen Umgebung. Schaue dir die Natur an und blicke in die Ferne, um Abwechslung zu schaffen. Konzentriere dich dabei auf laterales Denken. Laterales Denken ist ein Ansatz zur Problemlösung, der kreatives Denken einbezieht, Intuition zulässt und dazu führt, ein Problem oder eine Situation aus verschiedenen Blickwinkeln zu betrachten. Und wenn du eine neue Perspektive suchst, ist es am einfachsten, die Umgebung zu wechseln. Statt auf die Wand gegenüber deinem Schreibtisch zu starren, lässt du dich von dem inspirieren, was draußen ist. Gleichzeitig änderst du dadurch auch die „intellektuelle Umgebung". Du blickst nicht nur wortwörtlich, sondern auch im übertragenen – und gewünschten – Sinn aus einem anderen Winkel auf deine Aufgabe.

Es geht darum, Probleme aus einer frischen Perspektive anzugehen, über den Tellerrand hinaus zu denken und offen für neue Möglichkeiten zu sein.[75] Laterales Denken verfolgt einen breiteren Ansatz als das sogenannte konvergente Denken, bei dem wir uns nur auf ein Problem konzentrieren und stur auf diesem herumdenken. Es integriert auch divergentes Denken, bei dem mehrere Ideen, Möglichkeiten oder Lösungen für ein Problem generiert werden. Divergentes Denken zeichnet sich aus durch Kreativität, Brainstorming, Ideen und Assoziationen sowie die Erkundung verschiedener Optionen ohne Bewertung oder Begrenzung durch das konvergente Denken. Verwende beides abwechselnd, um tiefer und breiter zu denken. So hilfst du deinem Gehirn, produktiver in jeder Arbeitsumgebung zu werden. Wechsle die Umgebung, die Art des Denkens und mache regelmäßig Pausen!

Wenn es dir wieder und wieder gelingt, in derselben Umgebung in den Flow zu kommen, wird sich dein Gehirn daran gewöhnen und dir einen Boost geben. Es weiß dann: Okay, jetzt geht es in den Flow, das wird geil. Du wirst erleben, wie der Flow-Frame gleichsam zum Flow-Trigger wird. Allerdings reicht auch die perfekteste und ruhigste Lieblingsumgebung nicht aus, um dich in den Flow zu katapultieren, wenn du innerlich nicht bereit dazu bist. Was du brauchst, ist dein perfekter Produktivzustand – der *innere* Flow-Frame.

Dein perfekter Produktivzustand

Der innere Flow-Frame ist die innere Bereitschaft für den Flow. Du nimmst an dieser Stelle auf mentaler Ebene den Flow-Zustand quasi bereits vorweg. Doch wie soll das gehen, wenn du noch nie einen Flow erlebt hast? Erinnere dich daran, wie du als Kind ganz versunken in ein Spiel warst. Beim Spielen oder bei einer Freizeitaktivität empfinden wir die genau richtige Balance zwischen Herausforderung und Spaß, was wesentliche Bestandteile des Flows sind. Wenn diese Balance nicht gegeben ist, hören wir auf zu spielen. Das Spiel langweilt uns oder es artet in Arbeit aus und unser Gehirn verliert die Lust. Computerspiele-Entwickler wissen das und arbeiten aktiv auf den Geisteszustand des Spielers hin, der eintritt, wenn die Herausforderung einer Aktivität dem Fähigkeitsniveau des Nutzers entspricht. Wenn du bei der Arbeit oder beim Lernen noch keinen Flow erlebt hast, dann hast du ihn ganz bestimmt im Spiel erlebt. Und wenn es lange her ist, dass du einfach mal gespielt hast, wird es Zeit, es wieder zu tun, denn es ist eine wunderbare Gelegenheit, etwas zu tun, was du gern machst, und dabei ganz nebenbei den Flow zu erleben. Achte dabei genau auf die Signale deines Körpers.

- Was spürst du in diesen spielerischen Momenten kurz vor dem Flow?
- Was sind die Signale, dass du gleich in den Flow gleitest?
- Was passiert immer wieder, bevor du in den Flow gehst?

Wenn du das spüren und erinnern kannst, kannst du diese innere Verfasstheit immer wieder reproduzieren. Du kannst bestehende Kompetenzmuster durch bewusste Aktivierung nutzen. Wenn du jetzt in den Flow-Modus wechseln möchtest, kannst du dich schon vorher bewusst in die richtige Stimmung versetzen und ihm so die Tür öffnen. Erinnere dich an den Produktivitätscocktail. Die Transmitter und Hormone machen ruhig, aber wach und klar. Sie geben dir das Gefühl, dass es schon wird, die Zuversicht und Entschlossenheit, nun zu beginnen – und Lust auf das Ergebnis. Versuche, dich in diese Stimmung hineinzubegeben. Stell dir vor, du würdest dich gerade genau so fühlen! Dieses bewusste Hineinversetzen in bestimmte Zustände nennt man „State Management“ und es ist die letzte Grundzutat, um schnell und sicher in den Flow zu kommen. Jetzt braucht es nur noch einen kleinen Auslöser und du bist in deinem Superraum.

Finde die passende Umgebung, eliminiere deine Flow-Breaker in Form möglicher Ablenkungen, balanciere deinen Stress und bekomme dein State Management in den Griff. Das sind die besten Voraussetzungen, um einen Flow bewusst zu aktivieren. Und du kannst es einfach gestalten. Wie? Mit der Flow-Induktion.

Ab in deinen Flow 2: Flow-Induktion

Passt alles? Umgebung gecheckt? Sind deine Aufgaben klar? Hast du den für dich passenden Stresslevel, sodass du überhaupt bereit bist, anzufangen? Wenn du dir unsicher bist, schau noch einmal in das Kapitel „Stress-Balancing", denn jetzt kommt es wirklich darauf an, auf dem umgekehrten U zu tanzen. Also noch mal, passt alles? Hast du Bock? Dann fang an ... ach ja! Anfangen muss man, wenn man produktiv sein will. Das war ja das eigentliche Problem ... aber das lösen wir jetzt.

Der allergrößte Produktivitätstreiber ist es, eine Gewohnheit zu etablieren, bei der du einfach anfängst. Wenn du nicht anfängst, bist du bei null. Anfangen ist sozusagen der Türsteher. Kommst du nicht rein ins Tun, tut sich nichts. Es gibt aber ein paar Tricks, um „reinzukommen", mit denen du dein Gehirn überlisten kannst.

Der „Kuschelstart", auch Teaser-Induktion genannt: Du fängst an, ohne anzufangen. Wie bitte: Wenn dir Anfangen schwerfällt, dann fang ohne Anfangen an? Ja, so ist es. Das Problem des Anfangs ist, dass er mit so viel Schwere, Ängsten und Erwartungen besetzt ist. Die eliminieren wir jetzt einfach und erwarten nichts. Nicht mal, dass wir nach dem Anfangen noch weitermachen. Wenn du sagst: „Komm, ich probiere mich jetzt in meiner Konzentrations-BioTimeBox nur mal ein paar Minuten in dem Thema aus, egal ob ich dann weitermache oder aufhöre", dann überwindest du diese Schwelle, indem du dich einfach an die Aufgabe „rankuschelst", um mit ihr warm zu werden. Erinnere dich an die drei Levels of Work. Das Gehirn sagt im Default-Modus: „Ich soll jetzt denken? Keinen Bock!“ Wenn du jedoch gewohnheitsmäßig in die Arbeit startest, indem du dir sagst: „Ich probiere mal einfach, ich taste mich ran“, kannst du dein Gehirn viel schneller in einen Zustand für ein Level-3-Thema versetzen. Wenn du dir also die Gewohnheit aneignest, in deinen definierten Fokuszeiten „absichtslos“, also ohne große mentale Hürde, anzufangen, ohne darüber nachzudenken, wie groß und schwer die Aufgabe ist und wer alles was von dir erwartet (inklusive dir selbst), dann hast du die erste wichtige Stufe erreicht. Geh also einfach für fünf bis zehn Minuten direkt ins Thema rein und leg los. Danach darfst du wieder aufhören … aber ich bin sicher, dass du das gar nicht willst.

Die Routine-Induktion: Fang aus der Routine an: Inbox sortieren, Tasks sortieren, und zwar mit dem spielerischen Ziel, es so schnell wie möglich zu schaffen … und beginne dann ohne Nachdenken die erste Task. Ich rücke in meiner Flow-Liste den Flow, mit dem ich anfangen will, ganz nach oben und schreibe außerdem den ersten nötigen Arbeitsschritt dazu. Dann lege ich, oft noch in einer Abarbeitungsphase, aber kurz vor der Flow-TimeBox, mit meiner „Inbox-Challenge“ los und bringe die Inbox meines Produktivitätssystems *so schnell wie möglich* auf den Status „Alles bearbeitet, keine To-dos“. Sobald ich diesen Status erreicht habe, gehe ich reflexhaft in das erste To-do für meinen Flow. So schaffe ich es fast immer, einen Flow zu beginnen, weil die Vorarbeit mindestens Flow-ähnlich ist. Du siehst hier wieder ein Beispiel, wie ich mir Zeitdruck einplane, um den Stress auf ein moderates Niveau zu erhöhen.

Die Play-Induktion I: Spiele im Kontext des Themas herum, mache etwas, worauf du Lust hast, und lenke den Flow langsam in die Richtung des Themas der Arbeitsaufgabe. Als ich eine ganze Menge handschriftlich schreiben musste, war mein Problem, dass ich darauf überhaupt keine Lust hatte. Ich war aber schon seit Längerem fasziniert von einem wirklich schönen Füllfederhalter. Mein Vater hatte einen und ich fand den ziemlich cool und stylish. Also kaufte ich mir einen sehr coolen Füllfederhalter und hatte natürlich Lust, diesen sofort auszuprobieren und damit zu spielen. Wie praktisch, dass ich eine Aufgabe hatte, bei der ich viel handschriftlich schreiben musste!

Innerhalb vieler Aufgaben gibt es immer mal wieder Themenfelder, auf die du Lust hast. Vielleicht ist es eine Recherche, vielleicht ist es das Bauen einer Grafik. Suche dir die schönen Sachen heraus, die du spielerisch angehen kannst, und fang damit an, um dann langsam in die eigentliche Aufgabe zu surfen.

Die Play-Induktion II: Wir machen erst einmal gar nichts zum Thema. Spiele etwas, bei dem du in den Flow kommst, und setze einen Flow-Trigger. Für den Shift in den Flow ist es hilfreich, wenn das Spiel am selben Ort stattfindet und Ähnlichkeit mit dem zu bearbeitenden Thema hat.

Insbesondere für die Varianten der Play-Induktion sind Flow-Trigger in Form eines simplen Post-it hilfreich. Klebe dir ein Post-it an den Rechner (oder leg dir eine andere Erinnerung zurecht), auf den der erste Arbeitsschritt für den Flow geschrieben ist. Wenn dein Blick auf den Trigger fällt, dann fang direkt damit an, so legst du schon im Flow-Zustand los. Du wirst merken, dass es nicht ganz nahtlos funktioniert. Vertraue aber einfach darauf, dass ein Flow grundsätzlich neurochemisch ziemlich stabil sein kann und so auch kurzes Kaffeeholen und -wegbringen überlebt – zumindest sofern dich dabei nicht ein Kollege zutextet.

Ein Flow-Trigger kann auch ein Ort zu einer bestimmten Zeit sein. Ich habe einen „Preferred Flow Slot“. Das ist die BioTimeBox, in der ich am liebsten in den Flow gehe, du weißt es bereits: Freitagabend. Doch nicht nur freitags weiß mein Gehirn: Wenn ich nach 20 Uhr in mein Büro gehe, mich hinsetze und mit der Arbeit beginne, mache ich das aus einem Grund: Ich will in den Flow. Der Ort zu dieser Zeit ist nicht nur Flow-Frame, sondern auch Flow-Trigger. Manchmal komme ich schon auf der Treppe in die richtige Stimmung für den Flow.

Jetzt stellt sich nur noch die Frage, wie du optimal aus dem Flow rauskommst. Die meisten Menschen beenden den Flow nicht aktiv. Wenn der Flow zu Ende ist, ist er zu Ende. Und meistens ist der Flow zu Ende, wenn du an eine Hürde kommst oder wenn es langsam zäh wird. Wenn ein Problem auftritt, das du gerade nicht lösen kannst. „Okay, das wird jetzt nichts mehr", denkst du dir. Morgen ist ein neuer Tag. Aber: Wenn du den Flow an dieser Stelle beendest, assoziiert dein Gehirn die Aufgabe mit: „Ah, wie blöd, doof, schwierig! Ich weiß gar nicht, was ich da machen soll!" Was denkt das Gehirn dann darüber, die bisher nicht ganz fertige Aufgabe wieder anzufangen? Die Aufgabe wird gefühlt zu Level 5. Dein Gehirn wird alles tun, um zu vermeiden, sie wieder aufzunehmen, auch weil du mehr Stress hast. Und wenn durch diesen Widerstand, weil die Aufgabe ohnehin schon stressbelastet war, noch mehr Stress hinzukommt, reduziert sich die Wahrscheinlichkeit für den Flow. Was bedeutet das für dich?

Es bedeutet, den Flow immer dann zu beenden, wenn du merkst, dass er langsam abflaut, also dann, wenn noch ein bisschen Restflow übrig ist. Wenn du merkst, dass es gerade etwas mühsamer wird, aber ganz genau weißt, welche nächsten Schritte du noch machen müsstest. Notiere oder merke dir diese Schritte. So weißt du genau, mit welchen Schritten du in der nächsten Fokuszeit beginnst. Diese Gewissheit reduziert deinen Stress und senkt den natürlichen Widerstand deines Gehirns. Du kannst dir durch diese Methode ein rollierendes Flow-System schaffen. Beende also keine Fokuszeit im Problem, sondern immer im Flow mit konkreten To-dos für die nächste Fokuszeit. Umso einfacher ist dann der Beginn des nächsten Flows.

Diese Induktionen betten wir nun in einen Prozess ein, der dich verlässlich in den Flow führen wird.

Dein Flow-Induktions-Prozess

0. Die Grundlage

Entscheide, wann und wo du deinen Flow haben möchtest. Suche dann zur richtigen Zeit deinen Flow-Frame auf. Stelle sicher, dass alles entsprechend optimiert ist. Ist alles zur Hand, was du für die Arbeit brauchst? Hast du Ablenkung vermieden, indem du dein E-Mail-Postfach zugemacht und dein Handy auf lautlos gestellt hast? Hast du deine klare Intention gebildet, dass du jetzt in einen Flow gehen möchtest, und so ein bisschen State Management gemacht? Super, dann hast du die Grundlage im Griff und es geht los!

1. Motivation aktivieren

Führe dir ganz genau vor Augen, aus welchem Grund du jetzt in den Flow möchtest und was es für dich bedeuten würde, wenn du diese Arbeitsaufgabe nun mit Entspannung und Leichtigkeit im kommenden Flow bearbeitest. Was ist besser, wenn du das geschafft hast? Wie wirst du dich fühlen?

Ich hatte einen Kollegen namens Jörg, von dem ich viel gelernt habe. Jörg musste einen Leitfaden für ein Seminar schreiben – und er hat prokrastiniert ohne Ende. Irgendwann hat er sich vorgestellt, wie glücklich die Kollegen sein würden, wenn sie diesen Leitfaden endlich an die Hand bekommen und ihr Seminar besser halten könnten. Er hat sich vorgestellt, was das für ihn bedeuten würde, denn das Seminar war schließlich „sein Baby“. Und mit diesem Fokus, also mit dieser Motivation, ist er an die Planung und an den Beginn der Tätigkeit gegangen. Durch die emotionale Aktivierung war es für ihn sehr viel einfacher, die Tätigkeit wirklich zu beginnen.

2. Stress balancieren

Im umgekehrten U möchtest du an der richtigen Stelle tanzen. Nämlich ganz oben. Also geht es an dieser Stelle um das richtige Stress-Balancing. Hast du gerade zu viel Stress oder zu wenig?

Wenn du zu wenig Stress hast, dann nutze die Tipps aus dem Kapitel „Rein in den Stress“. Mach dir ein paar Sorgen und überlege, was alles schlecht ist, wenn dieser Flow nicht klappt. Warum muss es genau jetzt klappen? Inwiefern wäre es schlimm, wenn es das nicht täte?

3. Induktion gestalten

Jetzt suchst du dir eine der gerade besprochenen Induktionen aus. Möchtest du eine Teaser- oder lieber eine Play-Induktion? Oder die Routine-Induktion? Entscheide dich für eine, leg dir den Trigger bereit, fang einfach an. Nicht nachdenken. Auf geht's!

Bleibe so lange in der Aufgabe drin, bis der Flow einsetzt. Schlimmstenfalls wirst du einfach nur konzentriert das Thema bearbeiten, was auch schon ein echter Fortschritt ist. Bestenfalls kommt er aber, der Flow.

4. Flow anschlussfähig beenden

Nach dem Flow ist vor dem nächsten Flow. Bald möchtest du weiterarbeiten an dem Thema, da es noch nicht abgeschlossen ist. Da gilt es zum Ende des jetzigen Flows die entsprechende Anschlussfähigkeit an den nächsten Flow, in dem du diese Aufgabe weiterbearbeiten möchtest, herzustellen. Wir haben besprochen, wie schlecht es ist, einen Flow im Problem zu beenden. Also beendest du den Flow damit, dass du dir einen konkreten nächsten Handlungsschritt aufschreibst, ein ganz klar beschriebenes To-do, das dann wieder der Flow-Trigger für den nächsten Flow wird, den du nutzen kannst, wenn du genau diesen Prozess einfach genau wiederholst. Und noch mal. Und immer wieder.

Flow klappt nicht? Flow-Recovery!

„Schatz, du musst dringend mal wieder ein Wochenende weg", begann meine Frau das Gespräch und sie hatte recht. Wie kam es dazu? Fangen wir vorne an.

Kennst du das? Du hast es versucht, bist aber nicht in den Flow gekommen. Bist du gerade ziemlich am Limit? Solche Phasen kenne ich auch. Ich könnte aus Marketinggründen behaupten, dass es mir nie so geht, weil ich ja im Flow-Thema voll drin bin. Die ehrliche Antwort ist aber: Es ist menschlich, dass nicht immer alles klappt. Ich hatte Phasen, in denen viel schiefgelaufen ist, in denen ich am Limit war, obwohl ich auf meine Pausen und mein Produktivitätsprofil geachtet hatte. Externe Stressoren, zu viele Projekte und Themen – alle Prio 1 –, anstrengende Reisen, anstrengende Mitmenschen, aber auch Schicksalsschläge können dir den Stecker ziehen und du lädst kaum noch auf. Und nach einiger Zeit ist dann dein Akku leer. Das ist nicht schön, gehört aber zum Leben dazu.

Flow in einer solchen Situation? Keine Chance. Mir ging es zum letzten Mal im Oktober 2023 so. Ich saß an diesem Manuskript und hatte keinen Bock auf gar nichts. Schreiben? Ich? Nie wieder! Ich dachte, ich habe nie wieder genug Energie, auch nur eine Seite zu schreiben.

Noch im Sommer hatte ich meinen 6-Wochen-Urlaubsslot, aber es war mittlerweile Oktober und es kamen viele Sachen gleichzeitig: Kinder krank. Spontan Haus in den Niederlanden kaufen, ohne zu wissen, wie das funktioniert. Zwei neue Großprojekte, die Extra-Arbeit nötig machten. Ein neues internes Projekt, das strategisch relevant war. Eine Krise bei einem alten Freund und dazu eine bei einem guten Kunden, in beiden Fällen wollte ich helfen. Es dauerte keine vier Wochen und ich war von einem Superzustand in den roten Bereich abgerutscht.

Diese Phasen sind besonders problematisch, denn die Probleme verstärken sich gegenseitig. Mit der Krankheit der Kids gerät das

Schlafmanagement in Unordnung. Weniger Zeit für Bewegung. Gegessen wird nur noch zwischendurch und nicht immer das Gesündeste. Ich schlampte also mit den drei Fundamenten des Energiemanagements. Die Folge? Weniger Leistungsfähigkeit, weniger Konzentration. Flows? Keine. Was hätte ich aber gebraucht? Leistungsfähigkeit! Konzentration! Flows! Und das machte mir noch mehr Stress. Ich war im Teufelskreis.

Und dann kam es: „Schatz, du musst dringend mal wieder ein Wochenende weg." Meine Frau hatte klugerweise gemerkt, was ich vor lauter Stress nicht gemerkt hatte. Ich musste dringend auf mein Recovery-Protokoll zurückgreifen. Recovery, also Erholung, war dringend nötig. Die gibt es bei mir in zwei Intensitätsstufen.

3-Days-to-Flow-Recovery-Protokoll

Wenn meine Frau mir ein Wochenende vorschlägt, heißt das auch, dass ich zu spät interveniert habe, weil ich es nicht bemerkt habe oder es vorher einfach nicht ging. Dann nehme ich mir drei Tage, die ich nur für mich gestalte. Ich beschreibe dir hier mein Protokoll. Es kann sein, dass dir andere Dinge Energie geben. Ich brauche das Alleinsein und die Reflexion, andere müssen unter Menschen. Schau dir mein Beispiel an und überlege, wie du es für dich machen möchtest.

Es handelt sich nicht um ein freies Wochenende, sondern ich gehe es ganz bewusst an. Es ist Erholungszeit für die Zeiten, wo echte Erholung nicht möglich ist, weil Dinge erledigt werden müssen. Bei den Erwartungen an mich selbst schalte ich runter.

Tag 1 beginnt am Vorabend. Einzige Aufgabe: Ich achte auf meine 7,5 Stunden Schlaf zur richtigen Zeit. Zur idealen BioTime-Box-Zeit beginnt dann Tag 1 mit ausschließlich Abarbeiten. Keine Erwartungen, kein Druck, ich tue nur das Nötigste. Was mich an Themen am meisten stresst, wird abgearbeitet, aber nicht mehr. Und ich sortiere mein Produktivitätssystem: Alle Tasks sortiert?

Alle Projekte im Griff? Gegen 17 Uhr mache ich Schluss, es folgt ein komplett freier Abend. Einzige Regeln: gut essen, maximal ein Glas Alkohol, vielleicht etwas spielen, pünktlich ins Bett.

Tag 2 beginnt ohne Wecker. Schlafforscher raten vom Ausschlafen ab, doch ich brauche das und mit einem Trick und in diesem Protokoll funktioniert es super für mich. Danach gehe ich wieder an mein Produktivitätssystem und sortiere weiter meine To-do-Liste. Ich stelle sicher, dass ich alle Kommunikation – vor allem WhatsApp-Nachrichten, die in solchen Phasen meistens überquellen – entweder hinreichend bearbeitet oder mir eine Task gemacht habe, es später zu tun. Meine Regel: Alles, was in zehn Minuten direkt erledigt werden kann, erledige ich direkt. Dafür habe ich den ganzen Tag bis auf einen kleinen Slot am Nachmittag verfügbar. Was mache ich in diesem kleinen Slot? Ich gehe meine Flow-Induktion durch und bereite den Flow am nächsten Tag vor. Welchem Thema möchte ich diesen Flow widmen? Was ist mein Flow-Frame, was kann ich vorbereiten und wie steige ich in die Aufgabe ein, damit es mir besonders gut gelingt? Ich gehe wieder pünktlich ins Bett. Wenn ich Schwierigkeiten habe einzuschlafen, weil ich ja ausgeschlafen habe und dementsprechend noch zu wach bin, meditiere ich, bis ich einschlafe.

Tag 3 beginnt für mich mit dem Wecker um etwa 10 Uhr, damit habe ich mir einen Schlafzyklus mehr als typischerweise nötig gegönnt. Wenn ich aber sehr erschöpft war, brauche ich ihn. Manchmal wache ich einfach gegen 8:30 Uhr auf und starte dann in den Tag. Dieser Tag ist ganz bewusst frei! Ich tue gar nichts außer essen, bewegen und spielen, eben Sachen, die mir guttun. Dieser freie Tag ist meine Vorbereitung auf den Flow, den ich für den Abend-Slot ab 21 Uhr eingeplant habe. Ich stelle mir dafür den Wecker und wenn er klingelt, lasse ich alles stehen und liegen, was ich gerade tue, gehe in meinen Flow-Frame und beginne die Arbeit. In 90 Prozent der Fälle stellt sich auf diese Weise ein Flow ein, der über drei bis vier Stunden trägt. Im Rest der Fälle ist es wenigstens eine Konzentrationsphase, die mich auch schon weiterbringt, und ich starte mit sehr viel mehr Erholung und sehr viel weniger Stress in die nächste Woche.

Überlege dir, welcher Recovery-Modus für dich funktioniert und machbar ist. Zwei oder drei Tage? Allein oder mit der Familie? Die Grundstruktur sollte aber für die meisten umsetzbar sein. Auch wenn du feste Arbeitszeiten hast, kannst du den Freitag mit Tag 1 verbringen und dann die Tage 2 und 3 am Wochenende machen. Durch den am Sonntagabend gestarteten Flow startest du umso entspannter in die neue Woche … und genau das war der Plan.

Abb. 26 **3-Days-to-Flow-Recovery-Protokoll**

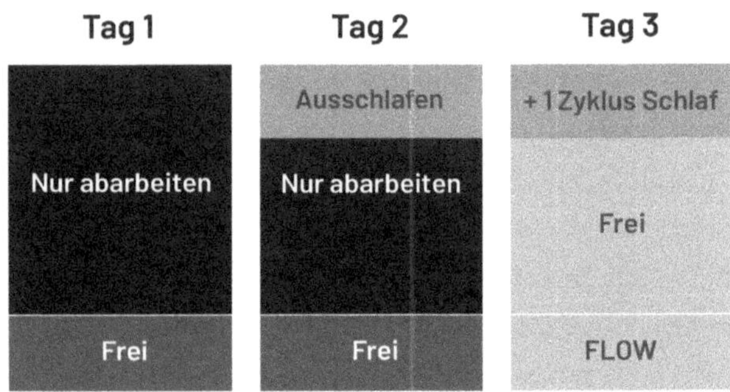

Quelle: VANTISGO (2024)

1-Day-to-Flow-Recovery-Protokoll

Manchmal kann oder will ich mir das 3-Tage-Protokoll nicht leisten. Ich bin Unternehmer und arbeite sehr gern, ich liebe es, etwas zu bewegen. Außerdem sind drei Tage manchmal einfach nicht drin, weil zu viel zu tun ist. In solchen Fällen gönne ich mir wenigstens das kleine 1-Day-to-Flow-Recovery-Protokoll. Das ist nicht perfekt, aber weit besser als nichts.

Am Vorabend geht es pünktlich ins Bett für meine Zielzeit von 7,5 Stunden. Wenn es geht, gönne ich mir einen Extrazyklus, entweder indem ich früher ins Bett gehe und durch eine Meditation einschlafe oder indem ich ihn dranhänge. Dann kommt die dir schon bekannte Sortierung und die Vorbereitung der abendlichen Flow-Box. Dafür nehme ich mir aber nur maximal drei Stunden. Dann mache ich eine sehr lange Meditation, um den Stress zu reduzieren, dazu eine Stunde Sport, meistens Yoga und Indoor-Fahrrad. Anschließend habe ich frei, bis um 21 Uhr mein Flow-Trigger-Wecker klingelt.

Dieses Protokoll hilft mir ein Stück aus dem Stress raus, stabilisiert mich und macht regelmäßig den Flow möglich. Wenn wirklich nötig, versuche ich, ein bis zwei solcher Tage die Woche zu machen. Selbst in miesen Phasen kannst du in den Flow finden. Nimm eines dieser Flow-Recovery-Protokolle, die dir den Weg aus der Talsohle weisen. Und wenn das nicht reicht, halte durch bis zum Urlaub. Oder lies den Exkurs am Ende von Teil 3.

Abb. 27 **1-Day-to-Flow-Recovery-Protokoll**

Quelle: VANTISGO (2024)

Consilionieren!

Kommen wir zum angekündigten Gegenmittel gegen Prokrastination. Du kannst nun alles, was du bisher gelernt hast, zusammenführen. Es sind eine Handvoll Schritte, die du immer wieder gehen kannst, um systematisch produktiv und wirksam zu sein. Noch einmal: „Crastinum" bedeutet „der morgige Tag". Consilium ist „der Plan". Und das ist genau das, was wir brauchen: einen guten Plan, der im Einklang mit unserer Biologie steht.

Am Beispiel meiner Doktorarbeit hast du gesehen, wie das Consilionieren in der Praxis funktioniert. Im September 2015 malte meine Frau mir das Flipchart, nachdem ich in einem Zeitraum von über einem Jahr so gut wie keine Seite geschrieben hatte. Im Oktober und November wurde ich immer schneller. Ich zog es durch bis März 2016 und schrieb auf diese Weise in sieben Monaten über 300 Seiten. Ich brauchte danach noch ein paar Monate zum Kürzen und Optimieren, aber das Wichtigste war getan.

Als ich alle Prinzipien, die du in diesem Buch kennengelernt hast, anwendete, fluppte es plötzlich: von 0 auf 100. Wenn ich diesen Dreh nicht geschafft hätte, dann hätte ich meinen Doktor nicht gemacht. Der Dank geht an meine wunderbare Frau und den freundlichen, aber bestimmten Arschtritt, den sie mir verpasst hat.

Wir können aber noch etwas daraus lernen. Das Ganze passierte zu einem Zeitpunkt, an dem ich das Produktivitätssystem schon längst entschlüsselt hatte. Ich nutzte es, während ich bei meiner Doktorarbeit unwirksam herumdümpelte, parallel aktiv im Job, um einen Erfolg nach dem anderen zu erarbeiten.

Die Schritte des Consilionierens

Aus einem bestimmten Grund möchte ich dir die Logik und das Vorgehen des Consilionierens noch einmal als ganz konkrete Schritte zusammenfassen.

1. Fokus aufbauen

Bevor du etwas bearbeitest, solltest du wissen, was du bearbeiten willst. Bereite also deine Arbeitsschritte vor. Was ist der erste Arbeitsschritt, mit dem du in einen Flow starten könntest? Worum genau geht es, welche Methoden kannst du einsetzen? Gibt es Meilensteine, die offensichtlich sind und von denen du dir den ersten als Fokuspunkt vornehmen kannst? Genau welche Tätigkeiten musst du ausführen und welchen Level der Arbeit betrifft das?

2. Verteilung der Tätigkeit auf die BTB-Slots

Wenn du weißt, was zu tun ist und um welchen Level der Arbeit es sich bei den Aufgaben handelt, überlegst du dir, in welchen BioTime-Boxen deines Produktivitätsprofils du sie bearbeiten möchtest und wie lange es dauern soll. Überlege dir, welche der Tätigkeiten du auf welche der BioTimeBoxen aufteilen möchtest.

3. Flow vorbereiten

Bereite frühzeitig mit allen Maßnahmen, die du zu diesem Zeitpunkt ergreifen kannst, deinen anstehenden Flow vor. Wenn du mehr Stress durch eine Deadline brauchst, dann setze dir eine. Wenn du eher in die Entspannung kommen musst, weil du zu viel Stress hast, dann mach ein paar Achtsamkeitsübungen und nutze Response-Ability oder mache Sport oder vorher eine Spielpause.

Überlege auch, was du jetzt schon tun kannst, um die weiteren Flow-Breaker zu vermeiden. Wenn du das stille Cubical im Großraumbüro, in dem du dich so gut konzentrieren kannst, buchen musst, dann mache es frühzeitig, damit es auch frei ist. Überlege, in welchem Flow-Frame du arbeiten möchtest. Vielleicht kannst du dort schon einmal alles bereitlegen und vorher kurz aufräumen, wenn dir das hilft.

4. Flow-Induktion

Jetzt steht die konkrete Flow-Induktion an, also die Schritte von 0 bis 4:

0. Die Grundlage (die Dinge, die du kurz vor dem Flow machst)
1. Motivation aktivieren
2. Stress balancieren
3. Induktion gestalten
4. Flow anschlussfähig beenden

5. Anschlussfähigkeit generieren

Du hast im letzten Punkt der Flow-Induktion aufgeschrieben, was das nächste To-do ist, mit dem du die Aufgabe wieder angehen möchtest, und so den Flow gut beendet. Vielleicht möchtest du jetzt noch dein Produktivitätssystem sortieren und ein paar To-dos aufbereiten. Vielleicht möchtest du noch einmal überdenken, welche BioTimeBox du für den nächsten Flow genau nutzen möchtest. Oder steht erst einmal Abarbeiten an? Hier machst du alles, was du am Ende eines Flows machen kannst, um den nächsten Flow zu ermöglichen oder dir das Leben leichter zu machen. Vielleicht willst du deine handschriftlichen Notizen einscannen und so ablegen, dass du sie beim nächsten Mal schnell wiederfindest.

6. Review und Preview

Plane regelmäßige Zeiten ein, in denen du kurz zurückschaust, was du in welcher BioTimeBox erledigt hast und ob du in dem geplanten und notwendigen Sinne auch wirklich weitergekommen bist. Hier kannst du eine ganze Menge über dich und deine Produktivität lernen. Vielleicht erkennst du, welche deine bevorzugte Flow-Box ist. Vielleicht entdeckst du auch neue Flow-Frames oder identifizierst Störungen, die du in Zukunft vermeiden möchtest. Vielleicht stellst du auch fest, dass du an eine Aufgabe immer wieder mit einer gewissen Methode herangegangen bist, die dir vorher noch nicht klar war und die du in Zukunft noch bewusster nutzen kannst. Du könntest herausfinden, dass du immer wieder zwei bis drei Slots mehr für eine Aufgabe gebraucht hast, als du gedacht hattest – eine wertvolle Erkenntnis für die Frage, wie du dein Arbeitsvolumen einschätzt. Und mit diesen Erkenntnissen aus der Rückschau kannst du wieder in den Preview gehen.

Im Preview schauen wir auf die nahe Zukunft. Was steht ganz konkret an? Was gilt es jetzt zu tun? Ist die kommende Woche eine typische Woche oder steht eine Reise an, weswegen du nicht deine typischen Flows einplanen kannst? Beim Preview nutze ich die Zeit vor allen Dingen, um alle meine aktuellen Projekte durchzugehen, in die Projektplanung reinzuschauen und zu checken, wo ich gerade stehe. Manchmal merke ich, dass ein Projekt nicht so weit ist, wie es sein sollte, und kann es mir als Priorität für die folgende Woche vornehmen. Außerdem räume ich in der Preview-Zeit meine To-do-Liste auf. Wenn ich merke, dass sie ziemlich voll ist, entscheide ich, was unbedingt gemacht werden muss und was auch noch eine Woche Zeit hat. Ich optimiere also meine Zeitplanung und pflege mein Produktivitätssystem, sodass ich die ganze Woche lang einfach nur diesem System folgen muss.

Und damit baue ich wieder meinen Fokus auf und plane die Tätigkeiten in mein BioTimeBoxing ein. Der Zyklus beginnt von vorn.

7. Optimiere dein Produktivitätsprofil

Wenn du das regelmäßig machst, wirst du immer mehr darüber lernen, wie du dein Produktivitätsprofil, also dein BioTimeBoxing, optimieren kannst. Du wirst immer wieder neue Muster erkennen. Am Vorabend zwei Bier getrunken und dein Flow am nächsten Tag ist im Eimer? Dann hast du etwas über deine Ernährung gelernt. Oder du merkst, dass du nach dem Sport ganz einfach in den Flow kommst? Dienstag und Mittwoch musst du die Kinder zur Kindertagesstätte bringen, auch da gelingt kein Flow? Dann weißt du, wie du in Zukunft deine Zeiten noch besser einplanst. Vielleicht merkst du auch, dass du nach anstrengenden Phasen ein paar Tage Erholung nur mit Abarbeiten brauchst, bevor du wieder echte Flows einplanen kannst. Möglicherweise gibt es auch Phasen, in denen es okay ist, dass du mal nicht produktiv und wirksam bist, aber damit greifen wir auf den dritten Teil des Buches vor.

Im Kern: Je mehr du lernst und je mehr du dein BioTimeBoxing optimierst, umso mehr bist du in der Lage, auch intuitiv im Sinne deines wirksamsten Produktivitätsprofils zu arbeiten.

Merkst du was?

Du bist an dem Punkt, an dem ich bei meiner Doktorarbeit war. Ich habe die Punkte des Consilionierens noch einmal zusammengefasst. Dieses Buch ist didaktisch so aufgebaut, dass durch Wiederholungen und die Vernetzung der Inhalte die dahinterstehende Logik klar wird. Hast du alles gelesen, hast du die Schritte verstanden.

Vielleicht hast du die Inhalte bereits umsetzen können und hast in einer BioTimeBox einen ersten Flow generiert und genossen. Wenn das zutrifft, ist ein wichtiger Beweis angetreten: der Beweis, dass du es auf jeden Fall kannst! Wenn du nämlich einen Tag nach deinem Produktivitätsprofil optimiert hast, gelingt dir das auch noch bei einem zweiten Tag, einem dritten und dann so oft, wie du möchtest. Und so schwer ist es nicht. Gut und ausreichend schlafen? Die anstehenden Aufgaben etwas anders auf die Zeit verteilen? Machbar, oder?

Wenn es dir einmal gelungen ist, nach der Anleitung in den Flow zu kommen, wird es dir auch ein weiteres Mal gelingen. Wie wir gelernt haben, ist es beim zweiten Mal sogar leichter, viel leichter als beim ersten Mal.

Es gibt also nichts, was du nicht kannst. Nur eine einzige Frage zählt: Wirst du es tun? Du kennst die Methode. Eine Woche üben, dann kannst du sie. Aber tust du es jetzt auch? Wenn du keinen

Partner hast, der dich zwingt, musst du dich aktiv dafür entscheiden. Willst du es aus eigener Motivation heraus machen? Klasse!

Vielleicht hast du aber gerade keine Kraft für irgendeine Veränderung, weil du erschöpft statt motiviert bist? Wenn das der Fall ist, dann ist der nächste Teil des Buches für dich. Wir finden heraus, wie Motivation funktioniert, und auch, wie du aus einer ordentlichen Erschöpfung garantiert in sinnvolles Consilionieren kommst.

Wenn du dich bereits entschieden hast, alles anzuwenden, ist der nächste Teil dennoch lesenswert für dich, denn du lernst, wie Motivation genau funktioniert und wie du dafür sorgst, dass du für das Richtige motiviert bist und nicht auf halbem Weg in den typischen Fallen hängen bleibst. Also, motiviert für den dritten großen Teil des Buches?

Teil 3

Wichtige Ziele wirklich erreichen: Dein Weg zum Erfolg

Warum mache ich das eigentlich alles? Motivation und Ziele verstehen

Viele wären gern so viel motivierter. Viele würden gern einiges in ihrem Leben ändern: gesünder essen, mehr Sport treiben, länger und besser schlafen. All das sind Veränderungen, die wir uns jedoch erst einmal erarbeiten müssen. Dass der Prozess der Veränderung nicht trivial ist, haben wir bei den Grundlagen für Produktivität schon besprochen. In diesem Abschnitt schauen wir zuerst, was typischerweise alles schiefgeht, um dann zu lernen, wie es richtig gehen würde.

Die Veränderungsfalle

Ein zentrales Hindernis auf dem Weg zur maximalen Produktivität, aber auch bei jeder Veränderung ist das Phänomen, das ich „Veränderungsfalle“ nenne. Um aus dieser Falle zu entkommen, benötigst du vor allem eines: Motivation. Schauen wir uns den Zusammenhang zwischen Motivation und Veränderung anhand eines praktischen Beispiels genauer an.

Erinnere dich daran, wie du gelernt hast, mit einer Tastatur umzugehen. Du hast zunächst mit dem berühmten „2-Finger-Suchsystem" gearbeitet. Mit der Zeit bist du immer besser und schneller geworden und hast ein konstant hohes Leistungsniveau auf dieser Tastatur erreicht. Dieses Niveau definieren wir als 100 Prozent Leistung, unabhängig davon, ob andere vielleicht schneller sind.

Abb. 28 **Veränderungsfalle – Teil 1**

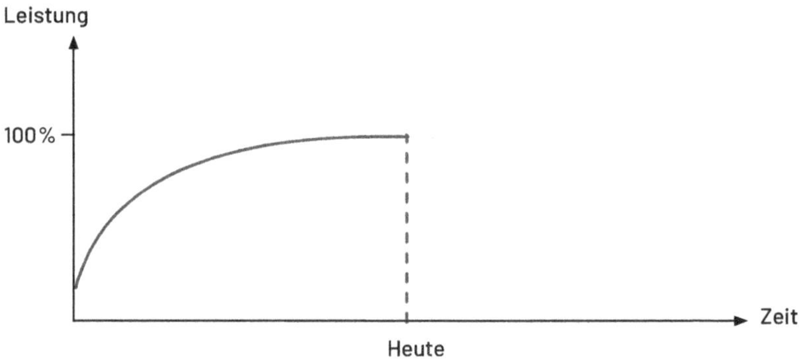

Quelle: VANTISGO (2024)

Nun gibt dir ein Kollege aus dem IT-Bereich eine geteilte Tastatur, eine, die in der Mitte getrennt ist. Und dann sind die Buchstaben auch noch anders angeordnet! Intuitive Reaktion: „Will ich nicht. So ein Mist." Du spürst vor allem eines: Du hast keinen Bock, vielleicht sogar Stress.

Du bekommst also bei aktuell 100 Prozent Leistung mit der alten Tastatur eine neue Tastatur. Man verspricht dir, dass du damit am Ende zehn Prozent schneller, somit ausgehend von deinem jetzigen Niveau bei 110 Prozent bist. Zehn Prozent Steigerung ist eine ganze Menge! Angenommen, du würdest jeden Arbeitstag volle acht Stunden nur mit Tippen verbringen, dann würdest du bei einer

10-prozentigen Steigerung satte 22 Werktage weniger arbeiten müssen beziehungsweise hättest 22 Werktage frei oder für andere Arbeiten (oder für noch mehr Tipparbeit) zur Verfügung. Also, doch Bock auf die neue Tastatur? Bist du motiviert?

Die Frage ist nun: Auf welchem Leistungsniveau beginnst du? Am Ende könntest du vielleicht sogar neue Höchstleistungen erreichen – denn objektiv ist die neue Tastatur viel besser, also auf mehr Leistung optimiert. Dieses höhere Niveau erreichst du jedoch nur, wenn du dich erst einmal daran gewöhnt und viel geübt hast. Der Weg von dem Moment, an dem du mit der neuen Tastatur beginnst, bis zu dem Zeitpunkt, wo du das gleiche oder ein höheres Leistungsniveau erreichst, ist aber ein langer und zunächst unproduktiver Prozess … und auf den hat niemand Lust. Das ist die Veränderungsfalle. Andauernd vertippst du dich. Die Tastenkombinationen sind nicht da, wo sie sein sollten. Du hast es aber eilig und jetzt ist der Moment gekommen, wo du *deine* Tastatur wieder anschließt und zufrieden denkst: „Herrlich, wie alles wieder flutscht und von der Hand geht."

Abb. 29 **Veränderungsfalle – Teil 2**

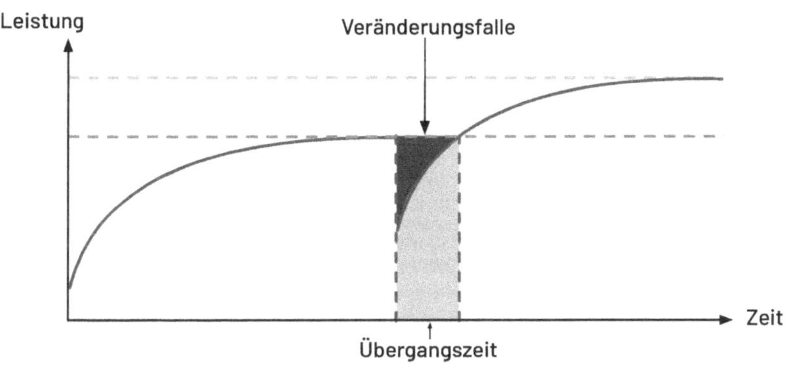

Quelle: VANTISGO (2024)

Vielleicht verspürst du aber echte Veränderungslust. Du gibst dem Neuen eine Chance ... bis der Chef einen ganz eiligen Auftrag hat. Mit der neuen Tastatur bist du bei 80 Prozent Leistung, also her mit der alten Tastatur und schon flutscht es wieder. Das machst du drei-, viermal und dein Gehirn erkennt das Muster: Mit der neuen Tastatur bist du nicht schnell genug. So erlebt es zumindest dein Gehirn und teilt dir entsprechend mit: „Lass es sein, das hat alles keinen Sinn." Und so gibst du auf. Allen anderen erzählst du ebenfalls, dass diese neuen Tastaturen nichts bringen. Nutzen wir weiterhin die alten.

Diese Erfahrung kann sogar zu einem verfestigten Kulturbestandteil werden, der weitergegeben wird: Das machen wir alle so, keiner gewöhnt sich um. Die Kids lernen von uns das Schreiben auf unseren nicht optimalen Tastaturen – und über Generationen wird Ineffizienz weitergegeben. Viele Change-Manager kennen diesen Effekt bei angestrebten Veränderungen in Unternehmen. Es klappt nicht, der Change versickert. Bleiben wir aber erst einmal bei uns selbst und unserer Tastatur. Wenn du deine Produktivität optimieren willst, bedeutet das, dass du dich über einen längeren Zeitraum aus der Veränderungsfalle kämpfen musst.

Der Erwartungsfehler

Auf diesem Weg aus der Falle gibt es zwei Breaking Points, auf die du vorbereitet sein und mit denen du wirksam umgehen solltest. Bleiben wir beim Beispiel. Jemand legt dir die Tastatur auf den Tisch und sagt: „Bitte tippe mal damit. Sobald du es gelernt hast, bist du zehn Prozent schneller." Wenn wir uns überlegen, welche Fortschritte wir beim Projekt „mit neuer Tastatur tippen" erwarten, haben wir in der Regel eine lineare Erwartung, wie schnell wir lernen. Wir denken, dass es vielleicht einen Monat dauern wird, bis wir uns daran gewöhnt haben. In der ersten Woche machen wir ein erstes Viertel Fortschritt, in der zweiten Woche ein zweites und so weiter.

Das ist die Annahme einer linearen Entwicklung: Wir glauben, bei zehn Prozent Aufwand und zehn Prozent der Lernphase zehn Prozent Fortschritt zu erreichen. Was passiert aber wirklich? Zunächst sind wir eine Stunde nur damit beschäftigt, die Tastatur auszupacken, anzuschließen und so weiter. Leistungsfortschritt: null beziehungsweise sogar negativ, denn in dieser Zeit hätten wir richtig was wegschaffen können. Dann fangen wir irgendwann langsam an zu tippen und müssen uns erst einmal mühevoll orientieren, im Einzelfingersuchsystem finden wir die Tasten. Echter Fortschritt: nicht wirklich, wir üben ja noch. Nun fällt uns auf: Die Umlaute funktionieren nicht. Ab in Foren. Neue Treiber herunterladen. Software muss neu installiert werden. Die läuft aber nur, wenn wir vorher das Betriebssystem updaten. Okay. Dann machen wir das. Fortschritt: keiner. Nach einer Stunde laufen Treiber und Software, die Umlaute funktionieren immer noch nicht. Also den Support anschreiben und warten. So vergehen die ersten vier Stunden, nichts ist passiert, kaum echtes Üben. Zwei Lösungen des Supports gehen nicht, eine Woche ist um. Fortschritt: null.

In der zweiten Woche geht es nach ein paar Stunden endlich. Wir sind hartgesotten und leidensfähig und legen los. Und dann merken wir, wie unser Gehirn immer wieder die alten Muster aktivieren will. Dass wir gelernt haben, mit der alten Tastatur so schnell zu arbeiten, hindert uns jetzt daran, etwas Neues zu lernen. Bei der alten Tastatur waren die Tasten woanders, wir sind nicht nur langsamer, immer wieder tippen wir auch auf die falschen Tasten. Wir machen also vermehrt Fehler und es kostet uns zusätzlich Zeit, sie zu korrigieren. Wir sind also in der Realität viel langsamer als vorher und die Fehlerkorrektur bringt uns immer wieder zusätzlich raus. Zwei Wochen Mühe haben uns ganz viel unproduktive und nervige Installationsarbeit und ewige Diskussionen mit unterqualifizierten Support-Mitarbeitern gekostet. Und zum Ausgleich ist unsere Produktivität noch um 40 Prozent gesunken. Ergebnis: Wir lassen es. Weg in die Ecke mit dem Ding.

Unsere unrealistische Erwartungshaltung hat zumindest eine Teilschuld daran. Wir hatten gehofft, dass wir binnen kürzester Zeit Fortschritte machen. Eine Woche? Einen ersten echten Fortschritt hatten wir ja schon erwartet. Zwei Wochen? Da hätten wir das alte Niveau erreichen müssen! Wir erleben schmerzhaft die Differenz zwischen erwartetem und echtem Fortschritt. Jetzt sind wir frustriert. Unsere (falschen) hohen Erwartungen, die aus der Hoffnung auf eine unrealistische Veränderungsgeschwindigkeit resultierten, wurden enttäuscht. Frust macht Stress, Stress reduziert die Lernfähigkeit und die Lernkurve nähert sich einer Lerngeraden an. Und es wird noch schlimmer.

Abb. 30 **Erwartungsfehler**

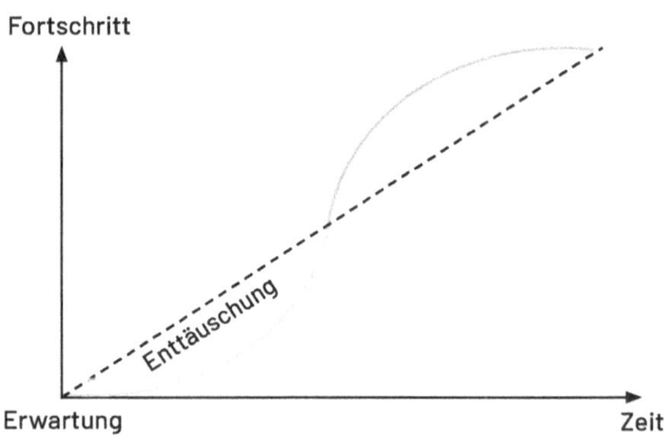

Quelle: VANTISGO, 2024

Wir können nämlich nicht nur keinen linearen Fortschritt erwarten, sondern wir erleben eine S-Kurve im Veränderungsprozess, die unserer intuitiven Prognostik widerspricht. Wenn wir ein neues Projekt beginnen, denken wir, wir machen erst das, dann das, dann das und dann sind wir am Ziel. Doch all die Momente, in denen wir sondieren, analysieren, vorbereiten, alles noch einmal überdenken, Fehler ausbessern, vergessene Zwischenschritte machen und eventuell komplett umdenken müssen, weil sich das Ziel verändert hat, führen dazu, dass die Realität ganz anders aussieht.

Die zwei wesentlichen Erkenntnisse: Es dauert erstens länger, als wir erwarten, bis wir echte Fortschritte machen. Und zweitens geht es eben nicht immer nur in eine Richtung. Du musst also darauf vorbereitet sein, dass es

1. vielleicht oder ganz sicher erst schlechter wird, bevor es besser wird, und
2. in Summe länger dauern wird, als du denkst.

Dann wird es aber schnell gehen. Und dann wird es auch richtig gut. Das heißt aber auch: Du kommst am besten durch die Falle, wenn du dich auf das Schlimmste gefasst machst. Sei realistisch bei deinen Erwartungen, sei also pessimistisch, was den Weg betrifft. Sei dir im Klaren darüber, dass der Prozess mühevoll bis nervig wird. So viel noch einmal zu der Frage, wie klug andauerndes positives Denken ist. Aber: Habe Lust auf das Endergebnis und trau dir zu, dass es grundsätzlich funktionieren kann. Optimismus ist erlaubt rund um die Frage, ob du glaubst, dass das Ziel erreichbar ist.

Mysterium Motivation: Dopamine als Belohnungsmotor

Von allem, was wir tun, versprechen wir uns eine Belohnung. Selbst wenn wir der Meinung sind, absolut selbstlos zu handeln. Wir erwarten eine Belohnung – sei sie materieller oder abstrakter Art, dass andere oder wir selbst uns beispielsweise als gute Menschen wahrnehmen. Oder dass unsere Kinder uns lieben. Oder unser Partner. Die Belohnung kann durchaus auch ein gutes Gefühl sein. Aber es bleibt dabei: Ohne die Erwartung einer Belohnung tun wir nichts. Wir bleiben auf dem Sofa liegen. Ohne

Belohnungserwartung hätte die Menschheit noch nicht einmal das Rad erfunden, weil sie nämlich schon lange vorher ausgestorben wäre.

Zentral für die Belohnungserwartung, und nichts anderes ist Motivation im Grunde, ist ein Neurotransmitter namens Dopamin, der im mesolimbischen Belohnungssystem aktiv wird. Ein Wissenschaftler namens Wolfram Schultz hat brillante Forschung dazu durchgeführt. In einem Experiment mit Menschenaffen ließ er eine Signallampe leuchten und jedes Mal, wenn die Lampe anging, konnten die Affen einen Hebel drücken. Nachdem sie den Hebel gedrückt hatten, dauerte es einen Moment und am Ende erhielten die Affen eine Belohnung, beispielsweise einen Schluck Apfelsaft. Die Affen liebten den süßen Apfelsaft – für sie eine herausragende Belohnung.

Die Psychologie dachte lange Zeit, dass Dopamin immer dann freigesetzt wird, wenn es eine Belohnung gibt. Also erst die Belohnung, dann das Dopamin. Dopamin wurde nach dieser lange vorherrschenden Theorie immer erst dann freigesetzt, wenn die Belohnung tatsächlich erfolgte. Aufgrund des „Pleasure Moments", dieses „Ha, ich habe Saft"-Moments, entwickeln wir eine Vorliebe, fast schon eine Sucht danach. Dopamin galt deshalb als Neurotransmitter der Belohnung, des Vergnügens und der Zufriedenheit. Doch entweder war der Saft etwas ganz Besonderes oder die Affen waren ein bisschen seltsam. Oder die Theorie war falsch. Denn Wolfram Schultz stellte fest, dass es sich irgendwie anders verhält. Wenn die Affen nach einer Übung belohnt wurden, akzeptierten sie die Belohnung zwar, aber sie führte nicht zu der erhöhten Dopamin-Freisetzung, wie Schultz erwartete. Stattdessen konnte er die Dopamin-Freisetzung im Gehirn der Affen messen, kurz nachdem die Lampe anging. Er stellte also fest, dass Dopamin nicht der Neurotransmitter der Belohnung, sondern der Neurotransmitter der Belohnungserwartung, also der Vorfreude ist.

Abb. 31 **Belohnungserwartung**

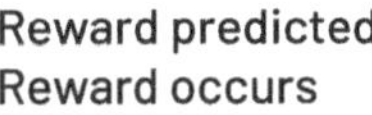

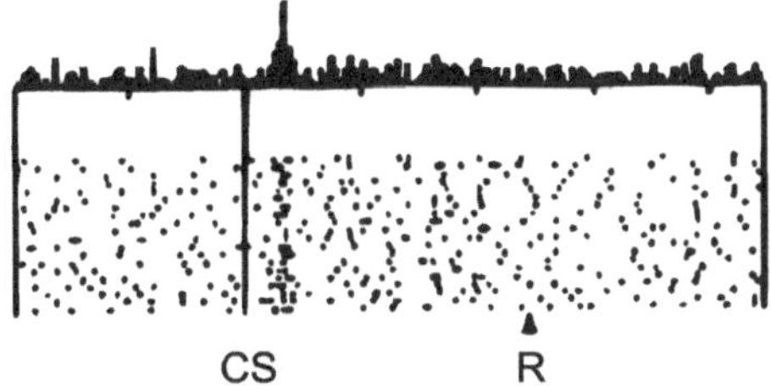

Quelle: Schultz, W., Dayan, P. & Montague, P. R. (1997). A neural substrate of prediction and reward. Science, 275, 1593-1599. DOI: 10.1126/science.275.5306.1593

Das sieht man gut in der Visualisierung[76] von Schultz. CS ist der Stimulus, die Lampe, die angeht, R ist die Belohnung, also der Saft. Grundlage dafür ist, dass der Affe gelernt hat, dass es nach dem Stimulus und dem Hebeldrücken den Saft gibt. Dann wird Dopamin ausgeschüttet, je höher die schwarzen Balken, desto mehr. Evolutionär gesehen ist diese Reihenfolge absolut sinnvoll. In diesem Beispiel bekamen die Affen jedes Mal zuverlässig ihre Belohnung. Nun stellen wir uns vor, der Affe bekommt seinen Saft nur in 25 Prozent der Fälle. Jetzt wird weniger Dopamin ausgeschüttet, oder?

Abb. 32 **Belohnungserwartung**

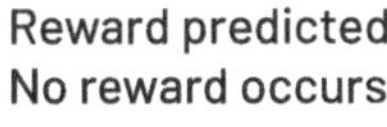

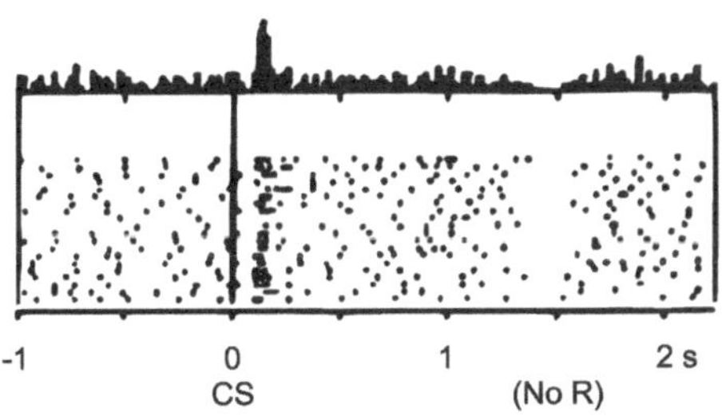

Quelle: Schultz, W., Dayan, P. & Montague, P. R. (1997). A neural substrate of prediction and reward. Science, 275, 1593-1599. DOI: 10.1126/science.275.5306.1593

Versetzen wir uns in die Lage unserer Mammuts jagenden Vorfahren. Du bist jetzt einer von ihnen. Beim ersten Mal, wenn du das Mammut nicht erlegst, rauscht dein Dopamin in den Keller, gut zu sehen an der Grafik von Schultz. Parallel dazu haben wir eine Stressreaktion – nicht verwunderlich, du regst dich darüber auf, dass das blöde Vieh entwischt ist und dass vielleicht Hunger droht.

Aber dann passiert etwas Spannendes, was damals nicht Teil der Studie von Schultz war.

Wenn du in der Savanne Mammutjagd betreibst, um etwas zu essen zu haben, ist der Erfolg nie zu 100 Prozent garantiert. Vielleicht klappt es nur jedes vierte Mal. Du musst das Mammut aber erlegen, weil du sonst verhungerst. Brauchst du also bei geringerer oder bei höherer Jagderfolgswahrscheinlichkeit mehr Motivation? Natürlich brauchst du bei höherer Misserfolgsquote mehr Motivation – und zwar schon bei der Aussicht auf Belohnung. Das ist die richtige Reihenfolge, wenn du überleben möchtest. Also schießt das Dopamin durch die Decke, sobald du doch eine Chance auf das nächste Mammut siehst. Die Erfahrung, die Belohnung auch einmal nicht zu bekommen, sorgt für mehr statt weniger Motivation.

Abb. 33 **Motivation**

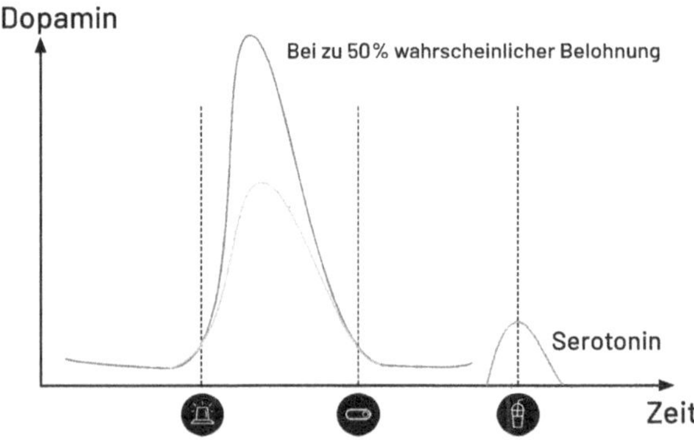

Quelle: VANTISGO (2024)

Spannend ist, dass Dopamin eine Rolle bei der Ausführung von Bewegung spielt und mit weiteren Stoffen wie Adrenalin und Noradrenalin auch an der Steuerung des Aufmerksamkeitsverhaltens beteiligt ist, das eine zentrale Rolle für das Lernen spielt. Gelernt wird unter anderem, welches Verhalten uns das Mammut fangen lassen könnte. Weitere Neurotransmitter spielen eine Rolle und es ist noch viel komplexer als hier beschrieben.

Der Belohnungserwartungseffekt sorgt für die Ausschüttung eines euphorisierenden Cocktails. Belohnungserwartung bedeutet also Vorfreude und Vorfreude entspricht der Motivation. Es ist genau diese Motivation, die uns aus der Veränderungsfalle befreit. Und es ist die richtige Erwartungshaltung, die dafür sorgt, dass du dich nicht der Motivation beraubst.

Weiter oben habe ich alles gegeben, um dir Veränderung madig zu machen … aber auch gezeigt – denk an die freien 22 Tage –, wieso du sie trotzdem angehen solltest. Steigst du aber mit der naiven Erwartung ein, dass alles ganz entspannt laufen wird, erkennt das Gehirn schnell die Abweichung. Das kann uns neben dem Stress, den es uns macht, auch die Motivation verhageln. Haben wir die Erwartung, dass es nervig werden wird, dann passiert etwas Spannendes. Das Gehirn merkt, dass es wirklich nervig wird, und denkt sich: „Mega, alles wie erwartet, alles wie geplant. Das ist ein Zeichen, dass ich es voll im Griff habe!“ Der gleiche Effekt tritt auch bei einem schlechten Schüler auf, wenn er die nächste schlechte Note bekommt. Er bekommt perfiderweise einen Belohnungsimpuls, denn sein Gehirn ist glücklich, dass es verstanden hat, wie die Welt funktioniert. Wenn du jemand bist, der über sich denkt, dass du ohnehin nicht produktiv bist, dann weiß dein Gehirn, dass es dich belohnen kann, indem es das wahr werden lässt. Es braucht aber nur ein bewusstes Umdenken mit einer Handvoll positiver Erfahrungen, die du aktiv schaffst, und du kommst da raus.

Wozu wir Motivation brauchen und welche Grundmechanismen am Werk sind, ist also klar geworden. Nun stellt sich die Frage, wie du systematisch auf neurologischer Basis Motivation bei dir auslösen kannst. Wie bekommst du also Lust auf das Endergebnis, ohne die es höchstwahrscheinlich nicht gehen wird? Ich habe eine gute Nachricht für dich: Um Motivation zu erzeugen, kannst du ein einfaches Protokoll verwenden, das auf neuropsychologischer Basis funktioniert und dein Belohnungserwartungssystem aktiviert. Bevor ich es dir vorstelle, schauen wir aber zunächst noch etwas genauer auf ein paar Phänomene rund um Motivation, die dir helfen werden, dein Protokoll besser zu verstehen, damit du es noch wirkungsvoller umsetzen kannst.

Pain and Pleasure anstatt Pain or Pleasure

Immer auf einer Welle der Motivation durchs Leben surfen, Dopamin ohne Ende – wäre das nicht toll? Die Antwort lautet: Nein, wäre es nicht. Absolut nicht, kein bisschen. Im Leben geht es immer um Schmerz *und* Wohlbefinden, nie um Schmerz *oder* Wohlbefinden. Werfen wir wieder einen Blick auf unsere Neurobiologie, um zu verstehen, wie wir angesichts dieser Polarität verantwortungsvoll mit uns umgehen können.

Ich möchte dir von einem faszinierenden Phänomen erzählen, das ich selbst immer wieder bei mir erlebe und das ich die „Extraversion-Mini-Depression" nenne. Ich habe festgestellt, dass ich (als jemand mit hoher Extraversion und geringem Neurotizismus) in den ersten zwei Wochen des Urlaubs richtig down war, regelrecht niedergeschlagen. Es kamen alle möglichen Zweifel hoch: Ist das richtig so? Mache ich alles richtig? Selbst wenn ich jeden Grund hatte, zufrieden zu sein, kamen immer wieder Zweifel auf. Also begann ich, mit anderen Unternehmern darüber zu sprechen – und sehr viele von ihnen kannten dieses Phänomen auch. Je höher die Extraversion und je geringer der Neurotizismus, desto ausgeprägter erleben sie es. Zwar kennen nicht nur Unternehmer dieses Loch, doch oftmals ist es umso tiefer, je ausgeprägter die Erfolgsorientierung des betroffenen Menschen ist.

Michael Phelps ist mit 28 olympischen Medaillen der erfolgreichste Olympionike aller Zeiten. Mit diesen Worten beschreibt er seine Gefühle nach großen sportlichen Erfolgen: „Ich hatte keine Selbstliebe, kein Selbstbewusstsein. Ich mochte nicht, wen ich im Spiegel sah." Phelps beschreibt hier die depressive Phase nach dem Erfolg, „das Loch", in dem er 2004 zum ersten Mal versank, nachdem er gerade in Athen sechs Gold- und zwei Bronzemedaillen gewonnen hatte. „Man arbeitet vier Jahre lang so hart, um diesen Punkt zu erreichen, und dann steht man da ... auf dem Gipfel des Berges und fragt sich: ‚Was zum Teufel soll ich jetzt tun? Wo soll ich hin? Wer bin ich?'" Um dieses Loch zu überwinden, stürzte er sich immer wieder in den Wettkampf. 2016 beendete er seine Karriere. Eigentlich sollte man meinen, dass er sich hätte zurücklehnen können, um die Früchte seines Erfolgs zu genießen. Er hatte wirklich alles in seiner Sportart erreicht, sie hat ihn zu einem wohlhabenden Mann gemacht, sein Nettovermögen wird auf 80 Millionen Dollar geschätzt. Viel wichtiger: endlich nicht mehr täglich in die Chlorbrühe müssen, essen können, was man mag. Kein Reisestress, dafür Legendenstatus. Aber weit gefehlt: „Ich hatte das Gefühl, dass ich nicht mehr leben wollte, und ich hatte das Gefühl, dass ich anderen Menschen in meinem Umfeld eine Menge Stress und Probleme bereitete, also hielt ich es für das Beste, einfach zu gehen", umschreibt er seine suizidalen Gedanken. Er ging aber nicht, sondern suchte Hilfe in einer Therapie. „Ich habe dann einfach beschlossen, dass es an der Zeit war, einen Schritt zu machen und zu versuchen, einen anderen Weg zu finden."[77]

Vielen Menschen, die bemerkenswerte Erfolge erreicht haben, geht es ähnlich. Ein deutsches Beispiel ist der Autor des Vorworts, Jochen Schweizer. Der Unternehmer und Promi hat sein Unternehmen nach einer bemerkenswerten Karriere mit vielen Erfolgen für einen 9-stelligen Betrag verkauft und damit ein großes, sich selbst gesetztes Ziel erreicht. In seinem Anwesen in Norwegen erzählte er mir, dass auch er nach diesem Erfolg diese große Leere verspürte. Zum Glück war es bei ihm sehr viel weniger schlimm als bei dem Weltklasseschwimmer, was zum einen daran lag, dass er eben ein anderer Mensch als Phelps ist. Es lag aber auch daran, dass Jochen schon sehr lange einen ausgesprochen gesunden Umgang mit sich selbst kultiviert hatte, für den ich ihn sehr bewundere. Bei allen erfolgreichen Menschen ist die Logik dieses Phänomens immer die gleiche. Ich möchte dir erklären, was dabei abläuft, und dir mitgeben, was du tun kannst, damit es nicht so schlimm wird, wenn du Erfolg hast.

Hattest du schon deinen großen Erfolg? Deine Situation ist vermutlich nicht so dramatisch wie die von Michael Phelps. Wenn doch, suche dir bitte sehr schnell Hilfe bei einem klinischen Experten. Geh zum Arzt! Dennoch ist es keineswegs überraschend, wenn du dich ähnlich fühlst, nachdem du gerade einen großen Erfolg errungen hast. Das, was Phelps sehr ausgeprägt erlebt hat, erlebst du vielleicht in einem milderen und noch vollkommen gesunden Rahmen – das Prinzip ist jedoch dasselbe. Was wir in diesem Prinzip sehen, ist die faszinierende Verbindung zwischen dem Belohnungs- und Stresssystem, zwischen Lust und Angst, dem Positiven und Negativen bei der Arbeit. Ein funktionierendes Zusammenspiel dieser Systeme ist, unabhängig von der Persönlichkeit, die Grundlage für ein ausgeglichenes Leben mit hoher Zufriedenheit.

Was sorgt überhaupt für Zufriedenheit? Jenseits der grundlegenden Bedürfnisse nach Sicherheit und der Vermeidung von Gefahren ist es vor allem der erlebte relevante Fortschritt. Wir hungern nach Entwicklung. Wenn wir ein sinnvolles Ziel haben, das uns voranbringt, schaffen wir echte Zufriedenheit. Wenn wir in einem sinnvollen Bereich oder an einem Ziel arbeiten, das für uns mit Sinn erfüllt ist, und wir dabei relevante Fortschritte machen, erleben wir echte Zufriedenheit. Relevanter Fortschritt bei einem uns wichtigen Ziel macht glücklich. Du musst dazu nicht Mutter Theresa sein.

Wenn dein Job beim zweitgrößten europäischen Hersteller von Mineralwasserflaschendrehverschlussaufschraubmaschinen dich erfüllt: Prima! Wenn du 60 Minuten am Stück laufen möchtest oder doch zu den Olympischen Spielen willst: Chapeau! Wenn du eine Lesestunde für Flüchtlingskinder organisierst und es das ist, was dich voranbringt: Klasse!

Es ist jedoch interessant zu beobachten, dass das Erreichen von Zielen regelmäßig „bestraft" wird. Vielleicht sind die ersten paar Minuten und Stunden nach einem Erfolg noch toll. Dann geht es aber den Bach runter. Dieser scheinbare Widerspruch ist im Zusammenspiel unseres Belohnungs- und unseres Stresssystems begründet. Die beiden Systeme funktionieren – wie an anderer Stelle schon angerissen – wie eine Wippe: Pain und Pleasure sollen bitte in der Balance sein, so will die Biologie das. An einem neutralen Tag halten sich beide die Waage, Belohnung und Stress sind ausgeglichen, die Wippe ist waagerecht und bewegt sich nur minimal. Wenn es jedoch einen Ausschlag in eine Richtung gibt, strebt das System nach einem Ausgleich. Und dadurch entsteht ein fataler Effekt.

Als jemand mit hoher Extraversion und geringem Neurotizismus wirst du immer zwischen Belohnung und Motivation herumwirbeln, so viele Dinge begeistern dich, zu wenige Bedenken bremsen dich, einfach mal loslegen ist die Devise. Wenn wir beim Bild der Wippe bleiben, sind Belohnung und Motivation oben auf der Wippe. Das Belohnungssystem ist ständig aktiv. Dann beginnt der Urlaub. Die Vorfreude auf den Urlaub ist vorbei. Es gibt nichts zu tun. Und dann kommt diese Mini-Depression, denn dein Gehirn wittert die Chance, endlich in die Balance zu kommen, jetzt, wo dein mesolimbisches System nicht permanent ballert. Dein Stresssystem wird aktiviert. Leider gibt dein Körper dabei ein bisschen zu viel Gas und übertreibt es. Du erreichst nicht nur die Balance, du schießt darüber hinaus und landest in einer erheblichen Aktivierung des Stresssystems. Dein Angular Gyrus fragt dich: Bist du gut genug? Ist alles in Ordnung?

Mit anderen Worten: Wenn du zu sehr in der Belohnung feststeckst, kann es dazu führen, dass dein Körper durch neurophysiologische Prozesse in den Stressmodus wechselt. Manche Menschen erleben das sogar innerhalb eines Tages – mal sind sie motiviert, dann gestresst, dann wieder motiviert und wieder gestresst, wie eine Oszillation. Und manche Menschen verbringen so viel Zeit in der Belohnung, dass sie einen richtigen Schock erleben, wenn sie Urlaub machen.

Ist das nicht nervig? Endlich mal Ruhe und dann das! Warum ist das so? Aus meiner Sicht erfüllt die „Urlaubsdepression" – ich nenne sie gern das „Urlaubsdepressiönchen", um sie von einer echten Depression deutlich abzugrenzen –, also dieser stressgeprägte Müßiggang, eine wichtige psychodynamische Funktion. Denn auch wenn sich der Weg durch das kleine Loch richtig mies anfühlt, geht es mir viel besser, wenn ich damit durch bin. Diese Phase zwingt mich nämlich dazu, mich kritisch-reflektierend mit mir und meinem Leben zu beschäftigen. Sie hilft mir zu erkennen, was ich nicht so gut kann, was ich versaut, wo ich Fehler gemacht habe. Daraus kann ich lernen. Melancholie erfüllt eine wichtige Funktion. Die Dinge, die mir in dieser Phase noch wichtig sind, also das, was am Ende der Reflexion übrig bleibt, sind mir wirklich wichtig! Wie mit einem Filter werden Ziele und Ambitionen in diesem Loch sortiert. Es fällt mir in dieser Phase leicht, Dinge loszulassen. Und dieses Loslassen fühlt sich an, als würde ich damit eine auf mir liegende Last reduzieren. Aufgaben, die ich mir wegen zu viel Enthusiasmus aufgehalst habe, breche ich einfach ab. Das fällt mir leichter, wenn ich mich ohnehin gerade als Loser fühle. Ich mache einen mentalen Frühjahrsputz, in dem ich viel über mich und meine Situation lernen und richtungsweisende Entscheidungen treffen kann.

Immer wieder sitzen bei mir im Coaching-Sessel Mandanten, die über diese Phasen aktiv und oft über Jahre hinweggegangen sind – weil jede einzelne unangenehm ist und es ja immer etwas zu tun gibt. Indem sie diese kritischen Phasen durch Aktivitäten und Ablenkungen überspielt haben, kamen sie nie in die Reflexion. An irgendeinem Punkt fühlte sich das Leben durch das heruntergeregelte Dopamin dann aber dumpf und wie in Watte gepackt an. Ein nächstes Ziel, was sie früher noch begeistert hätte? „Ach ja, schon gut." Einen wichtigen Meilenstein erreicht? „Tja, ich sollte mich wohl freuen." Dankbarkeit? „Wofür denn? Irgendwie fühle ich mich mies." Daraus entsteht eine Sehnsucht nach Enthusiasmus und Vorfreude, wie sie es von früher kannten. Doch es wird noch schlimmer. Je größer die Sehnsucht, desto größer der Stress. Je intensiver sie dieses Wattegefühl erleben, umso mehr empfinden sie sich und ihr Leben als ungenügend. Umso düsterer und bedrohlicher erscheint eine Reflexionsphase ... und umso aktiver wird sie vermieden. Also finden sie in der Phase nicht heraus, was sie stört. Entsprechend ändern sie auch nichts und sortieren auch nichts aus, was noch mehr Frustration produziert. Es droht ein Teufelskreis. Je dringender man die Downphase braucht, desto größer der Anreiz, sie zu vermeiden.

Ich habe schon zahlreichen Mandanten eine vierwöchige Ruhe- und Reflexionsphase empfohlen – die sie dann natürlich nicht durchgezogen haben, auch wenn sie zunächst einverstanden waren. Das Muster ist immer gleich. Wenn ich dranbleibe und immer wieder auf die Wichtigkeit dieser Phase hinweise, brechen einige das Mandat sogar ab. Ziemlich verlässlich folgt jedoch ein paar Jahre später der Anruf: „Hilfe! Es geht nicht mehr!" Burn-out und Depression führen die Liste der Symptome an, Panikattacken und undefinierte Ängste folgen auf den weiteren Plätzen. Und dann kommt die Frage: Ich hätte es doch kommen sehen, ob ich jetzt helfen könnte? Meine Antwort lautet dann: „Ja, kann ich. Ich kann einen guten Therapeuten empfehlen." Der ist an diesem Punkt nämlich nötig. Die Arbeit mit dem Therapeuten kann ich höchstens noch durch ein – oft sinnvolles – therapiebegleitendes Coaching unterstützen.

An diesem Punkt möchtest du nicht landen. Und daran erkennst du den Wert der Tiefphasen: Du lernst viel über dich, richtest dich neu aus und sortierst für die nächste Zeit. Die B/S-Wippe, die Wippe von Belohnung und Stress, richtig und klug zu managen, heißt alle Phasen zuzulassen, auch die, die auf den ersten Blick unangenehm und unproduktiv erscheinen.

2x6+X

Wie kann man diese Phasen aktiv gestalten? Nun, jeder hat andere Bedürfnisse. Ich zeige dir, wie ich das mache. Du kannst dir hoffentlich einiges davon abgucken. Viele werden jetzt denken: „Du hast leicht reden, du bist Unternehmer, das ist dann ja auch viel einfacher." In Wahrheit hängt es aber nicht nur von der Rolle oder dem Job ab, sondern auch von der familiären Situation, vom Arbeitsalltag, von den Bedürfnissen und so weiter. Ich kann dich nur einladen, dich von meinem System inspirieren zu lassen und dann zu schauen, was du davon wie anwenden kannst, und zu überlegen, was du sonst noch machen kannst, um dein Wunschergebnis zu bekommen.

Etwa vor einer Dekade habe ich verstanden, dass es wichtig ist, ein Ausgleichssystem zu haben. Ich kam gerade aus einer Phase der Übertreibung, hatte eine ordentliche Zeit durchgearbeitet und war ob der gebrachten Leistung genauso zufrieden mit mir, wie ich erschöpft war. Zum Glück stand das Sommerloch an. Der größte Teil meiner operativen Arbeit war damals das Halten von Seminaren. Die meisten Kunden vermieden für Seminarbuchungen großräumig die Urlaubszeit rund um die Sommerferien. Meine strategische Arbeit konnte ich immer flexibel einteilen und sie konnte auch mal ein bisschen warten.

Eigentlich nur aus Erschöpfung machte ich sechs Wochen Urlaub – und merkte, wie klasse das war. Ich habe es beibehalten und mache heute zweimal im Jahr sechs Wochen. Und da ich erkannt habe, dass ich auch zwischen diesen Phasen Pausen brauche, habe ich noch ein paar weitere Urlaube „+X“ dazwischen eingeplant. Die Magie passiert aber in den 2x6 Wochen, um die es jetzt geht.

Mit der bewussten Entscheidung, für diese Phasen keine Buchungen anzunehmen, gelingt es mir, im Sommer sechs Wochen am Stück freizumachen. Die zweite Phase beginnt meist eine Woche vor Weihnachten und geht bis in die erste Februarwoche.

Abb. 34 **2x6+X - Urlaubssystem**

Urlaubssystem in der Jahresübersicht

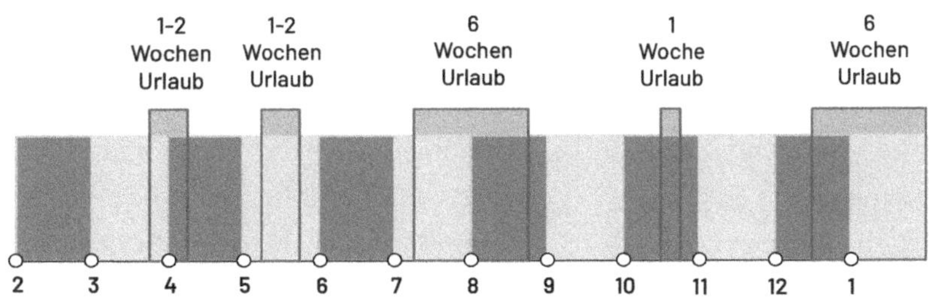

Quelle: VANTISGO (2024)

Ich wäre nicht ich und ich wäre wahrscheinlich auch kein Unternehmer, wenn Urlaub bei mir nur Urlaub heißen würde, wie es das bei den meisten tut. Also, was mache ich da?

Abb. 35 **2x6+X - Aufbau**

Wie die 6 Wochen aufgebaut sind

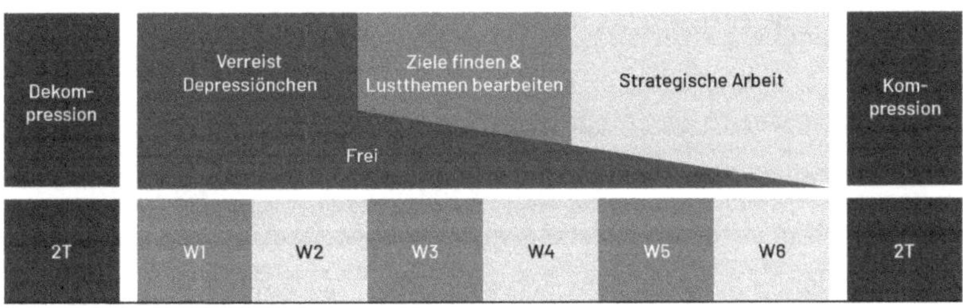

Quelle: VANTISGO (2024)

Dekompressions- und Kompressionsphase

Kennst du das doofe Gefühl, das man hat, wenn man in den Urlaub geht und ein paar wichtige Sachen sind noch nicht fertig? Ich kenne es. Deswegen sind bei mir die letzten zwei Arbeitstage vor dem Urlaubsbeginn im Kalender auch schon mit Urlaub eingetragen. Dennoch arbeite ich die zwei Tage, um alles Wichtige anzupacken, abzuarbeiten oder wenn nötig zu delegieren. Ich gehe mein Produktivitätssystem durch und sehe, dass es keine losen Enden gibt, bevor ich in den Urlaub starte. Das nenne ich die Dekompressionsphase.

Genau das Gegenteil mache ich in der Kompressionsphase, also wenn ich aus dem Urlaub zurückkomme. Die ersten beiden Tage sind im Kalender ebenfalls als Urlaub eingetragen. Hier sortiere ich meine neuen Tasks, überlege, wo ich gerade stehe, erfahre von Kollegen in kurzen Check-in-Telefonaten den aktuellen Stand der Dinge. So bin ich nicht direkt im hektischen Arbeitsalltag, sondern kann überlegt in die Arbeit starten.

Verreist

Ich mache Urlaub. Arbeitsverbot. Meistens verreise ich mit meiner Familie, das Handy bleibt auch mal den Tag über im Safe. Ich lese viel und ich halte es aus: das Urlaubsdepressiönchen. Ich lasse es auch zu, melancholisch zu sein, und sorge mich nicht darum. Ich weiß: Es ist ganz normal, sogar nützlich. Entsteht eine Reflexion, schreibe ich mir auf, was ich reflektiere, gehe aber nicht tiefer rein, sondern mache weiter Urlaub.

Ziele finden und Lebensthemen bearbeiten

In dieser Phase habe ich zwei Themenfelder. Zum einen überlege ich, wo ich gerade im Leben stehe, und schaue, ob meine selbst gesetzten Ziele noch passen. Ich überlege, was ich bis zur nächsten Urlaubsphase und darüber hinaus noch erreichen möchte. Warum das wichtig ist und wie das geht, lernst du in den nächsten Kapiteln.

Dann schaue ich mir an, welche Reflexionen im Urlaubsdepressiönchen hochgekommen sind, schaue dazu auf die Liste der persönlichen Entwicklungsthemen, die ich bearbeiten möchte. Von Coaching-Themen über den Review eines Forschungsgebiets bis hin zu Fähigkeiten und Inhalten, die ich gern lernen möchte, darf hier alles rein.

Wovon hängt ab, ob ich etwas mache oder nicht? Es gibt nur eine einzige Voraussetzung: Ich muss Lust darauf haben und einen inneren Impuls spüren, damit beginnen zu wollen. Wenn nicht, dann nicht. Dann vielleicht im nächsten Urlaub.

Strategische Arbeit

Immer wieder habe ich gemerkt: In diesen Phasen voll in meinem Biorhythmus zu schlafen führt bereits nach ein, zwei Wochen zu einer vollkommenen, tiefen Erholung. Ich habe sehr viel Energie und einfach richtig Bock zu arbeiten, vorwärtszukommen und besser zu werden. Spätestens nach Woche 3 juckt es in den Fingern, etwas zu tun. In Woche 4 würde ich jemanden dafür bezahlen, um endlich wieder arbeiten zu dürfen. Ich fange also an – aber nur mit strategischen Themen, mit Sachen, für die im Alltag keine Zeit ist oder die eine längere Bearbeitung brauchen und/oder auf die Zukunft meiner Unternehmensgruppe einzahlen.

Das heißt, in den späten Urlaubswochen arbeite ich bereits sehr viel an neuen und innovativen Projekten. In den Sommerwochen habe ich beispielsweise die Seminare entwickelt, aus denen in den Winterwochen die darauf aufbauenden Bücher entstanden sind. Das Handling-SHIT-Seminar entstand in eineinhalb Wochen Urlaub mit einem Flow nach dem nächsten. Auch mit unserer Coaching-Ausbildung ist es so gewesen. Ich habe sie während eines Sommerslots konzipiert und im folgenden Winterslot finalisiert und vorbereitet. Es kommt auch nicht selten vor, dass ich aus meinem Urlaub mit ein paar Hunderttausend Euro Umsatz zurückkehre. Ich bin mit vielen Unternehmern befreundet, mit denen ich mich zwanglos zum Dinner treffe. Irgendwann sagen sie dann: „Ach, wo wir gerade reden: Ich brauche Hilfe von dir und deinem Team in folgender Sache …"

Große Teile dieses Buches sind in den Sommer- und Winterphasen entstanden, zum Beispiel während einer Flow-Woche Mitte Januar in Valencia: fast eine Woche drei Flows pro Tag. Weit über 100 Seiten wurden intensiv überarbeitet, Dutzende neue geschrieben und das Konzept weiterentwickelt.

Wenn du dir die Zeit nehmen würdest, was würdest du schaffen wollen? Was wäre dir wichtig, wofür im Alltag nie Zeit bleibt? Ob es bei dir zweimal sechs Wochen werden, ist nicht wichtig. Jeder von uns hat andere Rahmenbedingungen. Vielleicht machst du im Sommer drei Wochen Urlaub und danach eine Woche Homeoffice, um ein wichtiges Thema zu bearbeiten. Auch das kann ein wichtiger und relevanter Schritt in die richtige Richtung sein. Sei kreativ und denke darüber nach, wie du Urlaubsphasen für dich nutzen kannst. Und finde dann Wege, es möglich zu machen, statt Ausreden zu suchen, warum es ausgerechnet und gerade in deinem Fall nicht geht.

Von meinem Team höre ich regelmäßig den Satz: „Du musst mal wieder Urlaub machen", wenn sie das Gefühl haben, dass ein Thema neuen Schub braucht. Sie haben also erlebt, welchen Fortschritt diese Phase bringt. Und sie lassen mich deswegen in dieser Phase gern in Ruhe. Vielleicht kannst du ja dein soziales System Ähnliches erleben lassen, damit auch du die Ruhe für eine solche Auszeit findest.

Mit diesem Urlaubssystem gelingt es mir, niemals dort zu landen, wo der Unternehmer oben gelandet ist. Die Wippe aus Belohnungs- und Stresssystem nutze und bespiele ich sehr aktiv. Ich lasse beide Seiten, beide Pole zu.

Pain and Pleasure im Alltag

Auch im Alltag macht sich die Wippe bemerkbar. Auch hier haben wir die Tendenz, die Melancholie und den Stress wegzudrücken. Wir neigen dazu zu denken, dass es großartig ist, wenn immer alles glattläuft. Wir fühlen uns belohnt und alles ist gut. Wir müssen aber im Kopf behalten, dass nach jeder Belohnung der Dopaminspiegel wieder sinkt und wir uns auf die Suche nach der nächsten Belohnung machen: ein Lob, ein gutes Essen, Bestätigung, ein unsinniger Einkauf. Manchmal stehe ich vor einem Juwelier und denke darüber nach, ob ich mir die Stimmung nicht mit einer neuen Uhr kurzzeitig versüßen sollte. Denn ich weiß mittlerweile, was in mir los ist und erlebe es bewusst. Mein Gehirn hat verstanden: Erst wenn wir die nächste größere Belohnung erhalten, steigt der Dopaminspiegel wieder an.

Am schönsten ist es aber, wenn man sich nicht belohnt, um aus dem Stress zu kommen, sondern weil man einen tollen Erfolg oder einen freudigen Anlass zu feiern hat. Dann können Uhren oder Schmuckstücke einen immer wieder an diese Momente erinnern.

Dopamin ist die treibende Kraft hinter dem Streben nach Belohnungen. Es motiviert uns, ist wie eine Droge, bringt uns in Bewegung. Das hat Gründe: Dopamin beeinflusst auch unsere motorischen Fähigkeiten, weil es ein zentraler Transmitter im motorischen System ist. Parkinson beispielsweise ist eine Erkrankung des Dopaminsystems. Dopamin soll uns in Bewegung bringen und das erklärt, warum wir bei aktiviertem Belohnungssystem so aktiv sind. Wenn der Dopaminspiegel abfällt, verspüren wir den Drang, sofort wieder aktiv zu werden, weil wir merken, dass langsam der Stress hochfährt. Das wollen wir vermeiden, weil es sich nicht gut anfühlt. Wir laufen wie der Esel hinter der Karotte einer kurzfristigen und leicht erreichbaren Belohnung hinterher, sei es ein Bier, Chips oder andere Dinge, die Dopamin freisetzen. Auch wenn wir stundenlang nach einem TikTok-Video suchen, das uns Freude bereitet, sind wir in unserem Belohnungserwartungssystem gefangen. Für einen Moment mag es okay sein. Wenn ich aber realisiere, wie unsinnig und wenig zufriedenstellend das Anschauen war, fühle ich mich zumindest unwohl. Also: als kurzfristige Belohnung okay, mittelfristig Mist. Und langfristig, wenn man realisiert, dass man in der Zeit auch ein Buch oder eine Doktorarbeit hätte schreiben oder etwas wirklich

Schönes hätte machen können: richtig großer Mist. Und zwar aus mehreren Gründen, den relevantesten gibt es am Ende. Jetzt folgen zunächst die Grundlagen, warum die meisten Menschen sich nach einfachen Belohnungen mies fühlen.

Abb. 36 **Dopamin durch** Pleasure

Mit jeder Belohnungserwartung steigt der Dopaminspiegel, um danach wieder zu sinken

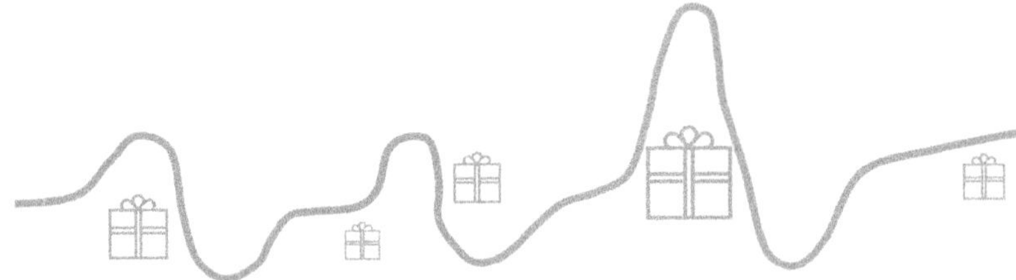

Quelle: VANTISGO, 2024

Ist dir schon einmal aufgefallen, dass Menschen, die im Rahmen eines sehr bequemen Lebens alles haben, oft eher unzufrieden sind, an vielen kleinen Dingen herummäkeln und kaum noch etwas haben, was sie spontan glücklich macht? Komisch, oder? Nun, eigentlich nicht.

Im Moment, in dem wir nur das Belohnungssystem aktiviert haben, ist das Stresssystem weniger aktiv. Das bedeutet, dass dieses einen starken Anreiz hat, aktiver zu werden, denn unser Gehirn strebt nach Homöostase, also Balance. Deshalb wird unser Gehirn, wenn es einen konstanten Flow im Dopaminsystem erlebt, die durch das Belohnungssystem erlebte Zufriedenheit automatisch dämpfen. Wie macht es das? Es senkt ganz einfach deinen Basis-Dopaminspiegel. Menschen hingegen, die gelegentlich aktiv in den Schmerz gehen – also Dinge tun, die sie anstrengen, auf die sie keine Lust haben und durch die sie sich durchkämpfen müssen –, erleben einen deutlich höheren Basis-Dopaminspiegel. Wenn sie zum Beispiel joggen, muss zunächst der innere Schweinehund überwunden werden. Ist das geschafft, wird es sogar richtig anstrengend, denn dann kommt das eigentliche Laufen. Danach gibt es jedoch einen kleinen Dopamin-Anstieg, weil das System plötzlich für sie arbeitet – sie sind gelaufen. Der gleiche Effekt, der beim Stress in die Übertreibung führt, wirkt nun für sie. Die Belohnung steigt danach an und sie fühlen sich besser. Oder sie nehmen ein Eisbad. Der Stress steigt, aber danach steigt auch die Belohnung. Und die Wirkung ist viel besser, weil sie den Stressor willentlich ausgelöst haben. Das Eisbad löst zwar eine Stressreaktion im Körper aus, indem es das sympathische Nervensystem aktiviert und die Freisetzung von Stresshormonen wie Adrenalin und Cortisol erhöht. Nach dem Eisbad erfolgt jedoch eine Anpassung an die Kälte, die zu einer Reduzierung der Stressreaktion führt. Durch die Kälteexposition wird die Freisetzung von Endorphinen stimuliert, die eine schmerzlindernde und euphorisierende Wirkung haben und dazu führen, dass sich Menschen nach dem Eisbad entspannter und positiver fühlen.[78]

Genauso ist es, wenn du dich bei der Arbeit durch ein anspruchsvolles Thema kämpfst: Danach steigt durch den Effekt die Aktivierung des Belohnungssystems. Das sind die Momente, in denen Dopamin freigesetzt wird und du wach, zufrieden und glücklich bist.

Abb. 37 **Dopamin durch Pain & Pleasure**

Wer Pain und Pleasure mischt, wird mit einer höheren Dopamin-Basisrate und höherer Motivation belohnt

Quelle: VANTISGO, 2024

Du bekommst manchmal ein richtiges Hochgefühl, wenn die echte Belohnung eintritt. Eines, das viel, viel stärker ist als das Hochgefühl, das jemand verspürt, der nur nach einfachen Belohnungen im Kühlschrank oder auf TikTok sucht. Deine Dopamin-Basisrate ist jetzt nämlich höher.

Um diesen Zustand zu erreichen, benötigst du in deinem Leben sowohl Schmerz als auch Vergnügen, dosiert und bewusst. Du musst gezielt Aufgaben angehen, die herausfordernd sind, die schwer sind und Stress verursachen, wie zum Beispiel Sport. Und es gibt noch einen großartigen Weg, den Basis-Dopaminspiegel zu erhöhen. Dazu nutzt du ein Organ, das du vermutlich gar nicht als Organ auf dem Schirm hast: deine Haut. Sie ist ein wahres Stoffwechselorgan. Schon zehn Minuten Sonnenlicht täglich machen einen großen Unterschied. Du stimulierst Dopamin, Testosteron und Epinephrin – im Winter erhöht sich die Zeitspanne auf 30 Minuten.

Vergiss nicht, dass wir Individuen sind. Deshalb kann ich dir nicht sagen, wo dein ideales Pain and Pleasure Ratio liegt. Es ist personenabhängig, wie diese beiden Systeme eingestellt sind. Achte darauf, dass du dich in einem ausgewogenen Zustand befindest und beide Aspekte berücksichtigst. Und dennoch wirst du immer wieder Polarität erleben, also den Wechsel von Auf und Ab. Polarität gehört zum Leben dazu.

Von Motivation und der Angst zu scheitern: Gefangen zwischen Himmel und Hölle

Gefangen zwischen Himmel und Hölle … wird es jetzt sogar religiös? Nein. Es gibt jedoch ein weiteres wichtiges Phänomen im Gehirn, das für das Thema Produktivität so bedeutend ist, dass wir uns gesondert mit ihm beschäftigen müssen. Phänomen trifft es dabei nicht ganz. Es handelt sich vielmehr um eine physiologische

Realität in der Anatomie unseres Gehirns. Dabei geht es darum, wie du mit Freude, Glück und Zufriedenheit, aber auch mit Schmerz, Anstrengung und Frustration umgehen solltest. Und darum, wie du deine Neurobiologie nutzen kannst, um deine Ziele besser zu erreichen.

Eine der wichtigsten Differenzierungen im Gehirn ist die Unterscheidung zwischen „Away" und „Towards". Bei allen eingehenden Reizen fragt sich das Gehirn: Will ich darauf zugehen – also in den Towards-Modus gehen? Oder sollte ich mich davon fernhalten – also in den Away-Modus gehen? Fällt die Entscheidung für Away, wird das Stresssystem aktiviert. Fällt die Entscheidung für Towards, wird das mesolimbische Belohnungssystem aktiviert. Unser Gehirn arbeitet auf der Grundlage von Unterscheidungen. Will ich mehr davon oder möchte ich weniger? In den meisten Fällen will unser Gehirn Away. Die Evolution hat unser Gehirn nämlich sehr vorsichtig gemacht. Es hat die Aufgabe, das Überleben des Organismus so weit zu sichern, dass dieser in der Lage ist, seine Gene weiterzugeben. Besonders glücklich oder klug muss der Organismus dafür nicht sein. Am Leben bleiben muss er allerdings schon. Ein Strauch mit leckeren, reifen Beeren hätte deine Vorfahren in der Savanne sehr glücklich gemacht. Aber: Wenn sie diesen Strauch übersehen hätten, wäre die Konsequenz viel weniger dramatisch, als wenn sie eine tödliche Schlange im Gras übersehen hätten. Das heißt, unser Gehirn ist darauf konditioniert, zuallererst Gefahren zu erkennen. Das ist ein Grund, warum du dich fragst, ob sich dort im Dunklen etwas bewegt hat, warum du den Zweig am Boden mit einer Schlange verwechselst und warum du überall in der Dämmerung Gestalten erkennst. Unser Gehirn hat einen sehr starken Drift entwickelt: In der Konsequenz will es zuerst Stressreize und potenzielle Gefahren vermeiden, bevor es bereit ist, sich auf eine Belohnung einzulassen.

Der Psychologe Roy Baumeister beschreibt dieses Phänomen als „Bad is stronger than good".[79] Das Schlechte ist stärker als das

Gute – und das müssen wir berücksichtigen, wenn wir uns fragen, wie wir unser Belohnungssystem optimieren können, um die wichtigste Voraussetzung für Produktivität – Motivation – zu erhalten. Die Etymologie des Begriffs „Motivation" basiert auf dem lateinischen Wort „movere", „bewegen". Und da haben wir es wieder: Bewege ich mich auf etwas zu oder entferne ich mich? Diese Erkenntnis ist für uns sehr wichtig, wenn wir uns dem nächsten Thema widmen, welches direkt mit dem beschriebenen Mechanismus zusammenhängt. Bearbeitest du etwas nur, weil du etwas befürchtest, wenn du es nicht machst? Oder hast du eine echte Towards-Motivation?

Ziele erreichen statt Aufgaben bearbeiten: Den Zielnebel lichten

Es stellt sich die Frage, was überhaupt das Ziel ist. Für unsere Vorfahren war die Frage schnell beantwortet: überleben, fortpflanzen und ein bisschen Spaß haben. Als allgemeines Lebensziel war das motivierend genug. Bei dir sieht die Sache anders aus. Du willst mehr, als nur zu essen und dich fortzupflanzen, hast noch andere Ziele im Leben. Die Frage ist, ob das, was du machst, auf diese Ziele einzahlt. Das kann der Fall sein. Es kann aber auch sein, dass es nicht dein Lebensziel ist, jeden Tag Excelsheets zu kopieren, nach Hause zu gehen, zu schlafen und am nächsten Tag wieder Sheets zu kopieren – und das vielleicht sogar mit der Angst im Nacken, den Job zu verlieren und nichts Neues zu finden. Wir müssen an dieser Stelle unterscheiden zwischen Zielen und Aufgaben. Wir alle müssen jeden Tag jede Menge Aufgaben erledigen – und das fällt uns umso schwerer, je sinnloser uns diese Aufgaben scheinen. Es fällt uns umso leichter, je mehr die Aufgaben auf ein großes Ziel einzahlen, auf unser persönliches Ziel, nicht auf das Ziel des Arbeitgebers oder des Kunden. Das führt uns zu zwei

Fragestellungen: Was ist dein Ziel? Und was musst du tun, um dieses Ziel zu erreichen?

Fangen wir damit an, wie es nicht geht: Du stellst dir die Frage, welche Aufgabe gerade auf deinem Schreibtisch liegt. Und gerade kam noch eine E-Mail rein. Ja, abarbeiten ist gut, wir müssen auch solche Aufgaben erledigen. Doch wie oft sind wir am Ende des Tages nicht einmal ganz durch mit den Kleinigkeiten und die wichtigen Sachen sind unerledigt? Du erinnerst dich noch an das Zitat von Peter Drucker? „Es gibt nichts Nutzloseres, als effizient etwas zu tun, was überhaupt nicht getan werden sollte."

Es gilt nicht alle Aufgaben zu sortieren, zu priorisieren und abzuarbeiten, sondern stattdessen aus deinen Zielen Prioritäten und Aufgaben abzuleiten, diese zuerst zu erledigen und den Rest danach. Nur so stellst du sicher, dass du bei den dir wichtigen Dingen wirklich weiterkommst. In diesem Moment häufen sich bei mir seit vier Tagen unbeantwortete WhatsApps, Tasks, Notifications. Lediglich eine kleine Handvoll Aufgaben habe ich erledigt, weil sie wirklich nicht warten konnten. Das hat insgesamt drei Stunden gedauert und ich habe diese unaufschiebbaren Aufgaben in zwei Abarbeitungs-TimeBoxen erledigt. Ansonsten nutze ich gerade drei Flows pro Tag plus die restlichen Abarbeitungsboxen für nur ein Thema, nämlich dieses Buch. Ich will es schnell fertig bekommen. Es ist eines der Jahresziele, die mir sehr wichtig sind. Aber warum eigentlich?

Finde deine Vision: Die Visionskaskade

Was müsstest du tun, um deine Ziele klug zu definieren? Um herauszufinden, was wirklich wichtig ist? Dazu musst du zunächst die Frage nach der dahinterliegenden Vision beantworten. Was ist das eigentliche Ziel und was erreiche ich damit? Und das auf einer übergeordneten Ebene. Es gilt: Trust the Process! Nimm dir die folgende Schablone und beantworte die Fragen notfalls mit Zettel und Stift.

Abb. 38 **Aufgaben priorisieren vs. Prioritäten bearbeiten!**

Deine wichtigsten Zielfelder?

Quelle: VANTISGO (2024)

Gehen wir die Schablone durch. Nehmen wir an, du musst eine Präsentation für den Vorstand machen. Du sagst: „Okay, die Aufgabe ist, eine Präsentation zu erstellen." Dann gehst du einen Schritt weiter und fragst dich, warum es schwierig ist, eine Präsentation zu erstellen. „Weil ich komplexe Inhalte vermitteln muss, und zwar so, dass meine Kollegen überzeugt sind." Was passiert, wenn die Präsentation fertiggestellt ist? „Wenn sie fertig ist, sind die Kollegen überzeugt, begeistert und unterstützen meine Initiative." Und wenn sie deine Initiative unterstützen, was passiert dann? „Dann fällt der Startschuss und ich darf ein wichtiges Projekt beginnen." Was passiert, wenn du damit anfängst? „Dann habe ich die Chance, mit dem Projekt erfolgreich zu sein." Und wenn du mit dem Projekt erfolgreich bist, was passiert dann? „Dann kann ich den nächsten Karriereschritt machen." Noch zwei, drei Mal „Und dann?" und du bist bei einem glücklichen Leben oder dort angelangt, was Erfolg für dich bedeutet.

In den meisten Fällen kommst du so mindestens zu einem Ziel, meistens aber zu einer Vision. Du machst immer weiter, bis du sagst: „Wow, ich bin wirklich hellauf begeistert davon." Und das ist der Moment, in dem dein mesolimbisches System Dopamin ausschüttet. Du spürst mehr Energie und Inspiration und möchtest am liebsten sofort loslegen. In dem Moment weißt du, dass du gerade Dopamin ausgeschüttet hast und dein Belohnungssystem aktiviert wurde, um deine Produktivität zu unterstützen und dir Motivation zu geben.

Gib Vision und Zielen die logische Struktur: Die Visionsstrukturanalyse

Du hast also eine kleine Kette aufgebaut. Am Ende steht die abstrakte Vision, vielleicht waren deine letzten drei Schritte: „Dann verdiene ich mehr", „Dann kann ich mir endlich mein Traumhaus leisten" und „Dann habe ich endlich maximale Lebensqualität". Dein Gehirn hat ein genaues Bild davon im Kopf, wie wohl du dich fühlen wirst, wenn du die Vision lebst. Es kann auch sein, dass du, wenn du die gleiche Übung für ganz viele deiner Aufgaben machst, immer beim gleichen Thema landest oder bei ein paar wenigen. Das ist sogar wahrscheinlich.

Wenn du die Kette näher betrachtest, erkennst du, dass sie in ihrer Abfolge aus Schritten beziehungsweise Zielen einer Logik folgt. Mit der Präsentation überzeugst du die Kollegen, das Projekt wird klasse, damit Erfolg und Beförderung, dann Karriere, damit mehr Geld und schließlich Haus. Es gilt nun, diese Kette kritisch zu hinterfragen. Wie sicher ist es, dass sie so abläuft? Gibt es noch andere, sichere oder effizientere Wege, um eine Beförderung schnell zu erreichen? Oder um mehr Geld zu bekommen? Vielleicht könntest du leichter einen anderen Erfolg erzielen, der eine Beförderung wahrscheinlicher macht? Kannst du dich von einem Headhunter direkt auf einen Job des nächsten Levels rekrutieren lassen? Kannst du auch ohne Beförderung, aber durch einen Nebenjob das nötige Geld verdienen? In einer meiner Firmen hat über einige Jahre ein Rentner, um seine Rente aufzubessern, nur wenige Tage im Monat gearbeitet und im Schnitt über 2.000 Euro extra verdient. Wäre das Haus damit schon drin? Oder kannst du mit deinem Chef einen Sonderbonus aushandeln, der den Hauskauf möglich macht? Anhand dieser Beispiele siehst du, dass wir es hier mit einem Zielsystem zu tun haben.

Abb. 39 **Visionsstrukturanalyse**
Alternativen beleuchten

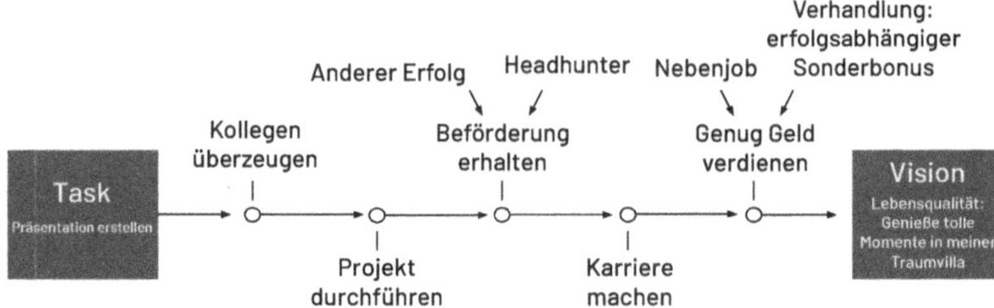

Quelle: VANTISGO (2024)

Wenn die finale, abstrakteste Vision klar ist, können wir eine Pfadanalyse machen und uns erstens überlegen, welche Schritte dienlich für die Zielerreichung sind, und zweitens, welche Ziele du mit Lust angehen möchtest. Ich selbst versuche mir nur Ziele zu setzen, die beides tun, also mich näher an meine Vision bringen und mir Spaß machen. Wie kommen wir da hin? Die Antwort lautet: Zuerst muss die Vision sitzen. Das hört sich leicht an, aber auf dem Weg zu einer wirksam formulierten Vision liegen viele versteckte Stolperfallen.

Formuliere deine Vision richtig

Die eigene Vision richtig zu formulieren bedeutet vor allem, sie positiv zu formulieren. Wenn du abnehmen möchtest, wäre eine schlechte Vision: „Ich möchte nicht mehr dick sein." Wenn du aufhören willst zu rauchen, nicht: „Ich werde nicht mehr rauchen." Wenn du endlich ins Tun kommen willst, nicht: „Ich werde nicht mehr prokrastinieren." Diese Visionen sind ohnehin zu schwach. Der Fehler liegt aber vor allem in der Verneinung. Erstens formulierst du das Ziel im Sinne einer Away-Motivation, was Stress auslösen kann und dich hindert, loszulegen. Zweitens hat unser Gehirn Schwierigkeiten mit dem Wort „nicht". Das limbische

System kennt zwar das Wort. Es ist aber nicht dienlich in einer Zieldefinition.

Um das zu erläutern, nutze ich gern ein Beispiel, an das du dich vielleicht erinnerst, wenn du mein Buch „Handling SHIT – Der richtige Umgang mit schwierigen Personen und Situationen“[80] gelesen hast: Stell dir jetzt bitte auf keinen Fall einen kleinen rosa Elefanten vor, der über die Seiten dieses Buches spaziert. Denk unter keinen Umständen an den kleinen rosa Elefanten. Doch wie sehr du dich auch bemühst, es ist unmöglich, nicht an den Elefanten zu denken, denn dein limbisches System verarbeitet diese Aufgabe auf eine besondere Weise: Es aktiviert sowohl das neuronale Netzwerk für „nicht“ als auch das neuronale Netzwerk für „Elefant“. Und damit ist der Gedanke in deinem Kopf. Wir können uns diesen Effekt aber zunutze machen, denn er funktioniert auch umgekehrt. Was passiert, wenn du denkst: „Wow, eine tolle Chance!“? Das Denken an Chancen aktiviert unverzüglich das Belohnungssystem im limbischen System. Dein „Glaube ich nicht“ hat gegen diesen physiologischen Effekt keine Chance. Wenn du mir also im Abschnitt zur Response-Ability nicht geglaubt hast, dass Reappraisal funktioniert, dann lies das Kapitel noch einmal.

Formuliere im letzten Schritt dein Ziel im Präsens. „Ich lebe in meinem Traumhaus“, als ob du es schon tun würdest. Neben der Vermeidung von Verneinung ist anhand der Forschung aus meiner Sicht klar, dass die Nutzung unterschiedlicher verbaler Konstrukte, also die Entscheidung für ein anderes Tempus oder die Nutzung des Konjunktivs, andere neuronale Regionen aktiviert. Nutzen wir die Vergangenheit, scheint eine Aktivierung des Inferior Frontal Gyrus stattzufinden, die nötig ist, wenn man den Text mit Erinnerungen in Verbindung bringen möchte.[81] Verben (die berühmten Tuwörter) und Nomen (Hauptwörter, die Dinge, Sachverhalte, Lebewesen oder Abstraktes bezeichnen) werden ebenfalls neuronal leicht anders verarbeitet. Wir kennen auch einige neuronale Regionen, die eingebunden sind. Was das jedoch genau bedeutet, wissen wir nicht.[82] Allerdings assoziieren wir mit unterschiedlichen Worten unterschiedliche Emotionen. Vergleiche einfach die Wirkung von „Dann habe ich mein Traumhaus“ mit „Ich genieße es, in meiner Traumvilla tolle Momente zu erleben“. Das macht einen Unterschied, oder? Die zweite Formulierung setzt einfach ganz andere emotionale Reize.

Wie groß der Unterschied ist und wie genau die dahinterliegenden Mechanismen funktionieren, darüber sind sich die Forscher noch uneins und es gibt auch welche, die die praktische Relevanz abstreiten. Der Stand der Forschung in Kombination mit meinen Erfahrungen aus über 20 Jahren Begleitung von Veränderungsprozessen legt aber nahe, dass es besser ist, auch diese kleinen Hebel zu nutzen. Das hilft dem Gehirn dabei, deine Vision besser zu verarbeiten.

Wir lassen also die Verneinung weg, vermeiden den Konjunktiv und formulieren im Präsens, übrigens gern mit einem starken Tuwort und emotionalen Bildern, sodass Emotionen und Motivation aktiviert werden.

Auf das limbische Ziel kommt es an

Im Hinblick auf das Erreichen von Zielen sind die vertrauten Regionen des frontalen und des limbischen Systems eingebunden, die bewerten, ob deine Vision ein Ziel ist, das du wirklich erreichen willst. Lass uns auf der limbischen Ebene beginnen und uns fragen, wann dein Belohnungserwartungssystem komplett aktiviert wird und wie das aussieht.

Funktioniert die in Aussicht gestellte Belohnung wirklich für dein limbisches System? Damit alles so funktioniert, wie wir uns das wünschen, benötigen wir nämlich eine Belohnung, die einerseits eine emotionale Reaktion der Begeisterung hervorruft. Gleichzeitig muss die Belohnung auch eine gewisse Dringlichkeit haben, ganz nach dem Motto: Ich will alles und ich will es jetzt.

Du brauchst dieses „Wow, her damit!“. Gleichzeitig braucht dein limbisches System aber noch etwas anderes: Es braucht eine Herausforderung! Auch das haben wir bereits bei der erfolglosen Mammutjagd gelernt. Das Erreichen deines Zieles darf also ruhig unsicher sein, solange es im Bereich des Möglichen liegt. In dem Moment, in dem du dir ein Ziel gesetzt hast, das du möglicherweise nicht erreichst, es aber wirklich großartig wäre, wenn du es erreichen würdest, entsteht maximales Dopamin im mesolimbischen System und schafft die erste Grundlage für eine wirklich motivierte Veränderung.

Ein Beispiel für solch ein hoch funktionales Ziel ist die Gründung einer Firma, auch wenn das nicht alle Menschen glauben. Einer meiner Professoren im Studium erklärte mir, dass der Erwartungswert einer Gründung negativ sei. Im Schnitt mache jeder Gründer Verlust. Zu dem Zeitpunkt hatte ich nur schon meine beiden ersten Firmen gegründet, später kamen noch einige dazu, mehr als ein Dutzend. Man darf halt nicht immer nach der Forschung gehen. Allein die Idee von Erfolg, Status und Millionenvermögen sowie die Lust auf die Challenge oder die Unabhängigkeit lassen viele Menschen durch die frustrierende, anstrengende und riskante Phase einer Gründung gehen. Sehr viele scheitern. Viele dümpeln vor sich hin, zu viel zum Sterben, zu wenig zum Leben. Ein paar wenige werden großzügig belohnt. Motivation wirkt eben nicht, *obwohl* ein attraktives Ziel unwahrscheinlich ist, sondern gerade *weil* es unwahrscheinlich ist. Das Phänomen dahinter haben wir schon bei der Jagderfolgswahrscheinlichkeit der Urzeitmenschen besprochen. Weniger Jagderfolg verlangt nach mehr Jagdmotivation.

Auf das frontale Ziel kommt es an

Motivation ist für das Gehirn Teamarbeit. Das bedeutet, dass auch das frontale System mit deinem Ziel einverstanden sein muss, um dich in den Motivationsmodus zu schalten. Es macht seine Entscheidung im Wesentlichen von zwei Fragen abhängig. Erstens: Ist dieses

Ziel für mich wichtig? Wichtigkeit hängt im Wesentlichen davon ab, ob mein medialer präfrontaler Kortex aktiviert wird, der für die Repräsentation von Zielen zuständig ist, weil er weiß, was dir wichtig ist. Übrigens: Die Repräsentation von Zielen ist mit der Extraversion deiner Persönlichkeit verbunden. Menschen mit hoher Extraversion haben eine stärkere Aktivierung in diesem Bereich. Menschen mit wenig Extraversion und teils auch mit einer hohen Neurotizismus-Ausprägung müssen besonders hart arbeiten und viele Fragen stellen, um diesen Zustand zu erreichen. Ist die Vision gefunden, können Menschen mit hoher Gewissenhaftigkeit dieses Bild dann länger und deutlicher im Fokus halten.

Die zweite Frage betrifft die Relevanz. Das frontale System will wissen, ob die Zielerreichung nötig ist für etwas, was dir im Leben wichtig ist. Hier geht es um die Frage der Wichtigkeit in einem bestimmten Zusammenhang: Ist es wichtig für deine Familie, deinen Job, deine anderen Ziele? Geld ist typischerweise ein Ziel, das an sich nie wichtig, aber für viele andere Dinge relevant ist. Geld ist dir vielleicht gar nicht so wichtig. Dass deine Familie gut versorgt ist, dagegen schon. Geld ist also relevant für das Gefühl von Sicherheit, die Fähigkeit, sich alles kaufen zu können, die Absicherung. Alle möglichen Themen in diesem Bereich sind immer mittelbar relevant. Andere Dinge sind an sich wichtig. Sie sind wichtig, weil du sie einfach willst.

Vielleicht hast du in der Visionsstrukturanalyse erkannt, dass die Präsentation vollkommen unwichtig ist. Du willst sie aber trotzdem gut machen. Warum? Weil es dir wichtig ist, deine Kollegen, die sich auf dich verlassen, nicht zu enttäuschen, weil es deinen Werten entspricht.

Das limbische System will für maximale Motivation wissen, ob dein Ziel begeisternd, dringlich und unwahrscheinlich, aber möglich ist. Das frontale System stellt sich die Frage: Ist das Ziel wichtig und relevant? Wenn das alles gegeben ist und die Vision diese Kriterien erfüllt, hast du die maximale Motivation. Und die kannst du jetzt nutzen, indem du die nächste BioTimeBox mit einem Flow zu einer Level-3-Arbeit füllst und sagst: „Jetzt fange ich einfach damit an."

Wenn der Schritt an dieser Stelle noch nicht gelingen will, solltest du noch einmal deine Visionsstrukturanalyse zur Hand nehmen und deine Ziele optimieren, sie also inspirierender, wichtiger und relevanter machen. Optimiere sie sprachlich, geh sie immer wieder reflektierend durch und schaue, was dich daran reizt. Da wir gerade von „maximaler Motivation" reden: Vielleicht ist sie aber auch gar nicht nötig. Dann nimm den aktuellen Arbeitsstand, freue dich über die Motivation, die er dir beschert, und leg los!

Übrigens: Durch die Motivation wird auch gleichzeitig dein Stress reduziert, da beide miteinander verknüpft sind, wie wir bereits besprochen haben. An die Vision oder an ein wichtiges Ziel zu denken ist eine einfache Methode, um Dopamin in dir freizusetzen. Sie hilft sogar denen, den zu hohen Stress zu dämpfen, bei denen Neurotizismus, Waves oder andere Stressoren momentan die Produktivität blockieren.

Wenn Ziele zu Stressoren werden

Ziele sind toll. Ohne Ziele keine Motivation. Ziele können jedoch auch große Nachteile haben, denn wenn du dir ein Ziel setzt, hast du etwas, woran du dich messen lassen musst – von anderen, aber auch von dir selbst. Hier lauert Stress. Stell dir vor, du setzt dir ein Ziel und merkst: „Puh, davon bin ich ganz schön weit weg." Und wer sagt überhaupt, dass du dein Ziel erreichen wirst? Wie viele Menschen haben hart gearbeitet und sind doch nie angekommen? Manchmal wird so viel Kraft, Blut und Schweiß in die Zielerreichung gesteckt, dass die Lebensqualität auf der Strecke bleibt.

Und nein, der Weg ist nicht das Ziel. Wir wollen ein Ziel erreichen und nicht einfach nur Wege beschreiten. Die Balance ist aber wichtig und das bedeutet auch, dass beides tauglich sein muss. Wenn du mit 60 Jahren dein Ziel, sehr reich zu werden, erreicht hast, dann aber merkst, dass es dich wider Erwarten doch nicht glücklich macht, ist das ärgerlich. Besonders ärgerlich ist es, wenn du auf dem Weg Lebensqualität geopfert hast, weil du so viel arbeiten musstest, um dein Ziel zu erreichen. Und wenn du jetzt auch noch einsam und allein bist, weil alle persönlichen Beziehungen wegen deiner chronischen Überarbeitung, dem Stress und deiner Gereiztheit in die Brüche gegangen sind, ist es so richtig ärgerlich. Dann hast du ein schlechtes Ziel über einen schlechten Weg erreicht.

Interessanterweise haben Ziele tatsächlich Nebenwirkungen. Das Setzen von Zielen, insbesondere der falschen, kann kontraproduktiv sein und die Produktivität zerstören. Das gilt insbesondere dann, wenn du zum Perfektionismus neigst – aber nicht nur dann. Sehr oft erstarren Menschen vor der Größe ihrer Ziele und Aufgaben. Statt dich zu motivieren, endlich anzufangen, lähmt dich dein großes Ziel. Mit einem gedanklichen „Das schaffe ich eh nie" bist du frustriert und fängst gar nicht erst an.

Um dem entgegenzuwirken, gibt es zwei Schritte, die du gehen kannst. Schritt Nummer 1 löst ein wichtiges Problem. Das Belohnungserwartungssystem liebt es, große Ziele anzugehen. Gleichzeitig nimmt das Denken einiger Menschen diese Ziele als Bedrohung wahr oder wertet sie als Träumerei ab. Das bekommen wir in den Griff, indem wir beides machen. Wir setzen ein übertriebenes Ziel, das zu schön ist, um wahr zu sein, und auch sehr unrealistisch sein darf. Dies nennen wir die Vision, das, was wir für die Zukunft in einigen Jahren für uns sehen. Als ich mein erstes Studium beendet hatte und endlich noch mehr Vollgas geben konnte, entwickelte ich in einem Coaching meine Vision. Ich habe definiert, dass ich binnen fünf Jahren mit meinen Firmen 50.000 Euro (zusätzlichen) Ertrag im Monat durch meine Arbeit erwirtschaften will, eine für mich damals absurd hohe Summe. Der Gedanke allein hat mir Stress bereitet. Also habe ich diese Vision heruntergebrochen auf kleine Happen. Im ersten Jahr wollte ich erst einmal 10.000 Euro mehr Umsatz machen, noch nicht Ertrag, erst Umsatz. Von da aus könnte ich skalieren und irgendwann auf 50.000 Euro Ertrag kommen.

Ich hatte nun ein Jahresziel, das schon eher erreichbar war. Denn 10.000 Euro Umsatz waren zwei bis vier kleine Kunden pro Monat oder ein großer Kunde in unserem Beratungsgeschäft. Ich wusste, ich muss mit bestehenden oder neuen Beratungsangeboten, mit bestehenden oder neuen Kunden diesen Umsatz machen und ich musste vor allem vertrieblich ran, während es galt, parallel die Kapazität mit jedem Kunden neu aufzubauen, ein klares Ziel, anspruchsvoll ja, aber doch machbar. Moderater Stress für mich durch das Ziel? Check! Motivierende und richtunggebende Vision? Auch Check!

Und jetzt war Schritt Nummer 2 hilfreich und wichtig. Er besteht in der Umsetzung eines Tipps, der dafür sorgt, dass man sich nicht verliert oder stark prokrastiniert. Ich hätte erst einmal vier Monate darüber nachdenken können, mit welchem Angebot ich welche Kunden bedienen könnte, Slides anfertigen, Website bauen und so weiter. Irgendwann hätte ich die perfekte Idee gehabt, wie ich es machen könnte – aber vier Monate lang hätte ich jeweils keine 10.000 Euro Umsatz gemacht. Umsetzungsgeschwindigkeit ist wichtig, vor allem dann, wenn das, was wir zu optimieren versuchen, dem Kunden egal ist.

Der Tipp ist das folgende Denkmuster: „Aller Anfang ist Mist." Jeder erste Entwurf. Das erste Konzept für dieses Buch: Mist. Dieser Gedanke entlastet dich und hängt stark mit dem bereits beschriebenen „absichtslosen Beginnen" zusammen. Dein Motto lautet: Erst einmal anfangen, erst einmal machen. Verbessern und glätten kannst du am Ende immer noch. Versuche nicht, von Anfang an perfekt zu sein. Dieser Anspruch hemmt deine Produktivität.

Und hier gilt: „Better done. *Then:* perfect", nicht: „Better done *than* perfect". Das ist ein kleiner, aber feiner Unterschied. „Better done than perfect" meint „Besser erledigt als wegen Perfektionsanspruch nicht fertig geworden". „Better done. Then: perfect" meint „Erst mal einen (zur Not schlechten) ersten Entwurf fertig machen, danach perfektionieren". Dieses Denkmuster empfehle ich dir. Wenn du etwas zu tun hast und du weißt: „Ich habe einen so hohen Anspruch an mich, das wird richtig, richtig schwer, den zu erfüllen", dann überlege zuerst, wie du überhaupt beginnst und einen ersten groben Entwurf machst. Danach hast du immer noch Zeit, es mit ein paar Optimierungsschleifen perfekt zu machen. Den meisten Menschen fällt es viel leichter, etwas zu optimieren und zu verbessern, statt es neu zu kreieren. Noch besser: Überleg gar nicht erst, sondern fang einfach an. Übersetzt in die Praxis bedeutet dieses Denkmuster für mich, dass ich den allerersten Entwurf „hinschmiere". Später perfektioniere ich diesen Draft durch eine Iteration nach der nächsten. Setz dir also dein Ziel und leg los. Und dann kannst du zwei, drei Zyklen machen und aus dem ersten groben Entwurf ein perfektes Ergebnis bauen – wenn ein „perfektes Ergebnis" überhaupt das ist, was du in diesem Moment anstrebst.

Was passieren kann, wenn man eine Sache auf der Suche nach der perfekten Lösung zu lange überdenkt und überarbeitet, zeigt das folgende Beispiel aus San Francisco. Die Stadtoberen wollten neue Abfallbehälter einführen. Es ging darum, die bestehende Lösung durch Mülleimer in einem neuen Design zu ersetzen. Das war im Jahr 2018. Selbst inklusive Bürgerbeteiligung sollte diese Aufgabe für eine Stadtverwaltung lösbar sein. Tatsächlich, nach nur fünf Jahren Debatten, Studien, Erhebungen, Anhörungen, Prototypen und Testläufen waren sie ganz knapp davor: Aus drei Prototypen – zu Preisen zwischen 12.000 und 20.000 Dollar pro Stück – hatten sie schließlich einen ausgewählt. Leider war jetzt aber das Geld alle. Stand Januar 2024 ist das Projekt erst einmal gestoppt. San Francisco hat stolze 537.000 Dollar ausgegeben, um die perfekte Mülltonne zu finden. In Betrieb genommen wurde bis heute keine einzige …

Optimierte Ziele: Sinnvoll den Dopaminabriss vermeiden

Vor einiger Zeit hatte ich einen frischgebackenen Multimillionär auf meinem Beratungssessel sitzen. Sein Problem: Er war total unglücklich. Gerade hatte er sein Unternehmen verkauft und plötzlich traf ihn der Dopaminabriss. Mit dem Verkauf der Firma war auch der gewohnte Rhythmus weg: Belohnungssystem, Belohnungssystem, Belohnungssystem … Es gab keine sinnvolle Tätigkeit, keinen Fortschritt mehr, deshalb fiel er in ein tiefes Stressloch. Melancholie und Reflexion hatte er nie geübt. Um dieses Stressloch zu vermeiden, müssen wir darauf achten, dass wir Ziele setzen, die idealerweise *nicht* mit einem einzelnen Moment – wie dem Verkauf eines Unternehmens – enden. Man kann das Ziel haben, Reichtum aufzubauen, aber man kann auch ein anderes Ziel haben: Lebensqualität auf hohem Niveau kontinuierlich zu verbessern. Wenn jemand das Ziel hat, 15 Millionen Euro Vermögen anzuhäufen, und dafür sein Unternehmen verkauft, hat er zwar das angestrebte Vermögen, erlebt aber gleichzeitig einen Dopaminabriss. Denn jetzt hat er kein Ziel mehr, das ihn noch motivieren könnte. Wer ein Ziel erreicht hat, ist erst einmal ziellos. Wer ziellos ist, hat auch keine Motivation.

Bis vor Kurzem gab es eine Organisation mit ein paar Dutzend Leuten, täglich ist etwas passiert, immer Fortschritte und Verbesserungen, man wurde gebraucht. Wenn der Unternehmer linksrum wollte, sind 60 Leute nach links gegangen. Und jetzt? Keine Mitarbeiter mehr, keine Assistenz mehr, aber vor allem: kein Wirksamkeits- und Machtgefühl mehr.

Ergebnis: Es ging ihm miserabel. Eine Ursache war, dass er sich ein schlechtes Ziel gesetzt hatte. 15 Millionen Euro sind ein Ergebnisziel, das nur zwei Zustände kennt: 1. nicht erreicht, dann weiter; 2. erreicht, dann fertig. Er hatte es erreicht und jetzt stand er da und wusste nichts mit sich anzufangen. Erst flüchtete er sich in Partys, Luxus und Reisen, das hatte er sich schließlich verdient. Doch bereits in dieser Phase fühlte er sich nutzlos. Das negative Gefühl der Nutzlosigkeit bekämpfte er mit den bekannten Ablenkern Alkohol und Sex ... aber das Gefühl holte ihn immer wieder ein. Dann verließ ihn die Energie. Er suchte nach einem neuen Ziel, hatte auch diverse Ideen, war sich aber nie sicher, ob diese Ziele das waren, was er wirklich wollte. Der Tiefpunkt: Er schloss sich sechs Tage lang allein zu Hause ein, ernährte sich nur von Lieferservice-Pizza und machte um die Dusche einen großen Bogen. An dem Punkt bat ihn sein Vater mit freundlicher Bestimmtheit, sich bei mir zu melden und sich Hilfe zu holen.

Welche Fehler hat er gemacht? Es waren einige, doch drei stachen heraus. Erstens: Er hatte sich keine Visionskaskade aufgebaut und lediglich ein Einzelziel gesetzt, das auch nur einen einzigen Lebensbereich betraf. Eine gut formulierte Visionskaskade dagegen umfasst viele verschiedene Bereiche. In einem Lebensrad findest du alle Aspekte, die berücksichtigt werden können, du darfst sie aber frei auswählen: Projekt, Job, Karriere, Haus, Lebensraum, Lebensqualität. Es ist zwar sinnvoll, dass bei der Formulierung der Vision die großen Bereiche Finanzen, Beruf, Familie und Freunde immer eine Rolle spielen, darüber hinaus sollten aber auch alle dir persönlich wichtigen Ziele, wie beispielsweise dein Wunsch-Lebensgefühl, berücksichtigt werden. Erreicht man ein Ziel in einem Bereich, kann man nahtlos an einem anderen Themenfeld weiterarbeiten. Außerdem sorgt die Kaskade dafür, dass auf das eine Ziel, das ich erreiche, ein weiteres folgt. Ich falle also nicht mehr in ein Loch der Orientierungslosigkeit. Auf einen Tipp, der neben der Einbettung in eine Kaskade hilft, Ziele noch besser zu definieren, komme ich gleich.

Trage jedoch zuerst in jeden Bereich des Lebensrads deinen Ist- und deinen Zielwert ein.

Zweitens: Er hat den Fehler gemacht, die Übergangsphase nicht aktiv zu gestalten. Einfach mit einer Arschbombe in das leere Schwimmbecken hineinzuspringen, ohne vorher Wasser einzulassen,

Abb. 40 **Dein Lebensrad**

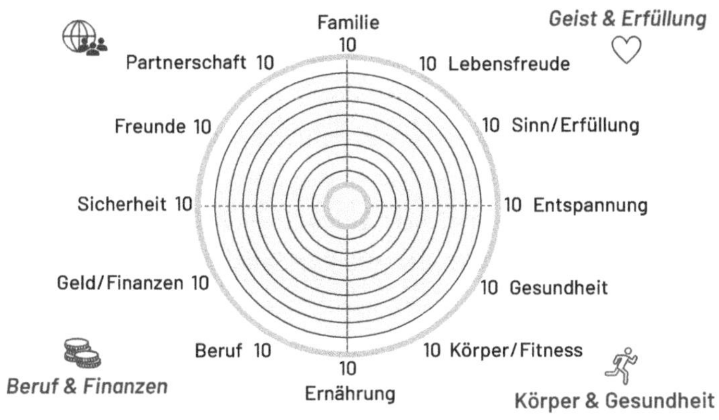

Quelle: VANTISGO (2024)

ist keine gute Idee. Mittlerweile haben wir ein komplettes Coaching-Konzept zu der Frage, wie Unternehmer entweder in den Ruhestand gehen oder in ein neues Leben einsteigen können.

Wofür das Ganze? Die Sache mit dem Sinn

Kommen wir zurück zu unserem Unternehmer und seinem dritten Fehler, mit dem wir wieder beim Thema Ziele sind. Ihm fehlte etwas Wesentliches: der Sinn! Der deutsche Philosoph Friedrich Nietzsche formulierte es folgendermaßen: „Wer um einen Sinn seines Lebens weiß, dem verhilft dieses Bewusstsein mehr als alles andere dazu, äußere Schwierigkeiten und innere Beschwerden zu überwinden!“ Und dann auf den Punkt gebracht: „Wer ein Warum hat, der erträgt beinahe jedes Wie.“ In einem Punkt möchte ich das Nietzsche-Zitat abändern. Statt „Warum“ bevorzuge ich „Wofür“. Warum kein „Warum“? Wenn du gefragt wirst: „Warum hast du das gemacht?“, entsteht ein latenter Rechtfertigungsdruck. „Warum“ ist eher vergangenheitsgerichtet. Nicht so „Wofür“. „Wofür hast du das gemacht?“ ist die Frage nach der Absicht. Bei Visionen und einem Sinn wollen wir die Absicht, den gewünschten Zustand erfahren. Also: Wer ein *Wofür* hat, der erträgt beinahe jedes Wie!

Wie kraftvoll es ist, einen Sinn in seiner Tätigkeit zu finden und diesem Orientierungsgeber zu folgen, habe ich gelernt, als einer meiner Coaches das erste Mal mit mir mein Wofür herausarbeitete. Er stellte mir eine Menge Fragen der Art: Wann bist du wirklich glücklich? Was hast du in diesem glücklichen Augenblick getan oder erlebt? Was müsste sich an der Welt ändern, das dir wichtig wäre? Wenn du eine Sache für alle möglich machen könntest, was wäre das? Wenn du zu einem ganz bestimmten Zweck auf der Erde wärest, was wäre das? Dieser Prozess hat fast ein halbes Jahr gedauert und ich habe lange mit mir gerungen, ob ich an dieser Stelle Einblick in das Ergebnis geben soll, weil es eben auch Einblick in mich gibt. Es legt offen, was mich ausmacht. Gehört das hierher, wenn du doch eigentlich nur produktiver werden willst? Meine Antwort darauf lautet: Ja. Ich sollte diesen Schritt wagen. Denn dieser Prozess hat mir die Augen geöffnet, wofür ich überhaupt produktiv sein will. Und ich glaube, dass es vielen Lesern helfen kann, ihre eigenen Ziele im Kern zu erkennen und sich darüber klar zu werden, wie ihre Welt aussehen soll. Es geht also um deine grundsätzliche Aus-*RICHTUNG*, die den Fokus deiner Produktivität bestimmen sollte.

Wie ist die Welt beschaffen, die ich mir gewünscht habe? Es ist eine Welt voller wahrhaft erfolgreicher Menschen. Ein Ort der Zufriedenheit, an dem Menschen ehrlich und mit Demut interagieren, sich gegenseitig für immer mehr Fortschritt unterstützen und sich gegenseitig helfen, das Beste aus sich herauszuholen, ihr volles Potenzial auszuschöpfen. Was meine ich mit „wahrhaft erfolgreichen Menschen“? Für mich ist der Erfolgsbegriff viel weiter gefasst, als wir ihn insbesondere im Business-Kontext oft verstehen. 15 Millionen Euro mit dem Verkauf der eigenen Firma zu verdienen ist ganz sicher ein Erfolg. Aber war der Mann erfolgreich? Kann man von „wahrhaft erfolgreich“ sprechen, wenn man so unglücklich ist, dass man sich sechs Tage zu Hause verbarrikadiert? Wahrer Erfolg ist Tiefe, innere

Erfüllung und Zufriedenheit. Die Art von Zufriedenheit, die Menschen erfasst, die ihre intellektuellen und emotionalen Potenziale ausschöpfen und – das geht oft automatisch einher – gleichzeitig die materielle Sicherheit realisiert haben, die ihren Bedürfnissen entspricht. Ich will nicht zu pathetisch werden oder in Klischees abdriften. Eben deshalb darf Erfolg gern auch materieller Natur sein, zumindest für mich war es und ist es bis heute ein bedeutungsvoller Punkt. Geld zu haben ist toll. Doch der Multimillionär, der mit seinem Privatjet vor seiner zerrütteten Familie flieht, der seine Ziele nur mit unfairen Mitteln und Lügen erreicht hat, der von Konflikt zu Konflikt stolpert und dessen eigentlicher Antrieb nur die Verdrängung seiner tiefen emotionalen Schmerzen ist – ist der erfolgreich? Finanziell ja, *wahrhaft* sicherlich nicht. Die wahrhaften Erfolge, ich nenne sie im Coaching „True Successes“, sind für mich die, auf die es ankommt. Menschen, die sie erzielen, sind ausgeglichen und zufrieden. Ganz viele dieser Menschen würden eine tolle Welt gestalten, eine Utopie, in der ich leben wollen würde.

Was könnte ich zu dieser Welt beitragen? Was könnte ich zu dieser Welt beitragen, was ich gleichzeitig leidenschaftlich gern mache? Ich könnte versuchen, mehr Möglichkeiten zu schaffen für die Entwicklung und das Wachstum von Menschen und Teams. Und mein Weg ist, mit Unternehmern und Führungskräften zusammenzuarbeiten, weil das einen Hebel bietet. Wenn ich Führungskräften helfe, mehr wahrhafte Erfolge zu erzielen, strahlt das auf deren Teams ab und es geht teils für Hunderte oder Tausende Menschen aufwärts.

Eine weitere Frage lautete, was für mich eine mit tiefem Sinn erfüllte Arbeit wäre, für die es genau mein individuelles Set von Stärken braucht. Und was ist eigentlich meine Stärke? Ist es die Neugier beziehungsweise die Leidenschaft, auch mal um die Ecke zu schauen, hinter den Horizont, um dort komplett neue, ungewöhnliche Lösungen zu finden? Meine Doktorarbeit ist ein beredtes Zeugnis dieser Leidenschaft. Ich liebe es, immer wieder Elemente zusammenzuführen, die etwas Neues ergeben, das so noch keiner gesehen hat – und das funktioniert. Das ist mein Talent, so wie andere besonders weit springen oder schnell laufen können oder gestalterische Kreativität besitzen. Und dieses Talent nutze ich am allerliebsten im Zusammenspiel mit Menschen, mit denen ich mich verbunden fühle und die mir etwas zurückgeben. Mit Menschen, die etwas in mir zum Klingen bringen, mit denen ich also in Resonanz gehen kann. Ins Coaching gehe ich inzwischen nur noch mit Menschen, auf die ich Bock habe und die Bock auf mich haben. Ich bin im Markt mittlerweile dafür bekannt, Millionen-Mandate abzulehnen oder abzubrechen, wenn sich herausstellt, dass der Auftraggeber ein Idiot ist und nicht bereit ist, daran zu arbeiten. Das ist eine Maßnahme zur Sicherung meiner Lebensqualität, hat aber noch eine andere Wirkung: Aus der Resonanz, diesem Geben und Nehmen, ergibt sich eine potenzierende Wirkung. Ein gegenseitiges Befruchten, das wieder gut für den wahrhaftigen Erfolg aller Beteiligten ist … und damit zur Erfüllung meiner Vision beiträgt.

Wenn ich auf diese Weise durch meine Arbeit einen Beitrag leisten kann, dass wir in einer ehrlichen und menschlicheren Welt leben können – fantastisch!

Es sollte nun klar sein, warum ich Bücher schreibe und viel Gratis-Inhalt auf Social Media publiziere und warum wir mit meinen Firmen das tun, was wir tun. Zum Beispiel solche Coaching-Prozesse leiten. Wir sind, und das gilt genauso für mein ganzes Team, echte Überzeugungstäter und es ist immer wieder transformierend, wenn unsere Mandanten ihren wahrhaftigen Erfolgen näherkommen. Damit kommen wir zum versprochenen weiteren Tipp.

Denn bei der größten Vision, die ich im Rahmen des Sinns beziehungsweise Purpose für mich sehe, also eine Welt voller True Successes, stellt sich die Frage: Wann werde ich dieses Ziel erreichen? Die Antwort ist: Wahrscheinlich nie. Und wenn ich es mal erreicht hätte, dann müsste jeden Tag daran gearbeitet werden, dass es auch so bleibt. Es handelt sich somit nicht um ein reines Ergebnisziel, sondern um ein Kontinuitäts-Ergebnisziel. Du musst dranbleiben. Wie Zähneputzen. Im Gegensatz zum Zähneputzen ist es aber zusätzlich noch „level-iterativ“. Wenn Zähne sauber sind, sind sie sauber. Wenn du zu lange putzt, ist das ungesund. Aber menschliche Entwicklung wie in meiner Vision? Die ist nach oben offen. Mit jeder Wiederholung, also Iteration, kannst du ein neues Level erreichen. Hast du das erste Niveau erreicht, dann rauf auf das nächste im nächsten iterativen Schritt.

Wenn jemand sagt: „Ich will mein tägliches Leben optimieren, ich möchte Lebensqualität mit regelmäßigem Fortschritt haben“, kann er die Firma verkaufen und sich denken: „Hey, ich habe einen großartigen Fortschritt gemacht. Aber ich will weiterhin Lebensqualität, auch morgen und übermorgen, und ich kann auf dem aktuellen Niveau immer noch Fortschritte machen.“ Indem du dir Visionen und Ziele setzt, die einen starken Purpose, ein starkes Wofür haben, die jeden Tag funktionieren und weitergedacht und ausgebaut werden können, optimierst du die im letzten Kapitel beschriebene Abstimmung zwischen Belohnungs- und Stresssystem. Und gleichzeitig gelingt es dir besser, Gewohnheiten aufzubauen.

Doch wie war das noch gleich mit Gewohnheiten beziehungsweise mit Musterbildung? Bei der Musterbildung spielt das Feeling of Knowing eine große Rolle. Und dieses Feeling of Knowing stellt sich immer dann ein, wenn dein Gehirn sagt: „Wow, Dopamin, ich bin motiviert, ja, so könnte es klappen, genau das will ich.“

Das heißt, je klarer du deine Vision formulierst und je besser sie das ausdrückt, was du wirklich willst, desto eher entsteht dieses Feeling of Knowing mit der Bereitschaft, Verhaltensmuster aufzubauen – zum Beispiel die Verhaltensmuster, die wir bisher betrachtet haben: Bio-TimeBoxing, Level-3-Aktivitäten beginnen, Pausen, Sport, Muster für die Ernährung, alles, was dir hilft, möglichst mühelos und im Einklang mit deinem Körper maximale Produktivität zu erreichen. Je mehr ein starker Sinn dahinter ist, desto mehr bist du bereit, den harten Weg zu gehen und auch die Veränderungsfalle zu sprengen.

Natürlich kannst du nicht alles auf einmal machen, sondern du gehst Step by Step vor. Wenn du es in kleinen Schritten angehst, kannst du den Weg der Veränderung einschlagen und dich immer mehr in Richtung Effizienz bewegen. Consilionieren, sorgfältige Planung und die aktive Nutzung der Flow-Fenster bilden die Grundlage für echte Produktivität, die dich in den Erfolg katapultiert, den du anstrebst.

Von Purpose und abstrakter Vision zum klaren Jahresziel

Purpose, Visionen, alles schön und gut. „Aber", höre ich dich sagen, „ich habe Dinge zu erledigen. Konkrete Dinge. Wie kann ich das mit etwas Abstraktem wie Sinn und Visionen verbinden?" Schauen wir es uns an: Wie kannst du eine abstrakte Vision in ein klares – also ansteuerbares – Jahresziel verwandeln? Ich gebe dir ein Beispiel: In der Vorbereitung unseres letzten Team-Meetings mit allen Kollegen, die in der Beratung, im Coaching oder im Training arbeiten, sowie weiteren ausgewählten Mitarbeitern aus dem gesamten Unternehmen stellte sich die Frage, worauf wir in den nächsten zwei bis drei Jahren unseren Fokus richten wollen. Wollen wir uns mehr auf einzelne Geschäftsbereiche fokussieren, wollen wir uns breiter aufstellen? Welche Zielgruppen wollen wir erschließen oder intensiver angehen? Gleichzeitig habe ich mir die Frage gestellt, wie sich meine große Vision ganz konkret im Unternehmen wiederfinden könnte. Ich hatte meine persönliche Vision ja bereits beschrieben. Aus dieser Vision heraus ist klar, dass meine Unternehmen für mich Werkzeuge sind, um gemeinsam mit Menschen, denen diese Ziele auch wichtig sind, einen echten Unterschied in der Welt zu machen. In der Vorbereitung auf das Meeting wollte ich diese Vision messbarer machen. Dieser Wunsch schlug sich am Ende in dieser Formulierung nieder: „Creating a million true successes by 2030". Bisher haben wir unseren Fokus vor allem auf die Arbeit mit wenigen ausgewählten

Unternehmern und Führungskräften gelegt, um über diese Hebelwirkung bei ganz vielen Menschen anzukommen. Neu an dieser Zielformulierung ist, dass sie das qualitative Ziel des True Success, des wahrhaftigen Erfolgs – das für sich bereits eine hohe Hürde ist, die nicht für jeden Kunden einfach zu nehmen ist –, mit einem ambitionierten quantitativen Ziel verbindet. Aber Moment: Haben wir es hier nicht mit einem Ja/Nein-Ziel wie mit den angesprochenen 15 Millionen zu tun? Ja, und das ist auch in Ordnung, *wenn* dieses Ziel Teil von etwas Größerem ist, wenn es ein Meilenstein auf dem Weg der Annäherung an eine Vision ist. Nur wenn das Ziel allein und absolut steht, führt seine Erreichung sicher in ein tiefes Loch.

Ich habe überlegt, was für uns eine typische Quote ist. Wie viele Menschen erreichen wir mit welchem Angebot? Wie viele erreichen wir über die Coaching-Ausbildung, wie viele über unsere Führungskräfte-Ausbildung? Wie viele in einem Coaching-Prozess und so weiter? Alles unter den Restriktionen, die unsere Organisation mit sich bringt: So mache ich meine Live-Coaching-Ausbildung beispielsweise nur einmal im Jahr mit begrenzter Teilnehmerzahl. Durch diese Überlegungen kam es zu einer Aufteilung auf Angebote, zu Handlungsfeldern und nötigerweise zu erreichenden Zielen. Eine differenzierte Zielkaskade ergab sich so fast von allein. Im nächsten Schritt folgen die teaminterne Abstimmung und es werden Jahresziele und Zielverantwortungen definiert.

Fortschrittskontrolle

Wenn wir schon dabei sind, unsere Produktivität auf konkrete, messbare Ziele herunterzubrechen, sollten wir uns auch anschauen, wie wir kontrollieren können, ob wir unsere Ergebnisse erreicht haben. Und das machen wir, indem wir unseren Fortschritt kontrollieren. Das klingt erst einmal komisch, ist im Sinne von Motivation und Produktivität allerdings hochwirksam.

Nehmen wir also an, du hast alle Produktivitätsfaktoren beisammen, eine klare Vision sowie konkrete, gute Ziele. Wenn du motiviert und erfolgshungrig bist, weil du eine klare, sinnvolle Vision hast und ein gutes Zwischenziel festgelegt hast, dem du dich annähern möchtest, wirst du produktiver sein. Du möchtest beispielsweise vier Fokuszeiten zu einem bestimmten Thema absolvieren. Slot 1: Erledige das. Slot 2: Erledige das. Slot 3: Erledige das. Slot 4: Erledige das.

Wenn du so vorgehst, änderst du automatisch die Art und Weise, wie du deinen Fortschritt misst. Wenn du eine der vier Aufgaben im Rahmen des entsprechenden BioTimeBox-Slots abschließt, denkst du dir jetzt nämlich: „Wow, ich habe bereits ein Viertel erledigt, wie großartig ist das?" Das ist der Unterschied zwischen der Messung des Ergebnisses und der Messung des Fortschritts. Wenn du das Ergebnis misst, vergleichst du deinen aktuellen Stand immer mit dem Endziel – und das kann für Frust sorgen.

Nehmen wir an, du möchtest fünf Kilo abnehmen. Du misst das, indem du sagst: „Ich möchte 100 Kilo anstatt 105 Kilo wiegen." Wenn du dich dann zum ersten Mal wiegst und merkst, dass du dein Ziel noch nicht erreicht hast, wirst du ziemlich enttäuscht sein: „Oh, immer noch nicht." In der Folge sagst du dir: „Komm, jetzt musst du etwas tun, jetzt musst du Sport machen." Also machst du Sport, weil du abnehmen möchtest. Am Ende trinkst du zwei Liter Wasser, weil du dehydriert bist. Du gehst mit diesen zwei Litern Wasser im Körper schlafen, wiegst dich am nächsten Morgen und denkst: „Es ist immer noch nicht besser geworden, es ist sogar schlimmer." Außerdem hast du so einen Muskelkater, dass Sport die nächsten Tage ausfällt. Anstatt dich auf diese Weise zu frustrieren, solltest du deinen Fortschritt messen. Statt zu fragen: „Wie viel wiege ich gerade?", solltest du fragen, was du jeden Tag, jede Woche und jeden Monat für dein Ziel tun musst. Welche Schritte musst du gehen, um dein Ziel automatisch und zwangsläufig zu erreichen? Und dann kannst du Fortschritt messen. Sage dir selbst: „Um mein Ziel zu erreichen, möchte ich jeden Tag höchstens so viel essen und ich möchte mindestens so viel Bewegung haben." Nehmen wir an, du planst 10.000 Schritte und weniger als 2.000 Kalorien. Die Bewegung, den dazugehörigen Sport und das Essen planst du in deinem Produktivitätsprofil für die Slots ein, wo die jeweilige Aktivität hingehört.

Wenn du die geplanten Aktivitäten am ersten Tag schaffst, denkst du: „Ich habe es am ersten Tag geschafft." Fortschritt! Großartig: Denn was du am ersten Tag geschafft hast, wirst du auch am zweiten Tag schaffen können, denn du siehst, dass es geht. Und dann hast du wieder einen Fortschritt und noch einen Fortschritt ...

Irgendwann schaffst du es mal nicht, ein schlechter Tag, das kommt vor. Aber dein Gehirn weiß inzwischen: Eigentlich kannst du es. Du musst nur das nächste Mal wieder den nächsten Schritt machen und dann wird es wieder klappen. Und so startest du eine positive Dynamik und schreitest Schritt für Schritt in deinem Fortschritt voran. Gelegentlich stellst du dich auf die Waage: Komme ich weiter in Richtung des gewünschten Ergebnisses? Vielleicht stellst du fest, dass du fitter wirst, aber nicht abnimmst. Und dann erinnerst du dich an dieses Buch. Du erinnerst dich an meine Geschichte zum Fasten und probierst es aus. Jetzt hast du die Maßnahmen nachgesteuert, planst moderate Mahlzeiten in beiden Essensslots und isst sonst nichts. Diese Fortschritte misst du dann wieder ... bis es klappt.

Im Hinblick auf deine Produktivität bedeutet dieses Prinzip, deine Aufgabe in kleine Ziele und diese in entsprechende geeignete Maßnahmen auf eine bestimmte Zahl BioTimeBoxen aufzuteilen. Diese Methode ermöglicht dir eine fortlaufende Messung deines Fortschritts, bei jeder Handlung, die dich weiterbringt, gibt es ein bisschen Dopamin („Das wird so geil, wenn es klappt.") und Serotonin („Super, ich habe es im Griff und mache Fortschritte!"). Mit diesem Gefühl für echte Weiterentwicklung surfst du auf einer Welle schöner Neurotransmitter in die Veränderung. Vielleicht wirst du am Ende noch ein oder zwei zusätzliche BioTimeBoxen hinzufügen, aber du wirst auf diese Weise weit vorankommen.

Noch wirksamer wird diese Methode, wenn du sie dir visualisierst. Erinnere dich an die Flipcharts für meine Doktorarbeit. Es ist unglaublich befriedigend, am Ende des Tages sein Pensum erfüllt zu haben und mit dickem Edding wegstreichen oder eintragen zu können. Du entscheidest, ob du das auf Flipchart oder in deinem Produktivitätssystem machen willst.

Erwartungen, Enttäuschungen und soziale Zwänge

Kennst du das? Du hast deine Aufgaben priorisiert und dann die Prioritäten in 1, 2 und 3 aufgeteilt. Und dann ist so viel Prio 1, dass du Prio 1- und Prio 1+ machst. Bald landest du bei Prio 1++*°. Und davon hast du so viele, dass du sie auch nicht alle schaffst. In einigen Unternehmen, ich lerne ja über meine Coachings Dutzende kennen, ist es tatsächlich so.

Wer priorisieren will, weil auch nach der Produktivitätsoptimierung nicht genug Kapazität für alles da ist, muss Aufgaben gemäß ihrer Wichtigkeit einteilen. Produktivität bedeutet, manche Dinge zu depriorisieren. Du entscheidest dich für einige Ziele, für andere nicht. Gleichzeitig konzentrierst du dich auf das, was wirklich wichtig für die Zielerreichung ist. Dann bleiben manchmal Dinge liegen. Und das ist auch gut so. Insbesondere, wenn es Tätigkeiten für Ziele sind, die du nicht erreichen willst, oder Tätigkeiten, die laut Visionsstrukturanalyse nicht genug auf deine Ziele einzahlen. Und daraus folgt eine Frage, die je nach Persönlichkeitsstruktur mehr oder weniger belastend ist: Darfst du das?

Wenn du beschließt, erst einmal keine E-Mails zu bearbeiten, wirst du möglicherweise andere Menschen enttäuschen. Wenn du jedoch deinen Schlafrhythmus oder deine Ernährung umstellen willst, aber fest in ein familiäres System eingebunden bist, kann es noch deutlich schwieriger sein, deine Produktivität zu optimieren. Wie gehst du am besten vor? Eine Kernidee ist ein sauberes Erwartungsmanagement. In einem Schaufenster las ich einmal: „Für Sie arbeiten wir schnell, gut und günstig. Suchen Sie sich zwei aus." Alles geht leider nicht. Für dich geht es darum, „Nein" sagen zu können und deine eigenen Bedürfnisse über die anderer zu stellen. Nur weil ein Kollege ein Bedürfnis hat, bedeutet das nicht, dass seine Bedürfnisse wichtiger sind als deine. Es geht darum, das Soziale und das Egoistische ins Gleichgewicht zu bringen. Im Idealfall schaffst du es, beides unter einen Hut zu bekommen. Ein klares Erwartungsmanagement ist der Schlüssel zur Bewältigung dieser Herausforderungen. Du solltest keine Verpflichtungen übernehmen, die du nicht erfüllen kannst oder möchtest. Es geht hier weniger um das Nein zu anderen als ein Ja zu deinen Prioritäten. Natürlich: Du musst auch in der Lage sein, deine Kollegen um Hilfe zu bitten, wenn du überfordert bist. Und genauso willst du deine Hilfe anbieten. Niemandem ist aber geholfen, wenn du etwas zusagst, was du nicht einhalten kannst.

Wichtig: Triff dich regelmäßig mit produktiven Peergroups. In einer Gruppe von produktiven Menschen neigst du dazu, ebenfalls produktiver zu werden. Setz dich in einen Co-Working-Space, wo du neben vielen hungrigen Unternehmern arbeitest. Oder gehe mit den Kollegen essen, die für ihren Drive und ihre Motivation bekannt sind. Schau dir motivierende Inhalte online an, bei denen du etwas lernst, Keynotes von Unternehmern und Professoren bei YouTube zum Beispiel.[83]

Zu viele Menschen achten zu selten auf sich, aber zu viel auf andere. Du hast gerade ein schwieriges Thema auf dem Tisch und kämpfst damit. Und dann kommt der Kollege, der schon wieder kurzfristig Hilfe braucht. Du siehst im Mailverlauf, dass es nur deswegen eilig ist, weil er es nicht rechtzeitig bearbeitet hat. Trotzdem sagst du, ohne nachzudenken, Hilfe zu – im Interesse des Kunden oder gar für das Wohl deines Unternehmens. Das ist doppelt ärgerlich. Erstens machst du jetzt Überstunden. Zweitens lernt der Kollege nicht, dass es so nicht geht. Achte darauf, eine ausgewogene Balance zwischen sozialen Beziehungen und Produktivität zu finden. Geh aktiv und progressiv vor und suche nach Gewichtungen: „Hey, ich möchte hier gern helfen. Ich kann es jedoch nicht, ohne meine

Ziele zu gefährden. Wie gehen wir damit um?“ Wenn du die Dinge so angehst, bist du auf einem guten und effektiven Weg.

Wir könnten hier noch viel über Erwartungen reden, über die Notwendigkeit, diese mit deiner Familie zu verhandeln und verschiedene Bedürfnisse auszubalancieren. Über die Zwänge des sozialen Systems. Damit ließe sich ein eigenes Buch füllen. Was du aber erkennen wirst: Hast du Vision und Sinn gefunden, die Dimensionen des Lebensrades für dich berücksichtigt, dann wird es dir deutlich leichter fallen, dich mehr für dich und die dir wichtigen Menschen zu entscheiden und die Bedürfnisse, die von allen Seiten auf dich einprasseln, zu moderieren. Natürlich geht dann ein Flow-Slot für die Kita-Fahrt und den Pärchenabend mit deiner Frau drauf. Das ist aber auch gut so. Denn etwas zu machen, was deinen Zielen entspricht und dein Leben verbessert, ist genau das: gut. Aber manchmal will man etwas von dir, was du nicht zusagen solltest. Mein Kollege Michael Ehlers hat dafür ganz konkrete Tipps für dich.

EXKURS: Neinsagen von Kommunikationsexperte Michael Ehlers

Ein wichtiger Aspekt einer Bitte unter Kollegen ist, dass du sie ablehnen kannst. Wenn dieses Merkmal fehlt, ist es keine Bitte, sondern ein Befehl oder eine Anweisung. Bevor wir Nein sagen, müssen wir also für uns selbst diese wichtige Unterscheidung treffen. Außerdem müssen wir uns bewusst sein, dass ein Nein wie ein Bumerang zu uns zurückkommen kann. Wenn ein Kollege dich um einen Gefallen bittet und du diesen ablehnst, sinkt natürlich die Wahrscheinlichkeit, dass dir selbst im Falle des Falles geholfen wird. Nein zu sagen ist deshalb zunächst einmal die Kunst, die richtige Entscheidung zu treffen: Kann ich es mir leisten?

Nein zu sagen ist jedoch nicht nur eine Frage der richtigen Entscheidung, sondern vor allem gesund. Mit einem Nein schützt du deine eigenen Bedürfnisse und stellst sie in den Mittelpunkt deines Handelns. Und das ist etwas, was die meisten von uns viel zu selten tun. Du bist kein schlechter Mensch oder ein Egoist, nur weil du ab und zu Nein sagst. Wirkliche Egoisten kämen gar nicht erst auf den Gedanken, dass ihr Verhalten egoistisch sein könnte.

Nein zu sagen ist eine Kunst, zu der viel mehr gehört als die passenden Formulierungen. Diese Kunst zu erlernen, beginnt mit intensiver intrapersonaler Kommunikation. Intrapersonale Kommunikation ist der innere Dialog, der ständig in deinem Kopf stattfindet. Es ist dein ganz privater Analyseprozess, bei dem du selbst Absender und Empfänger in einer Person bist. Und sag nicht, dass du diesen Dialog nicht führst. Der menschliche Geist hat 60.000 bis 70.000 Gedanken pro Tag. Nutze dieses Potenzial, um dir darüber klar zu werden, was du wirklich möchtest, was du nicht möchtest und welche Konsequenzen du bereit bist zu tragen. Wenn du das weißt, fällt es dir viel leichter, ein Nein zu formulieren. Gleichzeitig ermöglicht dir der Prozess der intrapersonalen Kommunikation aber auch, aus vollem Herzen Ja zu sagen.

Tipps für klares, aber höfliches Neinsagen:

Wertschätze deine Zeit

Ebenso wie Energie ist Zeit etwas, das niemandem von uns unbegrenzt zur Verfügung steht. Der Tag hat nur 24 Stunden. Du musst entscheiden, was du mit deiner begrenzten Zeit anfangen möchtest und ob du tatsächlich überall dabei sein musst.

(Er)kenne deine Prioritäten

Jede Aktivität, die nicht auf deiner Prioritätenliste steht und die du dennoch in Angriff nimmst, nimmt dir Zeit und Möglichkeiten, dich mit dem zu befassen, was du wirklich willst. Wenn du dir darüber klar bist, fällt der Rest wesentlich leichter. Du kannst folgende Formulierungen nutzen:

„Nein, weil …

… ich mein eigenes Projekt voranbringen möchte."

… ich mich in diesem Themenbereich nicht gut genug auskenne."

… ich jetzt dringend XY erledigen muss. Aber morgen/nächste Woche unterstütze ich dich gern."

Eine Begründung ist immer sehr hilfreich und je nachvollziehbarer sie ist, desto weniger wird man sie hinterfragen. Bleib am besten so nah wie möglich bei der Wahrheit. Klar erkennbare Lügen oder extrem fadenscheinige Gründe sind für dein Gegenüber verletzend und sorgen für böses Blut im Team.

Auch wenn eine Anfrage, Bitte oder Aufforderung sehr überraschend kommt, nimm dir die Zeit, um darüber nachzudenken. Lass dich nicht drängen. Überrumpelung ist eine manipulative Taktik und ihre Anwendung disqualifiziert die Bitte im Grunde bereits.

„Ich kann das jetzt nicht entscheiden, weil ich erst darüber nachdenken möchte/ich mich erst mit XY besprechen möchte."

So gewinnst du Zeit, um deine Verpflichtungen und Prioritäten zu überprüfen. Zudem erledigt sich der meiste „Kleinkram" sowieso in einer gewissen Zeit von ganz allein. Falls sich die Sache nicht erledigt und du die Anfrage nicht annehmen möchtest, sag es einfach: „Nachdem ich darüber nachgedacht und meine Verpflichtungen überprüft habe, muss ich dir absagen, weil …"

Entschuldige dich nicht. Für viele Menschen ist es ein gängiger Weg, eine Absage mit einem „Es tut mir leid" zu beginnen. Aber wenn du dir in der oben beschriebenen Weise darüber klar geworden bist, warum du dich so entschieden hast, gibt es wenig Gründe, warum dir eine Absage leidtun könnte. Entschuldige dich also nur, wenn es dir wirklich leidtut. Für ein Nein auf all diese „Kannst du mal eben?" und „Würde es dir was ausmachen?" brauchst du dich wirklich nicht zu entschuldigen und dir auch keine Schuldgefühle einreden zu lassen. Wenn es lange Gesichter gibt: „Ich kann verstehen, dass es dir nicht gefällt, wenn ich dazu Nein sage. Ich werde mir aber deswegen keine Schuldgefühle machen lassen."

Wenn du Nein sagst, dann solltest du Nein sagen können, ohne dir ein Feindbild zu schaffen, das heißt, du musst das Nein nicht vor dir selbst rechtfertigen, indem du dir den Fragesteller in Gedanken schlechtredest: „Was soll das denn schon wieder, nie kann der seinen Kram et cetera pp." Lass solche Gedanken nicht an dich heran, sondern erinnere dich an deine Prioritäten und deine Ziele.

Viel Erfolg beim klugen Neinsagen!

Dein Michael Ehlers

Lust auf Visionen?

Stresst dich der Gedanke, nun erst einmal dein ganz großes, erfüllendes Lebensziel finden zu müssen? Das verstehe ich. Es ist ja auch – vor allem für junge Menschen – eine große Aufgabe. Wie alles in diesem Buch ist es die Beschreibung eines Ideals. Das Schöne an einem Ideal ist aber, dass man sich ihm nur annähern kann. Perfektion bleibt unerreichbar. Deshalb musst du keine Angst haben. Mach, wie in den anderen Bereichen auch, ganz pragmatisch das, was für dich funktioniert.

Trotzdem kann es nicht schaden, wenn du weißt, wofür du arbeitest. Wofür machst du das, was du machst? Beziehungsweise das, womit du jetzt anfangen solltest? Wofür ist das gut? Wo führt es dich hin? Und was wäre, wenn du damit fertig bist? Nutze das Werkzeug der Visionskaskade. Du bist auf der Suche nach dem, was man neudeutsch *„Purpose"* nennt. Purpose hilft dir, dein Handeln auf deine langfristigen Ziele und Werte auszurichten. Aus dem Purpose leitetest du deine *Vision* ab, ein Zielbild dessen, was du erreichen möchtest. Das ist das Ding, das willst du haben. Dafür machst du es! Und wenn diese Vision wirklich begeisternd ist – und das ist sie definitiv, wenn sie deinen Purpose widerspiegelt –, entsteht daraus ganz nebenbei Motivation. Motivation, die so stark ist, dass sie dich nahezu automatisch ins Handeln führt.

Wofür machst du das alles? Um die Welt zu verbessern oder um ein neues, tolleres Auto zu kaufen? Beides ist völlig legitim. Nimm dir das Lebensrad und schaue, welchen Bereich du verbessern willst. Bleiben wir beim Auto, weil es so ein typisch deutscher Erfolgswunsch ist, der auch oft verlacht wird. „Haha … gibt der so viel Geld für ein bisschen Blech aus, das einen nur von A nach B bringt." Genau. Du willst von A nach B … weil deine Eltern oder deine Freunde in B leben. Und wenn du ein besseres Auto hättest, dann könntest du sie öfter besuchen. Und das würde dann auf ein besseres Familienleben und auf deine Freundschaften und auf deine Lebensfreude einzahlen. Du wärst insgesamt entspannter, weil dein Leben plötzlich viel mehr deinen eigenen Werten entspräche. Und das wäre doch klasse! Und wenn du das Auto einfach nur willst, weil du Bock drauf hast? Weil es dein Hobby ist? Auch gut, solange du es für dich machst. Für deinen Autowunsch ist es vielleicht nötig, zunächst den Bereich Finanzen zu verbessern. Mehr Kunden müssen her. Setze also endlich das Vertriebskonzept um, das schon seit Monaten in der Schublade liegt. Oder hol dir die Beförderung, mit der ein Firmenwagen einhergeht.

Du merkst, wie alles mit allem zusammenhängt und wie wichtig es ist, überhaupt motiviert zu sein. Und Ziele zu haben. Deine eigenen Ziele. Die vielen kleinen Ziele, die dich glücklich machen, sind in Wahrheit große Ziele. *Wo* du hinwillst, ist überhaupt nicht wichtig. Wichtig ist, dass du weißt, *dass* du wohin möchtest. Und je stärker der Wunsch ist, dorthin zu kommen, umso leichter fällt es dir, die nötigen Schritte zu unternehmen und anzufangen. Zufriedenheit entsteht durch einen relevanten Fortschritt in Richtung auf ein für dich sinnvolles Ziel. Als ich einmal genug Geld hatte, um mir einen Traum zu erfüllen, hatte ich plötzlich gar nicht mehr das Bedürfnis, es zu tun. Ich merkte: Ich wollte mir den Traum gar nicht erfüllen, ich wollte mir den Traum erfüllen *können*! Es ging mir um die Entscheidungsfreiheit, nicht um das Erlebnis selbst. Und in dem Moment, wo ich konnte, wollte ich nicht mehr, war aber megazufrieden.

Also gehen wir es noch einmal Step by Step durch. Wie fängst du an? Am besten, indem du dir ein paar Fragen stellst – und sie in Ruhe für dich beantwortest.

1. Wann (bei welcher Tätigkeit) hast du zum letzten Mal ein Gefühl von Sinnhaftigkeit und positiver Wirkung verspürt?
2. Wenn sich jemand etwas dabei gedacht hätte, dich auf die Welt zu bringen, damit du etwas bewirkst: Was war die Absicht?
3. Was ist ein besonderer Beitrag, den gerade du in der Welt leisten kannst? Was zeichnet gerade dich aus?
4. Was werden die idealen positiven Konsequenzen deiner Wirkungsentfaltung sein?
5. Was gilt es zu tun, damit du diese Wirkung noch besser in die Welt bringst?

Wenn du über diese Fragen nachdenkst, wird sich eine Vision abzeichnen. Dein Purpose wird sich herauskristallisieren. Gib dir dafür aber bitte auch Zeit. Bei mir hat es ein Jahr Coaching gebraucht. Dafür war es dann so richtig, dass ich alles auch heute noch, mehr als eine Dekade später, voll unterschreibe. Hast du eine Vision, kannst du daraus Ziele und Aufgaben herunterbrechen und deine Energie in eine klare Richtung lenken.

Was willst du erreichen? Ja, fertig werden. Aber warum? Und was heißt das? Sortiere deine Ziele und formuliere einen klaren Zielzustand. Dazu musst du dir auch die Frage stellen: Was ist die Definition von „erledigt“? Wann kannst du einen Haken dahinter machen und was hast du erreicht, wenn du fertig bist? Und dann bleibt erst einmal nur die Frage offen, wie du das, was du definiert hast, so schnell wie möglich erreichen kannst. Wenn du ein Ziel erreichen möchtest, ist es, wie bereits beschrieben, äußerst wichtig, vom Ziel zurückzudenken. Diese ergebnisorientierte Denkweise, die auf das schrittweise Herunterrechnen abzielt, bedeutet, sich automatisch ins strategische Denken zu zwingen. Du überlegst, welche Schritte und Meilensteine erreicht werden müssen, um letztendlich das gewünschte Ergebnis zu erzielen. Und dieser Shift im Denken ist noch einmal ein ganz wichtiger Schritt. Denn weniger erfolgreiche Menschen sind in ihren Überlegungen oft im Hier und Jetzt gefangen und überlegen sich lediglich, was sie *jetzt* tun könnten. Sie handeln dann entsprechend den aktuellen Anforderungen. Wirklich erfolgreiche Menschen hingegen denken darüber nach, welche Ziele sie *in der Zukunft* erreichen möchten, und analysieren, wo sie sich momentan befinden. Sie setzen Prioritäten, indem sie die wichtigen Dinge in konkrete Aufgaben verwandeln. Nicht erfolgreiche Menschen verwandeln ihre Aufgaben in Prioritäten. Mach aus deinen „Es-wäre-ganz-geil-Zielen“ konkrete und messbare Ziele. Ziehe zusätzliche Motivation daraus, wenn du Meilensteine erreicht hast oder hinter bestimmte Ziele einen Haken setzen kannst.

Diese Art des strategischen Denkens und der Priorisierung bedeutet jedoch auch, dass man viele Dinge nicht erledigt, sie ignoriert, bewusst vermeidet oder nur oberflächlich behandelt, weil man weiß: „Hey, ich mache etwas Wichtigeres.“ Mit dieser Methode geht auch ein „Szenariodenken“ einher. Man stellt sich die Frage, ob man A oder B tun soll, welchen Weg man wählen sollte, um das Ziel zu erreichen. Man trifft eine Entscheidung und überlegt dabei, welche Wege am effektivsten sind. Wer dann noch die Überlegung anstellt, wie man das Ziel auf dem schnellsten Weg erreichen kann, vielleicht sogar doppelt so schnell, anstatt sich nur mit der nächsten Aufgabe zu beschäftigen, stellt sich automatisch immer wieder die Frage, wo noch Produktivitätsreserven vorhanden sind. Wo kann man Aufgaben überspringen, weil sie nicht so wirkungsvoll sind? Manche Aufgaben verlieren mit der Zeit sogar ihre Priorität, weil sich deine

Prioritäten verschoben haben. Oder weil du einen anderen Weg gefunden hast, dein Ziel zu erreichen. Denn auch das gehört dazu: Kannst du deine Ziele vielleicht auf einem anderen Weg erreichen? Überprüfe regelmäßig, ob du noch auf dem richtigen Weg bist – auf *deinem* richtigen Weg!

Setze dir also *deine* Ziele, gern große Ziele, die du in einem Zeitraum von zwei bis fünf Jahren anpeilst, aber dann brich sie herunter in kleinere, erreichbare Zwischenziele und Meilensteine, so wie im klassischen Projektmanagement. Definiere die konkreten Maßnahmen und Aufgaben, die du in den Slots des BioTimeBoxings bearbeiten willst. Nutze die Level of Work für eine gute Planung.

Achtung: Planung ist zwar wichtig, aber übertreibe es nicht! Planung ist die Grundlage, aber für sich gesehen noch kein Fortschritt. Sei pragmatisch: Nimm dir den ersten Slot für die Planung und fang beim zweiten Slot einfach an. Mit vielen Coachees mache ich eine ganz einfache Übung, wenn sie noch gar keine Ziele haben. Ich bitte sie, drei Dinge aufzuschreiben, die sie dieses Quartal erreichen wollen. Dann frage ich, wie viele Konzentrations- und Flow-Boxen diese drei Ziele jeweils brauchen. Wenn man in zwölf Wochen 40 Flow-Boxen machen will, bitte ich sie, die Boxen auf die Monate aufzuteilen. 15 im ersten Monat, 15 im zweiten, 10 im dritten? Super. Und wie wollen sie jetzt den ersten Monat planen? Wann sollen die Boxen gemacht werden? Vielleicht in der ersten Woche nichts anderes machen und über fünf Tage jeden Tag drei Flows? Das geht und sorgt für den Rest des Monats für Ruhe. Oder so wie ich bei meiner Doktorarbeit? Jede Woche zwei oder drei Flows an eineinhalb Tagen? Oder jeden Tag bis auf freitags einen Flow? Finde es für dich heraus, vielleicht sogar durch einen Coaching-Prozess bei einem Profi.

Ein erstes Ziel kann dabei die Entwicklung von Purpose, Vision und Zielen sein, während du bei anderen Themen schon direkt loslegst. Wenn du noch keine Ziele hast, dann warte nicht auf den Tag, an dem du sie schließlich hast, und fang erst dann an. Fang gleich an. Jetzt![84]

Wenn du bereits unterwegs bist, gilt: Kontrolliere nicht nur deine Fortschritte, sondern immer wieder auch, ob du insgesamt noch auf Kurs bist. Dazu gehört auch das konstante Reflektieren und Nachsteuern, für das auch die melancholischen Phasen wichtig sind. Das bedeutet, dass du deine Ziele und Strategien regelmäßig inhaltlich überdenkst, aber auch, dass du dich nicht blind auf Methoden verlässt, die eine Zeit lang funktioniert haben, aber jetzt nicht mehr. Auf einem Segelboot würdest du ja auch nicht die Segel setzen, dich in die Kombüse setzen und warten, bis du am Ziel bist. Strömungen, Wind, Eisberge und alles Mögliche machen konstantes Nachsteuern nötig. Wenn sich deine Lebensumstände geändert haben, möchtest du vielleicht nicht nur deine Ziele, sondern auch deine Prozesse anpassen.

Wie machst du das alles konkret, sobald deine Ziele feststehen? Consilionieren beschreibt den gesamten iterativen Prozess, den du einfach immer wieder wiederholst. Und du kommst deinen Zielen näher, versprochen.

Du
bist
jetzt
dran

Jetzt aber los! Dein Masterplan für DEINEN Flow

Das Schlusswort! Ist es perfekt geworden? Sicher nicht. Ist das schlimm? Überhaupt nicht. Denn bei aller Produktivität stellt sich die Frage, wann etwas gut genug ist. Meine Antwort kennst du ja: „Better done than perfect." Lieber erledigt als perfekt. Im Zweifelsfall ist es besser, anzufangen und fertig zu werden, als perfekt zu sein. Anfangen kannst du dir angewöhnen. Entwickle einen „Bias for Action". Er bedeutet, proaktiv zu sein, die Initiative zu ergreifen und gewillt zu sein, zu experimentieren und aus Fehlern zu lernen. Er bedeutet, bereit zu sein, kalkulierte Risiken einzugehen und Entscheidungen auf Basis verfügbarer Informationen zu treffen, auch wenn diese nicht perfekt sind. Er bedeutet, einfach anzufangen. Triff Entscheidungen und beginne mit der Umsetzung. Analysiere nicht endlos, sondern probiere einfach aus. Etwas hat nicht funktioniert? Lerne aus deinen Fehlern und verbessere dich kontinuierlich. Wenn du vor einer Aufgabe stehst, dann gib dir maximal fünf Minuten, um in das Thema einzutauchen. Leg erst einmal los in dem klaren Bewusstsein, dass du dein Ergebnis in vielen iterativen Schritten verbessern wirst. Der perfekte erste Wurf ist eine Legende. Warum also einen Gedanken daran verschwenden?

Ist Perfektion überhaupt nötig? Ein gutes Turnierpferd springt nur so hoch, wie es muss. Vielleicht kennst du das: Du baust eine Powerpoint-Präsentation und verbringst Stunden damit, an ihr zu feilen und alle Details zu optimieren. Du könntest das eingebettete Video gegen ein besseres austauschen, aber oftmals ist gut ... gut genug. Dieser Gedanke geht auf Vilfredo Pareto zurück, nach dem ein spannendes Prinzip benannt ist. Pareto war ein italienischer Universalgelehrter, der unter anderem als Bauingenieur, Soziologe, Ökonom, Politikwissenschaftler und Philosoph tätig war. Darüber hinaus ist Pareto für seine Beobachtung des Pareto-Prinzips, auch 80/20-Regel genannt, bekannt. Er bemerkte, dass in verschiedenen wirtschaftlichen und sozialen Phänomenen etwa 80 Prozent der Effekte auf 20 Prozent der Ursachen zurückzuführen sind. Und dieses Prinzip hat auch Eingang in die Produktivitätslehre gefunden. Du kannst in vielen Fällen mit 20 Prozent der Arbeit 80 Prozent der Wirksamkeit erreichen. Es ist sinnvoll abzuwägen, ob es sich lohnt, weitere 80 Prozent aufzuwenden, um 20 Prozent an zusätzlicher Verbesserung zu erreichen.

Manchmal lohnt es sich nicht, nach Vollkommenheit zu streben. Die Frage ist also: Was willst du? Möchtest du 80 Prozent erreichen und dadurch 95 Prozent oder sogar 98 Prozent schaffen? Auch bei „Better done. Then: perfect“ meint das „perfect“ nicht absolute Perfektion, sondern nur, dass es gut genug sein muss für das gewünschte Ergebnis – gern mit etwas Sicherheitspuffer.

Zurück zur Pareto-Optimierung. Du fängst also an, machst die ersten 20 Prozent und erhältst damit 80 Prozent des Ergebnisses. Dann setzt du dich mit einem anderen Thema auseinander und erreichst mit 20 Prozent der Arbeit erneut 80 Prozent des Ergebnisses. Das wiederholst du, bis du bei insgesamt 100 Prozent Kapazität angekommen bist und auf diese Weise fünfmal 80 Prozent geleistet hast. Somit erreichst du am Ende 400 Prozent Ergebnis statt nur 100 Prozent – eine Vervierfachung.

Abb. 41 **Das Pareto-Prinzip**

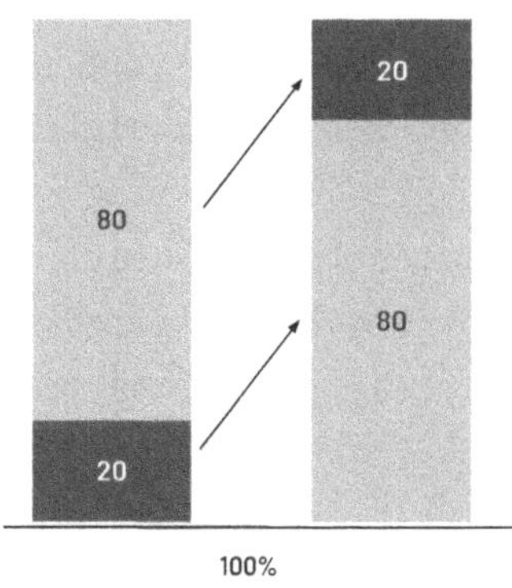

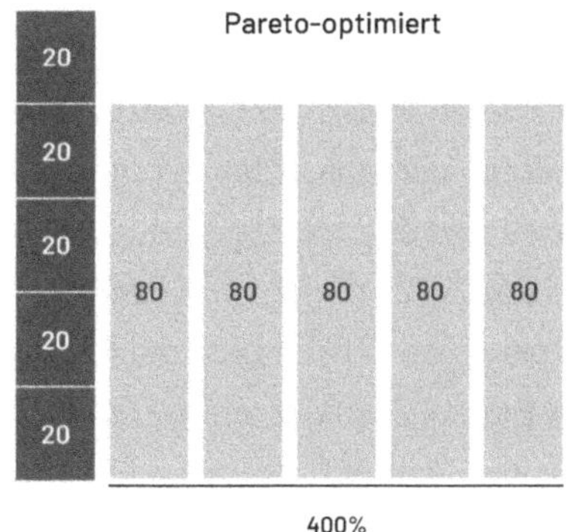

Quelle: Eigene Darstellung des Pareto-Prinzips

Wenn du das Pareto-Prinzip systematisch anwendest und „gut" gut genug ist, kannst du einen echten Produktivitätsboost erzielen und deine Ziele schneller erreichen. Zugegeben: Es gibt auch Aufgaben, da bin ich der akribischste Pingel, wenn ich zum Beispiel bei der Überweisung kontrolliere, ob das Komma an der richtigen Stelle ist. Aber an vielen anderen Stellen?

Auf die Dosis kommt es an. Wenn ich so falsch und wirr schreiben würde, dass es immer wieder ablenkt, erreiche ich meine Ziele nicht. Dann entfaltet der Inhalt nicht seine Wirkung. Meine informellen Texte sind für WhatsApp und Co gut genug. Bei diesem Buch ist mein Anspruch aber höher. Deshalb erfolgte durch mich und den Verlag ein Lektorat und Korrektorat, damit das Leseerlebnis für dich so gut wie möglich wird. Ich hoffe, es ist uns gelungen. Solltest du doch Fehler gefunden haben: Die gehen auf mich. Ich trage sie mit Stolz.

Finde auch deinen Weg, deine Balance. Achte auf diesem Weg auf eine kontinuierliche Ergebnisorientierung. Hör auf herumzuwerkeln. Produktiv und beschäftigt sein haben eine sehr kleine Schnittmenge. Überlege dir bei jedem Schritt: „Wofür tue ich das? Welches Ergebnis will ich erreichen?" Denke zurück an das Beispiel der Präsentation. Willst du Inhalte vermitteln oder dich als Grafikdesigner bewerben? Denke an den „Perfektionspuffer", den du auf deine 20 Prozent draufpackst. Was du mit dieser Art zu denken nahezu wie von selbst erreichen wirst: Du schaffst eine Handlungsorientierung und konzentrierst dich auf die wichtigsten Aufgaben, nämlich auf diejenigen Tasks, die den größten Wertbeitrag leisten.

Bewahre dir die Lust daran, besser zu werden, Freude am Lernen zu haben. Entwickle ein Growth Mindset, basierend auf der Theorie der beeindruckenden Psychologin Carol Dweck. Wachstumsdenken ist die Überzeugung, dass die Fähigkeiten einer Person durch Hingabe, Anstrengung und Ausdauer entwickelt und verbessert werden können. Dieses Denkmuster basiert auf der Idee, dass du die Fähigkeit besitzt, im Laufe der Zeit zu lernen, zu wachsen und deine Fähigkeiten anzupassen. Im Gegensatz dazu glauben Menschen mit einem festen Denkmuster, dass ihre Fähigkeiten Eigenschaften sind, die nicht verändert werden können. Sie betrachten ihre Qualitäten als angeboren und unveränderlich, was zu Angst vor Misserfolg und zu der Tendenz führt, Herausforderungen zu vermeiden. Dwecks Forschung betont die Bedeutung der aktiven Annahme eines Wachstumsdenkens, da dies zu einer erhöhten Motivation, größerer Widerstandsfähigkeit bei Rückschlägen und einer Bereitschaft führt, Herausforderungen anzunehmen und daraus zu lernen.

Willst du jetzt loslegen? Ich hoffe es. Du verfügst nun über das theoretische Grundlagenwissen und die praktischen Werkzeuge, um deine Produktivität auf ein neues Level zu heben. Wenn du eine einzige Erkenntnis aus diesem Buch mitnimmst, dann die, dass Produktivität nicht einfach so passiert. Und es reicht auch nicht, dieses Buch einfach nur gelesen zu haben … obwohl es ganz sicher ein hilfreicher erster Schritt ist. Die nächsten Schritte müssen folgen.

Produktivität muss individuell organisiert werden, indem du die individuellen Voraussetzungen für deine maximale Produktivität schaffst. Du kannst dir die Voraussetzungen und die Systeme schaffen, die dann tatsächlich automatisch in eine maximale Produktivität münden. Wenn diese Systeme um deine individuelle Neurobiologie herum organisiert sind, ermöglichen sie dir mühelose und maximale Produktivität in einem Ausmaß, das du bisher noch nicht gekannt und nicht für möglich gehalten hast. Als Bonus geht es dir auch noch besser und du lebst gesünder. Denn die Grundlagen von Produktivität beziehungsweise die Grundlagen, die Produktivität ermöglichen, sind biologischer Natur. Wenn du dir die biologischen Voraussetzungen schaffst und verstehst, wie deine Neurobiologie funktioniert, wird ein Rad ins andere greifen. Du wirst den exponentiellen Effekt am eigenen Leib erleben, wenn du anfängst. Und das ist gar nicht schwer. Denn weißt du, was das Geilste an diesen Methoden ist? Der entspannte Weg in die Umsetzung!

Zuerst musst du die physiologischen Voraussetzungen schaffen. Fang damit an, genug zu schlafen und deinen optimalen Schlafrhythmus zu finden. Das ist der Ausgangspunkt für dein wirksames BioTimeBoxing. Ergänze ein bisschen Bewegung und optimiere deine Ernährung Stück für Stück.

Mache dir dann klar, was du willst. Was willst du erreichen? Denke groß. Richtig groß. Und bitte nicht nur materiell. Setze dir ein Ziel oder Ziele verbunden mit einer motivierenden Vision, die deine Biochemie aktiviert. Du wirst erleben, dass es dir nahezu unmöglich ist, gegen dein Dopamin zu agieren.

Was wäre, wenn du deine Ziele dann einfach so erreichen könntest? Ohne aktiv daran zu arbeiten? Nun, das kann ich dir mit der Forschung im Rücken versprechen. Emotionale Ziele führen neurobiologisch gesehen dazu, dass unterbewusste Prozesse ablaufen, die dafür sorgen, dass du ganz viele kleine Verhaltensweisen ohne bewusste Mühe an den Tag legst, die dich deinem Ziel näherbringen.[85] Dein Belohnungssystem ist deine Superwaffe. Es tickt gewissermaßen wie eine Konfettirakete mit Autopiloten, die du losschießt auf deine Ziele. Wenn du sie nicht bewusst steuerst, steuert sie trotzdem auf das Ziel zu. Du musst also nicht immer steuern und eingreifen, du kannst sie auch einfach fliegen lassen.[86]

Die Verwendung der hier beschriebenen Methoden sorgt dafür, dass du echte Fortschritte erzielst, sogar während Stress- und Erschöpfungsphasen. Alles, was du benötigst, findest du in diesem Buch. Auch sämtliche mir bekannten Fallen, die auf deinem Weg zur mühelosen und maximalen Produktivität lauern, habe ich für dich aufgeschrieben. Extrainhalte gibt es auf der Buchwebsite unter www.huemmeke.com/flow.

Ich empfehle dir, die Kenntnisse über die Fallen regelmäßig aufzufrischen, spätestens dann, wenn du merkst, dass du in einem Loch steckst und nicht weiterkommst. Vielleicht passt deine Vision nicht mehr, vielleicht hat sich dein Rhythmus verschoben, vielleicht haben sich deine Lebensumstände geändert und du musst deine BioTime-Boxen anpassen. Wichtig: Drücke regelmäßig Pause und Play. Entspann dich. Sorge für Erholungsphasen, auch wenn du vor lauter Begeisterung der Meinung bist, dass du ewig durcharbeiten könntest. Das kannst du nicht. Beende deinen Flow rechtzeitig und übertreib es nicht. Strebe nicht 100 Prozent an. Das alles bedeutet eine Menge Planung, die zunächst ungewohnt sein wird. Mache diese Planung zu einer Routine. Denn: Was dich wirklich produktiv macht, ist ein systematisches Arbeiten mit deinem Verstand, das Aktivieren deines Belohnungssystems und das konsequente Anwenden der Grundprinzipien der Produktivität – sowohl beim Anpacken als auch beim Durchführen einer Aufgabe sowie bei der systematischen Vorschau und beim Rückblick auf deine Tätigkeiten. Wenn all das auf dein eigentliches Ziel ausgerichtet ist, du dich konsequent mit deinen Stärken und Freuden motivierst und deine

Energie jeden Tag optimierst, sodass du möglichst viele Fokuszeiten bewältigst, dann wirst du in kürzester Zeit mit ein paar Flows eine beeindruckende Produktivität erreichen, die andere zum Staunen bringt. Und die dich selbst zum Staunen bringen wird. Du wirst auf diese Weise große Ziele erreichen.

Und genau darum geht es: wichtige Ziele zu erreichen. Deine „True Successes". Sinn zu erkennen und Erfüllung zu finden. Erfüllung ist die Essenz unseres Daseins, der Kern unserer Menschlichkeit. Sie erweckt unseren inneren Antrieb, unsere Leidenschaften zu leben, unsere Herzen zu öffnen und unsere Träume zu verfolgen. Du erkennst, dass nüchterne Produktivität nur ein Weg ist, um unseren wahren Wesenskern leben zu können.

Wenn du nach den Prinzipien dieses Buches handelst, wirst du etwas Spannendes erleben. Produktivität ist in unserer Kultur hoch angesehen. Produktiv sein im Sinne von schaffen, beschäftigt sein, sich von neun bis fünf quälen, die Zähne zusammenbeißen ... Aber mühelos und zu den eigenen Bedingungen produktiv sein? Nachts oder am frühen Morgen in den Flow gehen? So haben die meisten Menschen nicht gewettet. Und genau das wirst du erleben. Du wirst anecken. Es geht ja oft schon los, wenn du sagst, dass du heute kein Feierabendbier trinken willst, weil du dir für den nächsten Tag eine wertvolle Flow-Phase eingetragen hast. „Ach, komm. Trink doch einen mit! Stell dich nicht so an", heißt es dann.

So ist das, wenn jemand etwas Neues ausprobiert. Es gilt die Balance zu halten zwischen Produktivität und sozialen Beziehungen. Du wirst erklären dürfen, warum du auf diese Methoden setzt, die kein extremistischer Kult sind, sondern ein einfacher Weg zu mehr Produktivität und einem besseren Leben. Du genießt dabei den großen Vorteil, dass du mit Ergebnissen überzeugen kannst. Und du darfst jeden einladen, mitzumachen.

Wenn du einfach anfangen und machen kannst, gibt es nichts mehr, was dich aufhalten kann. Sicherlich wird es Hindernisse geben, aber du wirst damit umgehen können, denn Hindernisse sind nicht das Ende deiner Reise, sondern nur eine Aufforderung, einen anderen Weg zu gehen. Eine Aufforderung zur Reflexion. Wenn der eine Weg versperrt ist, gibt es einen anderen. Das Primat des „Alternativlosen“, das sich in unserer Gesellschaft festgesetzt hat, die Dichotomie von Schwarz und Weiß, Richtig und Falsch ist genau das: falsch. Es gibt immer Alternativen.

Bau dir deinen persönlichen und individuellen Weg deines Lebens. Inklusive der Auf und Abs, der Produktiv- und Recovery-Phasen. Es geht um deinen Umgang mit dir selbst, jeden Tag, immer wieder. Finde deinen Weg in deine Flow-Boxen für hohe Produktivität und Wirksamkeit. Und auch deine Ruhe- und Spielphasen. Folge deinen Zielen und Ambitionen, deiner Motivation. Ganz individuell, ein funktionierendes System, gebaut und optimiert von dir, für dich. **Follow your Flow.**

Bitte folge mir auf ein letztes Gedankenexperiment. Schließe die Augen, atme ein paarmal ruhig und tief ein und aus und dann stell dir eine Welt vor, in der kein Platz mehr ist für den ganzen Frust und den Selbstzweifel, den wir aufgrund unserer verpassten, verfehlten, nicht angegangenen Ziele mit uns herumschleppen. Eine Welt, in der du morgens aufwachst und weißt, dass du auf dem richtigen Weg bist, und in der du zurückblicken und sagen kannst: „Geil, so weit bin ich auf meinem Weg schon gekommen? Nicht schlecht, nicht schlecht.“ Stell dir für 30 Sekunden vor, wie sich deine True Successes für dich anfühlen.

Stell dir jetzt vor, wie unsere Welt aussähe, wenn du einen Tag lang nur Menschen begegnen würdest, die morgens in den Spiegel geschaut haben und zufrieden mit sich waren. Menschen, die wirklich etwas mit ihrer Zeit angefangen haben, die auf einem sinnvollen Weg sind und relevanten Fortschritt verzeichnen. Stell dir vor, wie die Gesichter dieser Menschen aussähen. Glücklich. Viel weniger verkniffen. Viel weniger Frust, freundliche Gesten, vielleicht hier und da sogar ein Lächeln. Und auch diese Vision geht natürlich noch größer. Denn wie viele Konflikte auf der Welt – kleine und große – könnten verhindert werden, wenn jeder Mensch dieses „Das-war-schon-ganz-geil-Gefühl“ in sich trüge?

Eine große Utopie, ich weiß. Du kannst aber anfangen, diese Welt Realität werden zu lassen. Dein Wissen macht dich zu einem potenziellen Multiplikator. Dein Handeln lässt dich zum echten Multiplikator werden. Beweise dir und allen anderen, dass es geht.

In „Handling SHIT“ schrieb ich: „In dem einen oder anderen Feld verpflichten wir uns alle einem Idealbild und streben dieses an, wohl wissend, dass wir an einigen Stellen noch einen langen Weg vor uns haben – und es teilweise gar nicht möglich ist, in Perfektion im Sinne unseres eigenen Ideals zu leben. Dies gilt umso mehr, je höher und größer die eigenen Ideale sind.“ Und dieser Satz gilt auch bei diesem Thema. Die absolute Produktivität ist ein Ideal, dem wir uns annähern. Selbst wenn du alle Tipps und Methoden aus diesem Buch mustergültig umsetzen würdest, würde dennoch Raum für Verbesserung bleiben. Mehr Raum für sinnvolle Entwicklungen. Mehr Raum für True Successes, die du mit deinen Liebsten teilen kannst.

Du verfügst jetzt über einen fundierten Zugang zu deiner Schaffenskraft. Zu einer wahren „Schöpferkraft“. Erschaffe dir das Leben, von dem du träumst und das dich glücklich macht. Wenn nicht, dann adaptiere deinen Traum so lange, bis du etwas gefunden hast, das dich glücklich macht. Wie du diesen Traum Wirklichkeit werden lassen kannst, hast du hier erfahren.

Und jetzt wünsche ich dir unglaublichen Spaß bei der Umsetzung und dass du deine nächsten Flows erfolgreich angehst. Werde wirksam und genieße deine wahrhaftigen Erfolge!

Dein Frederik

Endnoten

Aktualisierte Hinweise und Updates sowie weiterführende Inhalte findest du auf www.huemmeke.com/flow.

Teil 1 DIE GRUNDLAGEN

1 Bachmann, T. & Aru, J. (2023). Conscious interpretation: A distinct aspect for the neural markers of the contents of consciousness. *Consciousness and Cognition, 108*, 103471. https://doi.org/10.1016/j.concog.2023.103471

2 Hey, S. P. & Kimmelman, J. (2014). The Risk-Escalation Model: A principled design strategy for early-phase trials. *Kennedy Institute of Ethics Journal, 24*(2), 121–139. https://doi.org/10.1353/ken.2014.0017

3 Freeman, W. J. & Skarda, C. A. (1985). Spatial EEG patterns, nonlinear dynamics and perception: the neo-sherringtonian view. *Brain Research Reviews, 10*(3), 147–175. Verfügbar unter: http://www.sciencedirect.com/science/article/pii/0165017385900220

4 Briggs, J. & Peat, F. D. (2003). *Die Entdeckung des Chaos: Eine Reise durch die Chaostheorie.* DTV-Verlag. S. 253.

5 McMains, S. & Kastner, S. (2011). Interactions of top-down and bottom-up mechanisms in human visual cortex. Journal of Neuroscience, 31(2), 587–597.

6 Puterman, E., Rodriguez-Fernandez, M., Van Wietmarschen, H., Tomiyama, A. J., Jain, S., Epel, E. S., Doyle, F. J. & Van Der Greef, J. (2014). The hypothalamic–pituitary–adrenal–leptin axis and metabolic

health: a systems approach to resilience, robustness and control. *Interface Focus, 4*(5), 20140020. https://doi.org/10.1098/rsfs.2014.0020

7 Candia-Rivera, D. (2022). Brain-heart interactions in the neurobiology of consciousness. *Current Research in Neurobiology, 3*, 100050. https://doi.org/10.1016/j.crneur.2022.100050

8 Khan Academy. (n.d.). Neurotransmitters and receptors. Verfügbar unter: https://www.khanacademy.org/science/biology/human-biology/neuron-nervous-system/a/neurotransmitters-their-receptors

9 Mayo Clinic. (27.09.2017). Depression and anxiety: Exercise eases symptoms. Verfügbar unter: https://www.mayoclinic.org/diseases-conditions/depression/in-depth/depression-and-exercise/art-20046495

10 Baklouti, S., Steinacker, J. M., Baklouti, H., Souissi, N. & Jarraya, M. (2022). Effects of Hatha yoga on cognitive functions in the elderly: A cross-sectional study. *Libyan Journal of Medicine, 17*(1). https://doi.org/10.1080/19932820.2022.2080799

11 Kringelbach, M. L. & Berridge, K. C. (2010). The neuroscience of happiness and pleasure. *Social research, 77*(2), 659.

12 Nestler, E. J. (2013). Cellular basis of memory for addiction. *Dialogues in Clinical Neuroscience, 15*(4), 431–443. https://doi.org/10.31887/dcns.2013.15.4/enestler

13 Johns Hopkins Medicine (14. Juli 2021). Brain anatomy and how the brain works. Verfügbar unter https://www.hopkinsmedicine.org/health/conditions-and-diseases/anatomy-of-the-brain

14 Wansink, B. & Sobal, J. (2007). Mindless Eating: The 200 daily food decisions we overlook. *Environment and Behavior, 39*(1), 106–123. https://doi.org/10.1177/0013916506295573

15 Richter-Levin, G., & Akirav, I. (2000). Amygdala-hippocampus dynamic interaction in relation to memory. Molecular neurobiology, 22, 11–20.

16 Gottfredson, L. S. (2004). Social consequences of group differences in cognitive ability. University of Delaware.

17 Gottfredson, L. S. (1997). Mainstream science on intelligence: An editorial with 52 signatories, history, and bibliography (reprinted from *The Wall Street Journal*, 1994). *Intelligence, 24*, 13–23.

18 Denjenigen, die tiefer einsteigen wollen, sei das Buch „The Neuroscience of Intelligence" von Richard J. Haier (2023) empfohlen.

19 Utināns, A., & Lundstadsveen, O. E. (2022). How chronic stress impacts brain structure. Riga Stradiņš University. Verfügbar unter: https://dspace.rsu.lv/jspui/handle/123456789/11592

McEwen, B. S. (2017). Neurobiological and systemic effects of chronic stress. Chronic stress, 1, 2470547017692328

Teil 2 PRODUKTIVITÄT MIT LEICHTIGKEIT

20 Wise, J. (2009). *Extreme Fear: The Science of Your Mind in Danger.* New York, NY: St. Martin's Press.

21 Perlmutter, A. (2022, Juli 15). 5 Myths about serotonin. *Psychology Today*. Verfügbar unter https://www.psychologytoday.com/us/blog/the-modern-brain/202207/5-myths-about-serotonin

22 Kitamura, S., Katayose, Y., Nakazaki, K., Motomura, Y., Oba, K., Katsunuma, R., Terasawa, Y., Enomoto, M., Moriguchi, Y., Hida, A. & Mishima, K. (2016). Estimating individual optimal sleep duration and potential sleep debt. *Scientific Reports, 6*(1), Article 35812. https://doi.org/10.1038/srep35812

23 Havekes, R., Park, A. J. et al. (2016). Sleep deprivation causes memory deficits by negatively impacting neuronal connectivity in hippocampal area CA1. *Elife, 5*, e13424. https://doi.org/10.7554/eLife.13424

24 TEDx Talks. (22.03.2018). The Science of Sleep (and the Art of Productivity) | Dr. Matthew Carter | TEDxNorthAdams [Video]. YouTube. https://www.youtube.com/watch?v=894jQkeewiU

25 Chattu, V. K., Manzar, D., Chattu, S. K., Burman, D., Spence, D. J. & Pandi-Perumal, S. R. (2018). The global problem of insufficient sleep and its serious public health implications. *Healthcare, 7*(1), Article 1. https://doi.org/10.3390/healthcare7010001

26 Zentrale Quellen sind hier:
Centers for Disease Control and Prevention. (n.d.). Getting enough sleep. Verfügbar unter https://www.cdc.gov/sleep/features/getting-enough-sleep.html
American Academy of Sleep Medicine. (n.d.). Pediatric sleep duration consensus statement. Verfügbar unter https://aasm.org/resources/pdf/pediatricsleepdurationconsensus.pdf

American Academy of Sleep Medicine. (n.d.). Adult sleep duration consensus statement. Verfügbar unter https://aasm.org/resources/pdf/pressroom/adult-sleep-duration-consensus.pdf

27 Roenneberg, T., Kuehnle, T., Juda, M., Kantermann, T., Allebrandt, K., Gordijn, M. & Merrow, M. (2007). Epidemiology of the human circadian clock. Sleep medicine reviews, 11(6), 429–438.

28 American Academy of Sleep Medicine. (n.d.). Adult sleep duration consensus statement. Verfügbar unter https://aasm.org/resources/pdf/pressroom/adult-sleep-duration-consensus.pdf

29 Horne, J. A. & Östberg, O. (1976). A self-assessment questionnaire to determine morningness-eveningness in human circadian rhythms. *International Journal of Chronobiology, 4*, 97–100.

30 Lenneis, A., Vainik, U., Teder-Laving, M., Ausmees, L., Lemola, S., Allik, J. & Realo, A. (2021). Personality traits relate to chronotype at both the phenotypic and genetic level. *Journal of Personality, 89*(6), 1206–1222. https://doi.org/10.1111/jopy.12645

31 Roenneberg, T. & Merrow, M. (2007). Entrainment of the human circadian clock. In *Cold Spring Harbor symposia on quantitative biology* (Vol. 72, pp. 293–299). Cold Spring Harbor Laboratory Press.

32 Wahl, S., Engelhardt, M., Schaupp, P., Lappe, C. & Ivanov, I. V. (2019). The inner clock–Blue light sets the human rhythm. *Journal of Biophotonics, 12*(12), e201900102. https://doi.org/10.1002/jbio.201900102

33 Der Effekt der typischen Optimierungen rund um das blaue Licht hat mich nicht sonderlich überzeugt. Ja, es wirkt leicht anders als die anderen Frequenzen, ich finde den Effekt aber nicht so stark, dass ich dafür eine Filterbrille nutzen würde. Timeshift, also die Funktion am Rechner zur Änderung der Lichtfarbe, nutze ich gern, weil sie nicht stört und möglicherweise etwas bringt. Sehr viel? Wahrscheinlich nicht.

34 Winter, B. (2012). *Relax & win: Championship performance in whatever you do.* Bud Winter Enterprises.

35 Liu, L., Wang, H., Chen, X., Zhang, Y., Zhang, H. & Xie, P. (2023). Gut microbiota and its metabolites in depression: From pathogenesis to treatment. *EBioMedicine, 90*, 104527. https://doi.org/10.1016/j.ebiom.2023.104527

36 The Nutrition Source (25.07.2022). The Microbiome. Verfügbar unter https://www.hsph.harvard.edu/nutritionsource/microbiome/

37 Eufic (n.d.). What is the microbiome and why is it important? Verfügbar unter https://www.eufic.org/en/food-production/article/what-is-the-microbiome-and-why-is-it-important

38 Elesawy, B. H., Raafat, B. M., Muqbali, A. A., Abbas, A. M. & Sakr, H. F. (2021). The Impact of Intermittent Fasting on Brain-Derived Neurotrophic Factor, Neurotrophin 3, and Rat Behavior in a Rat Model of Type 2 Diabetes Mellitus. *Brain Sciences, 11*(2), 242. https://doi.org/10.3390/brainsci11020242

39 National Center for Biotechnology Information. (n.d.). BDNF brain derived neurotrophic factor [Homo sapiens (human)] – Gene. Verfügbar unter https://www.ncbi.nlm.nih.gov/gene/627

40 Brady, S., Siegel, G., Albers, R. W. & Price, D. (2005). *Basic Neurochemistry: Molecular, Cellular and Medical Aspects.* Elsevier.

41 University of Washington. (02.03.2020). How Nutrition Impacts the Brain and Mental Health. Verfügbar unter https://thewholeu.uw.edu/2020/03/02/nnm-2020-nutrition-and-the-brain/

42 Cappelletti, S., Piacentino, D., Sani, G. & Aromatario, M. (2015). Caffeine: cognitive and physical performance enhancer or psychoactive drug? *Current Neuropharmacology, 13*(1), 71–88. https://doi.org/10.2174/1570159X13666141210215655. Erratum in: Current Neuropharmacology. 2015;13(4):554. PMID: 26074744; PMCID: PMC4462044.

43 Rezaie, K., Kahkhaie, A., Mirhosseini, A., Aliabadi, A., Mohammadi, A., Mousavi, M. J., Mousavi, M. J., Mohammadian Haftcheshmeh, S., Sathyapalan, T. & Sahebkar, A. (2019). Curcumin: a modulator of inflammatory signaling pathways in the immune system. *Inflammopharmacology.* https://doi.org/10.1007/s10787-019-00607-3

44 Mori, K., Ouchi, K. & Hirasawa, N. (2015). The anti-inflammatory effects of Lion's Mane culinary-medicinal mushroom, Hericium erinaceus (Higher Basidiomycetes) in a coculture system of 3T3-L1 adipocytes and RAW264 macrophages. *International Journal of Medicinal Mushrooms, 17*(7). https://doi.org/10.1615/IntJMedMushrooms.v17.i7.10

45 Bspw.: Errmann, A. & Septianto, F. (2023). Balancing evolutionary impulses: Effects of mindfulness on virtue food preference. *Journal of Consumer Affairs, 57*(2), 848–870. https://doi.org/10.1111/joca.12521 Und: Hussain, M., Egan, H., Keyte, R. & Mantzios, M. (2021). Mindful construal reflections: Reducing unhealthier eating choices. *Mindfulness.* https://doi.org/10.1007/s12671-021-01638-0

46 Belasco, R., Edwards, T., Munoz, A. J., Rayo, V. & Buono, M. J. (2020). The effect of hydration on urine color objectively evaluated in CIE Lab* color space. *Frontiers in Nutrition, 7,* 576974. https://doi.org/10.3389/fnut.2020.576974

47 Der Vollständigkeit halber sei erwähnt, dass nicht alle Substanzen, die pauschal in die Kategorie Drogen fallen, nur schlecht sind. Bei MDMA, Psilocybin und LSD beispielsweise – lauter Substanzen, die weniger schädlich als Alkohol sind – gibt es vielversprechende Forschung, die für mich so gut ist, dass ich jede Gesetzesänderung, bei der diese

Substanzen im Therapie- und Profi-Coaching-Bereich einsetzbar werden, unterstützen würde.

Bonnet, U., Specka, M., Soyka, M., Alberti, T., Bender, S., Grigoleit, T., Hermle, L., Hilger, J., Hillemacher, T., Kuhlmann, T., Kuhn, J., Luckhaus, C., Lüdecke, C., Reimer, J., Schneider, U., Schroeder, W., Stuppe, M., Wiesbeck, G. A., Wodarz, N., McAnally, H. & Scherbaum, N. (2020). Ranking the harm of psychoactive drugs including prescription analgesics to users and others–a perspective of German addiction medicine experts. *Frontiers in Psychiatry, 11,* Article 592199. https://doi.org/10.3389/fpsyt.2020.592199

48 National Institute on Drug Abuse. (17.04.2023). What are marijuana's long-term effects on the brain? Verfügbar unter https://nida.nih.gov/publications/research-reports/marijuana/what-are-marijuanas-long-term-effects-brain

49 Toda, T., Parylak, S. L., Linker, S. B. & Gage, F. H. (2019). The role of adult hippocampal neurogenesis in brain health and disease. *Molecular Psychiatry, 24*(1), 67–87. https://doi.org/10.1038/s41380-018-0036-2

50 Miranda, M., Morici, J. F., Zanoni, M. B. & Bekinschtein, P. (2019). Brain-Derived Neurotrophic Factor: A key molecule for memory in the healthy and the pathological brain. Frontiers in Cellular *Neuroscience, 13,* Article 363. https://doi.org/10.3389/fncel.2019.00363

51 Mandolesi, L., Polverino, A., Montuori, S., Foti, F., Ferraioli, G., Sorrentino, P. & Mercuri, N. B. (2018). Effects of physical exercise on cognitive functioning and wellbeing: Biological and psychological benefits. *Frontiers in Psychology, 9,* Article 509. https://doi.org/10.3389/fpsyg.2018.00509

52 Cleveland Clinic (09.05.2023). How exercise protects your brain's health. Verfügbar unter https://health.clevelandclinic.org/exercise-and-brain-health/

53 Centers for Disease Control and Prevention (24.02.2023). The benefits of physical activity on brain health. Verfügbar unter https://www.cdc.gov/nccdphp/dnpao/features/physical-activity-brain-health/index.html

54 Harvard Health Publishing (15.02.2021). Exercise can boost your memory and thinking skills. Verfügbar unter https://www.health.harvard.edu/mind-and-mood/exercise-can-boost-your-memory-and-thinking-skills

55 Gothe, N. P., Khan, I., Hayes, J., Erlenbach, E. & Damoiseaux, J. S. (2019). Yoga effects on brain health: A systematic review of the current literature. *Brain Plasticity, 5*(1), 105–122. https://doi.org/10.3233/bpl-190084

56 Bilodeau, K. (01.11.2021). Breathing your way to better health. Harvard Health Publishing. Verfügbar unter https://www.health.harvard.edu/staying-healthy/breathing-your-way-to-better-health

57 Purves, D. (2001). Additional reading. In *Neuroscience*. NCBI Bookshelf. Verfügbar unter https://www.ncbi.nlm.nih.gov/books/NBK10983/

58 Steel, P. (2007). The nature of procrastination: A meta-analytic and theoretical review of quintessential self-regulatory failure. *Psychological Bulletin, 133*(1), 65. https://doi.org/10.1037/0033-2909.133.1.65

59 Cranston, S. & Keller, S. (2013). Increasing the meaning quotient of work. *McKinsey Quarterly, 1*, 48–59.

60 Dietrich, A. (2004). Neurocognitive mechanisms underlying the experience of flow. *Consciousness and Cognition, 13*(4), 746–761. https://doi.org/10.1016/j.concog.2004.07.002

61 Arnsten, A. F. (1998). Catecholamine modulation of prefrontal cortical cognitive function. Trends in cognitive sciences, 2(11), 436–447.

62 McGilchrist, I. (2009). *The Master and His Emissary: The Divided Brain and the Making of the Western World*. Yale University Press.

63 Psychomeda. (n.d.). Persönlichkeit – Lexikon der Psychologie. Verfügbar unter https://www.psychomeda.de/lexikon/persoenlichkeit.html

64 MSEd, K. C. (2023). What are the Big 5 personality traits? *Verywell Mind*. Verfügbar unter https://www.verywellmind.com/the-big-five-personality-dimensions-2795422

65 Michael, P. & Ones, D. S. (2019). A century of research on conscientiousness at work. *Proceedings of the National Academy of Sciences of the United States of America*. https://doi.org/10.1073/pnas.1908430116
Meghna & Dixit, V. (2022). Relationship of conscientiousness and job performance in service sector: A literature review. *International Journal of Research in Human Resource Management, 4*(2), 07–11. https://doi.org/10.33545/26633213.2022.v4.i2a.10610.33545/26633213.2022.v4.i2a.106

66 Gao, K., Zhang, R., Xu, T., Zhou, F. & Feng, T. (2021). The effect of conscientiousness on procrastination: The interaction between the self-control and motivation neural pathways. *Human Brain Mapping*. https://doi.org/10.1002/hbm.25333

67 DeYoung, C. G. (2015). Cybernetic Big Five Theory. *Journal of Research in Personality, 56*, 33–58. https://doi.org/10.1016/j.jrp.2014.07.004

68 Vgl. u. a. DeYoung, C. G. (2015). Cybernetic Big Five Theory. *Journal of Research in Personality, 56*, 33–58. https://doi.org/10.1016/j.jrp.2014.07.004

69 Schwartz, J. & Gladding, R. (2012). *You Are Not Your Brain: The 4-Step Solution for Changing Bad Habits, Ending Unhealthy Thinking, and Taking Control of Your Life*. Penguin.

70 Balban, M. Y., Neri, E., Kogon, M. M., Weed, L., Nouriani, B., Jo, B., Holl, G., Zeitzer, J.M., Spiegel, D. & Huberman, A. D. (2023). Brief structured respiration practices enhance mood and reduce physiological arousal. Cell Reports Medicine, 4(1).

71 Kulawiak, P. R. (2021). Academic benefits of wearing noise-cancelling headphones during class for typically developing students and students with special needs: A scoping review. *Cogent Education,* 8(1). https://doi.org/10.1080/2331186x.2021.1957530

72 WebMD Editorial Contributors (15.04.2021). What are binaural beats? WebMD. Verfügbar unter https://www.webmd.com/balance/what-are-binaural-beats

73 Ocean, L. (15.11.2022). 10 mind blowing benefits of listening to alpha waves. *Mind Is the Master.* Verfügbar unter https://mindisthemaster.com/listening-to-alpha-waves-benefits/

74 Kirk, U., Wieghorst, A., Nielsen, C. M. & Staiano, W. (2019). On-the-spot binaural beats and mindfulness reduces behavioral markers of mind wandering. Journal of cognitive enhancement, 3, 186–192. Verfügbar unter: https://link.springer.com/article/10.1007/s41465-018-0114-z

75 De Bono, E. (2009). *Lateral Thinking: A Textbook of Creativity.* Penguin UK.

TEIL 3 WICHTIGE ZIELE WIRKLICH ERREICHEN: DEIN WEG ZUM ERFOLG

76 Schultz, W., Dayan, P. & Montague, P. R. (1997). A neural substrate of prediction and reward. *Science, 275,* 1593–1599.

77 Cassata, C. (17.05.2022). Michael Phelps: 'My Depression and Anxiety Is Never Going to Just Disappear'. *Healthline.* Verfügbar unter https://www.healthline.com/health-news/michael-phelps-my-depression-and-anxiety-is-never-going-to-just-disappear#Turning-to-therapy

78 Shevchuk, N. A. (2008). Adapted cold shower as a potential treatment for depression. *Medical Hypotheses, 70*(5), 995–1001. Leppäluoto, J., Korhonen, I., Hassi, J. & J. P. (2005). Serum cortisol, cholesterol, and triglyceride levels in healthy men exposed to moderate cold air. *Aviation, Space, and Environmental Medicine, 76*(5), 423–427.

79 Baumeister, R. F., Bratslavsky, E., Finkenauer, C. & Vohs, K. D. (2001). Bad is stronger than good. *Review of General Psychology, 5*, 323–370.

80 Hümmeke, F. (2021). *Handling Shit: Der richtige Umgang mit schwierigen Personen und Situationen*. Books4Success.

81 Takashima, A., Konopka, A. E., Meyer, A. S., Hagoort, P. & Weber, K. (2020). Speaking in the brain: The interaction between words and syntax in sentence production. *Journal of Cognitive Neuroscience*. https://doi.org/10.1162/JOCN_A_01563

82 Elli, G. V., Lane, C. & Bedny, M. (2019). A double dissociation in sensitivity to verb and noun semantics across cortical networks. *Cerebral Cortex*. https://doi.org/10.1093/cercor/bhz014

83 Es gibt einige Indizien in der Forschung, dass die Gruppendynamik sich auch mal auf den kleinsten gemeinsamen Nenner der Gruppe einpendelt, also alle so produktiv sind wie der unproduktivste Mensch in der Gruppe. Wenn die Gruppe aber einen kulturellen Fokus auf Produktivität hat, sollte es meist helfen.

84 Wenn du im umgekehrten U zu weit links bist und dringend verantwortlich gemacht werden müsstest, dann schreib mir eine Nachricht auf Social Media. Mal sehen, vielleicht können mein Team und ich dich mal so richtig zur Sau machen für den Fall, dass du nicht begonnen hast.

DU BIST JETZT DRAN

85 Diese Studie hat mich darauf aufmerksam gemacht, du findest aber ziemlich viel dazu unter dem Stichwort Unconscious Goal Pursuit: Aarts, H. & Custers, R. (2012). Unconscious goal pursuit: Nonconscious goal regulation and motivation. In Ryan, R. M. (Ed.), *The Oxford Handbook of Human Motivation*. Oxford Library of Psychology. Verfügbar unter https://www.oxfordhandbooks.com/view/10.1093/oxfordhb/9780195399820.001.0001/oxfordhb-9780195399820

86 Einer meiner ersten Coaches war einer der Protagonisten aus dem Film „The Secret", in dem es um das „law of attraction" geht. Aus meiner Sicht braucht es ein so diffuses und teils esoterisch fundiertes Gesetz gar nicht, denn die Neurowissenschaft kann mittlerweile sehr gut erklären, wie das Ganze zustande kommt und auch so funktioniert.

240 Seiten
broschiert
14,90 € (D) / 15,40 € (A)
ISBN: 978-3-86470-798-8

Emily Price:
Productivity Hacks

Sie sitzen im Homeoffice und können sich nicht konzentrieren, dabei wird der Berg an Arbeit, den Sie vor sich herschieben, immer größer? Es ist Zeit für den Feierabend, doch Ihr Telefon hört einfach nicht auf zu klingeln? Emily Price hat die Lösung für Ihre Probleme. Mit über 500 praxistauglichen Tipps und Tricks, aufgeteilt auf sieben themenspezifische Kapitel – von Homeoffice über produktivere Meetings bis hin zu einer gesunden Work-Life-Balance –, bietet Price für jedermann und jede Situation das passende Werkzeug, um den Berufsalltag produktiver und damit stressfreier zu gestalten.

192 Seiten
broschiert
17,90 € (D) / 18,40 € (A)
ISBN: 978-3-86470-874-9

Jochen Mai:
Du bist dein Erfolg!

Wer sich in seiner Karriere voll und ganz verwirklichen will, sollte sich selbst so gut wie möglich kennen. Denn nur wer sich selbst gut kennt, kann seine Potenziale nutzen und entfalten, sich Ziele setzen und erreichen und vor allem sich permanent weiterentwickeln. Zentrale Themen in „Du bist dein Erfolg!“ sind: Selbstfindung und Selbsterkenntnis, Selbstanalyse und Selbstreflexion, Selbstbewusstsein und Selbstvertrauen gewinnen, Selbstliebe und Selbstfürsorge. Aber auch die Kehrseite mit Selbstbetrug, Selbstbeschränkung, Selbstsabotage oder Selbstausbeutung wird beleuchtet.

BOOKS4SUCCESS

180 Seiten
broschiert
17,90 € (D) / 18,40 € (A)
ISBN: 978-3-86470-876-3

Jochen Mai:
Die ganze Wahrheit über Erfolg

Der bekannte Karriereexperte Jochen Mai stellt Ihnen die zwölf Faktoren vor, die Ihren Erfolg im Berufsleben maßgeblich beeinflussen. Vom Glauben an sich selbst über Leidenschaft und Disziplin bis hin zu Selbstkritik und dem Aufbau eines schlagkräftigen Netzwerks: Diese Regeln sind allgemeingültig und für jedes Berufsleben unverzichtbar! Mai erklärt, worauf Sie achten müssen, welche Stolpersteine es zu umgehen gilt und warum es sich zum Beispiel lohnt, sich selbst treu zu bleiben. Nach der Lektüre dieses Buches wird Ihr Karriereweg steil nach oben führen.

192 Seiten
broschiert
22,90 € (D) / 23,50 € (A)
ISBN: 978-3-86470-982-1

Sabrina Rizzo:
Die Rizzo-Methode

Sabrina Rizzo ist Expertin für Körpersprache und Facereading – regelmäßig führt sie Verhandlungen, bei denen es auch hart zur Sache gehen kann. Dabei hat sie eines gelernt: Männer sprechen und verhandeln anders als Frauen. Und zwar komplett zum Nachteil der „typischen" Frau. Sie hat dieses Buch geschrieben, damit Frauen sich bewusst machen können, wo in einem Gespräch sie durch welche Art zu kommunizieren auf die Verliererstraße geraten, wie sie solche Situationen erkennen und wie sie ihre eigene Kommunikation anpassen und das Gespräch erfolgreich beenden.

BOOKS4SUCCESS

320 Seiten
broschiert
19,99 € (D) / 20,60 € (A)
ISBN: 978-3-86470-640-0

Dr. Ingeborg Rauchberger: Schrei Kikeriki, wenn du ein Ei legst

Eine Frau muss doppelt so gut sein wie ein Mann? Falsch! Sie muss nur ihre Leistungen ebenso gut verkaufen können. Dr. Ingeborg Rauchberger war in den letzten 30 Jahren in den unterschiedlichsten Bereichen erfolgreich. Immer wenn andere sagten: „Das schaffst du doch nie!", bereitete es ihr diebisches Vergnügen, ihnen das Gegenteil zu beweisen. Mit den Jahren hat sie ihre „10 goldenen Erkenntnisse" gewonnen, die ihr das Leben erheblich leichter machen. Und nun gibt sie diese Erkenntnisse an ihre Leserinnen weiter – damit diese nicht mehr jeden Fehler selbst machen müssen.